小学英语
有效教学研究与实践

高小兰　编著

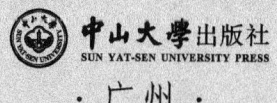

版权所有　翻印必究

图书在版编目（CIP）数据

小学英语有效教学研究与实践/高小兰编著．—广州：中山大学出版社，2020.12

ISBN 978-7-306-07021-0

Ⅰ.①小… Ⅱ.①高… Ⅲ.①英语课—教学研究—小学 Ⅳ.①G623.312

中国版本图书馆 CIP 数据核字（2020）第 207080 号

XIAOXUE YINGYU YOUXIAO JIAOXUE YANJIU YU SHIJIAN

| 出 版 人：王天琪
| 策划编辑：张　蕊
| 责任编辑：张　蕊
| 封面设计：林绵华
| 责任校对：林　峥
| 责任技编：何雅涛
| 出版发行：中山大学出版社
| 电　　话：编辑部 020-84111997，84110283，84113349，84110779，84110776
| 　　　　　发行部 020-84111998，84111981，84111160
| 地　　址：广州市新港西路 135 号
| 邮　　编：510275　传　　真：020-84036565
| 网　　址：http://www.zsup.com.cn　E-mail：zdcbs@mail.sysu.edu.cn
| 印刷者：广东虎彩云印刷有限公司
| 规　　格：787mm×1092mm　1/16　17.5 印张　305 千字
| 版次印次：2020 年 12 月第 1 版　2020 年 12 月第 1 次印刷
| 定　　价：60.00 元

如发现本书因印装质量影响阅读，请与出版社发行部联系调换

序

2003年，全国中小学进行课程改革与推进，广州等地小学英语也全面实施新课改，一二年级为口语，三至六年级为笔试。新课改后，教材难度加大，教学内容增多，每个教师负责4～5个三至六年级教学班。这导致教师课时量多、批改作业量大、教学任务重，课堂教学偏向考试型。由于作业较多，学生兴趣不浓，教学质量受到影响，学生综合语言运用能力较差。如何解决这些问题，如何提高课堂效率，如何减轻师生负担，这是当时急需解决的重要课题。

2003年11月，我参加全国在职研究生联考，顺利通过考试并被录取。在华南师范大学三年的学习，使我重新燃起对教育的热情。我十分荣幸地遇到了许多良师益友，他们使我终身难忘。其中，有我崇敬的导师扈中平教授，幽默风趣的刘良华教授，还有富有激情的焦建利教授、袁征教授、张积家教授、谢少华教授、胡劲松教授、葛新斌教授等，特别是刘良华教授的有效教学思想影响着我去思考如何在小学英语课堂进行有效教学。

2004年，作为科组长的我，带领英语科组教师，针对新课改后学生记单词难的问题提出了校级课题研究"小学英语单词的有效教学"。我们将科研与教研有机结合在一起，使过去那些没有目标的教研活动开始有了主题，也有了生机。我带领科组成员利用每周固定的时间进行教研、科研，先查找资料学习相关理论，然后讨论、研究，并进行分析、归纳、提炼、整合，得出相应结论，再将结论与教学实践相结合去进行验证，并以课例进行研讨。全科组的教师进行听课、评课。经过不断地反思、调整、实践，最后达到令人满意的效果：学生不再觉得记忆单词是一件困难的事情，这减轻了师生的负担，也达到了我们的研究目的。2007年，我们顺利结题。第一次校级课题的研究，使我们尝到科研的"甜头"。我们在研究中不断成长，分析问题与解决问题的能力不断增强，专业化水平不断得到发展。学生也在我们的研究中获益匪浅，记单词对他们来说已经不再困难。我任教六年级时，我班有些学生已经将《新概念英语2》（这可是高一的阅读教材）自学完毕。2006年，在广州市海珠区的智力竞赛中，9人参加比赛，7人获一二等奖，在全区总成绩名列前茅，并获得教研员好评。因业绩显著，2007年我们英语科组被评为广州市小学英语优秀科组，我也被评为广州市优秀教研积极分子。

2008年6月，我以负责人的身份递交了广州市教育科学"十一五"规划B类课题"小学英语课堂练习的有效设计"申报书。同年10月，该课题经审批立项，并于12月进行了开题报告会。2010年12月召开了现场结题报告会，成功通过专家评审，予以结题。区级课题的立项、结题，使我们的课堂教学变得更为有效。

2012年5月，我申报了市级课题，主持的广州市教育科学"十二五"规划（第一批）课题"小学英语练习的组织与运用研究"经审批立项，并于2014年1月进行了通讯结题，获优秀等级。

2012年6月，我申报了科研成果"小学英语练习的有效设计"获"广州市第八届优秀教学成果（基础教育、职业与成人教育）"二等奖。2012年10月17日，在广州市海珠区进行了专题讲座，题目为《如何做课题：前期、中期、后期的工作：以"小学英语课堂练习的有效设计"课题为案例》。通过讲座，对全区小学英语科起了辐射和引领作用，并慢慢产生了效应，部分英语骨干教师开始进行课题研究。2012年12月，我主管的学校英语科再次被评为广州市小学英语优秀科组。

2012年，我主持的广东教育学会"十二五"教育科研课题"信息技术下小学英语练习的组织与运用研究"经审批立项，并于2014年11月顺利结题。

2012年9月，我被遴选为广东省中小学新一轮"百千万人才培养工程"首批名教师培养对象。通过三年的培训，使我收获良多。2018年12月，我有幸参加了由广东省教育厅组织的工作室主持人去美国哥伦比亚大学，学习和考察美国东部几所中小学的教学情况。此次考察使我们学习了前沿的教育理念，开阔了教育视野，并丰富了理论知识，为更好地开展有效课堂教学研究提供了有力支撑。很感谢广东省教育厅和项目管理办公室提供的学习机会，也要感谢广东省外语艺术职业学院、广东第二师范学院、华南师范大学给我们提供的优质培训。

2015年，我主持申报的广东教育科学"十二五"规划课题一般项目"小学英语RLPR话题教学研究"经审批立项，形成了小学英语有效教学课堂模式，于2018年免鉴定结题并获优秀等级。教学成果《小学英语RLPR教学模式的构建与实施》获广东省教学成果一等奖。

2015—2020年，我先后被遴选为两届广东省名师工作室主持人。工作室给我搭建了一个更高的平台。我带领工作室成员和学员继续开展小学英语有效教学的研究与实践，并获得了很大的成效。工作室成员除了进行课堂练习的有效教学研究外，还分别从语音和词汇、阅读和写作、评价和研究等方面开展了有效教学研究。我通过广东省工作室平台，带领工作室成员和学员围绕有效教学研究，开展了同课同构和同课异构等大量的课例研讨活动，取得了丰硕的成果。

借此机会，感谢晓园小学、赤岗小学课题组成员的团结合作，感谢我工作室的全体成员和学员的努力与潜心研究，感谢邝慧莹、郭苑怡、邝健云、王育辉、陈蓝蓝、邱掌娣、邓晓颖、林少芳、何洁聪、李未、郭爱玲、黄衍琴、周泽乔、郑妙霞等老师提供的有效教学研究案例与教学设计，感谢大家对我工作室工作的支持和对本书的贡献！

路漫漫其修远兮，吾将上下而求索。我们将不忘初心，继续砥砺前行！

高小兰
2020 年 12 月

目 录

第一部分　有效教学研究

课堂练习设计研究

基于认知、实践和运用的小学英语教学模式 ……………………… 高小兰（3）
小学英语课堂练习有效设计的原则 ………………………………… 高小兰（15）
如何提高英语练习组织与运用的实践性 …………………………… 高小兰（22）
小学英语练习组织的平衡 …………………………………………… 高小兰（28）
小学英语练习活动的组织与运用原则 ……………………………… 高小兰（33）
"小学英语课堂练习的有效设计"行动研究 ……………………… 高小兰（38）
小学英语练习的有效设计与组织运用 ……………………………… 高小兰（51）
基于思维导图的小学英语"导学案"设计与实践 … 何洁聪　邝慧莹（63）
小学英语课堂练习工作纸的设计与运用 …………………………… 郭苑怡（73）
基于核心素养下小学英语课堂工作纸在生活化课堂中的运用探究
　　　　　　　　　　　　　　　　　　　　　　　　……………… 郭苑怡（78）

语音、词汇教学研究

Phonics融入小学英语词汇教学的研究 …………………………… 邝健云（80）
Phonics教学法在小学英语词汇教学中的实践应用 … 王育辉　冯美芬（83）
浅谈小学英语语音教学策略 ………………………………………… 陈蓝蓝（88）
小学英语语音教学策略探索 ………………………………………… 邱掌娣（91）

阅读、写作教学研究

基于多元化智能理论的小学英语绘本阅读教学 …………………… 郭苑怡（95）

1

小学英语绘本教学有效提问探析 …………………………… 邝慧莹（98）

基于核心素养的小学英语"KWL"阅读教学模式探究 ……… 邓晓颖（101）

BYOD学习环境下的小学英语阅读教学模式探究 …………… 林少芳（107）

基于思维导图的导学案在小学英语高年段写作教学中的策略研究

　　…………………………………………………………… 邝慧莹（110）

在小学英语写话教学中运用思维导图的优化策略 … 邝慧莹　何洁聪（115）

小学英语图画式写话教学的优化 ……………………………… 李未（118）

分散·融合

　　——小学高年级英语写话微课教学案例 ………………… 李未（123）

基于小学英语高年级生活化课堂教学的读写能力提升 ……… 郭苑怡（129）

评价研究

让多元化的评价方式在小学英语教学里闪亮 ………………… 邝健云（132）

有效评价为英语教学添彩 ……………………………………… 郭爱玲（137）

其他

浅谈小学英语教学中学生兴趣的培养 ………………………… 邱掌娣（139）

基于BYOD的小学英语深度学习探究 ………………………… 林少芳（149）

课题引航，研训促发展

　　——浅谈小学英语科组建设 ……………………………… 邝健云（152）

迎接新时代　践行新使命

　　——谈德育教育与小学英语教学的有效融合 …………… 郭爱玲（155）

第二部分　有效教学设计

二年级

二年级上册（上海教育出版社·深圳）The circle of life 教学设计

　　………………………………………………………………… 黄衍琴（161）

三年级

三年级上册（PEP 版）Unit 6 Happy birthday（Let's talk）教学设计

……………………………………………………………… 郭苑怡（166）

三年级上册（PEP 版）Unit 4 We love animals（Let's talk）教学设计

……………………………………………………………… 陈蓝蓝（169）

四年级

四年级上册（教育科学出版社·广州）Module 1—Module 3

Revision（My dream house）教学设计 …………… 郭苑怡（173）

四年级上册（上海教育出版社·深圳）Unit 6 My parents 教学设计

……………………………………………………………… 周泽乔（176）

四年级上册（PEP 版）Unit 6 Meet my family！（Let's count）

教学设计 …………………………………………… 邱掌娣（183）

四年级下册（教育科学出版社·广州）Unit 6 What do you

usually do on Sunday？（Our daily life）教学设计 …… 郭苑怡（188）

四年级下册（PEP 版）Unit 5 My clothes（Let's do）教学设计

……………………………………………………………… 林少芳（191）

五年级

五年级上册（教育科学出版社·广州）Module 4 Foods and drinks

（Let's review）教学设计 ………………………… 邓晓颖（195）

五年级上册（教育科学出版社·广州）Unit 10 Different tastes

（Period 3）教学设计 ……………………………… 邝慧莹（201）

五年级上册（教育科学出版社·广州）Unit 5 Where is Ben？

教学设计 …………………………………………… 王育辉（206）

五年级上册（PEP 版）Unit 4 What can you do 教学设计 … 邓晓颖（210）

五年级上册（PEP 版）Unit 4 What can you do？（Let's review）

教学设计 …………………………………………… 王育辉（216）

五年级下册（教育科学出版社·广州）Unit 8　Ben's friend's travel plan
教学设计 ·· 邓晓颖（221）

五年级下册（教育科学出版社·广州）Unit 12　I know a short cut
（Directions）教学设计 ··· 郭苑怡（227）

五年级下册（教育科学出版社·广州）Module 4　Travel（Revision）
教学设计 ·· 李未（230）

五年级下册（PEP版）Unit 3　My school calendar!
（Let's try & Let's talk）教学设计 ······································ 邱掌娣（233）

六年级

六年级上册（教育科学出版社·广州）Unit 1　What are those
farmers doing? 教学设计 ·· 郭苑怡（237）

六年级上册（教育科学出版社·广州）Module 2　City life
（Welcome to Conghua）教学设计 ·· 李未（241）

六年级上册（上海教育出版社·深圳）Unit 5　Animals in danger
教学设计 ·· 郑妙霞（246）

六年级下册（教育科学出版社·广州）Unit 12　Halloween
教学设计 ·· 邓晓颖（252）

六年级下册（教育科学出版社·广州）Unit 11　The Spring Festival
教学设计 ·· 郭苑怡（258）

六年级下册（教育科学出版社·广州）Module 1　Stories
（Story writing）教学设计 ··· 郭苑怡（263）

六年级下册（教育科学出版社·广州）Unit 9　Where will you go?
教学设计 ·· 林少芳（266）

第一部分　有效教学研究

课堂练习设计研究

基于认知、实践和运用的小学英语教学模式[①]

深圳市龙华区教育科学研究院附属小学　高小兰

教学模式是用简单的语言、符号或图表等方式表达、反映特定的教学理论，并根据特定的教学目标而设计的比较稳固的各类教学活动顺序结构的程序及其教学策略、教学方法系统的整合体（章兼中，2016）。本文提出的"基于认知、实践和运用的小学英语教学模式"是以加涅的信息加工学习理论为基础的课堂教学流程。加涅认为，学习过程是信息的接受和使用过程，学习是主体和环境相互作用的结果（张攀、仲玉英，2010）。据此，加涅将学习的过程分为八个阶段，各阶段设有相对应的教学事件（张攀、仲玉英，2010），共九个连续的教学事件，即唤起注意、告知学习者目标、刺激回忆先前的学习、呈现刺激材料、提供学习指导、引出行为、提供反馈、评价作业、促进保持和迁移（徐晓雄，2006）。本模式涵盖了加涅的九个教学事件，并有所增加和提升，亦称 RLPR 教学模式。R（raise concern）指引起关注，L（learn）指学习新知识，P（practice）指练习实践，R（report）指汇报展示。引起关注、学习新知识是基于认知，练习实践是基于实践，汇报展示是基于运用。这四个流程相互联系，相互融汇，相互渗透，如此往复，互为提高，组成一个完整的课堂教学结构体系。该模式以活动为中心，以汇报展示为任务驱动，有效提高了学生的综合运用能力，培养了学生的学习兴趣和自信心，让每一个孩子成为最好的自己，实现了英语教学到英语教育的转变（张荣干，2017）。

一、引起关注

引起关注就是指教师在上课的第一个环节就要想办法吸引学生的注意力，引起学生的兴趣，激发学生学习的内在动机，并告知学习目标，从而引起学生的关心和重视，吸引学生的眼球去关注老师和老师要呈现给学生的知

[①] 此论文为广东省"十二五"规划课题"小学英语 RLPR 话题教学模式研究"（2014YQJK023）阶段性成果之一，原载《中小学教学研究》2018 年第 6 期。

识，调动学生学习的积极性。这里包括加涅的唤起注意、告知学习者目标、刺激回忆先前的学习三个教学事件。引起关注可以从教学内容和语言知识两方面引起学生的关注。教学内容是指学习材料的内容，如本节课将要学习的主题、话题等；语言知识则是指本节课将要学习的语音、词汇、语法以及用于表达常见话题和功能的语言形式等（中华人民共和国教育部，2012）。要引起关注，首先，要唤起学生的注意。兴趣是最好的老师，因此，教师在上课的第一个环节，要从教学内容和形式上，运用各种教学手段引起学生的兴趣，唤起注意，从而引起关注。其次，要告知学习者目标。让学生清楚本节课要学习的主题或话题，明确学习目标，激发学生形成学习的心理定式和对预期达到具体目标的期望，从而激发学习动机。最后，刺激回忆先前的学习。认知心理学强调人已有的知识和知识结构对他的行为和当前的认知活动起决定作用。因此，教师在引起关注这一环节还要重新唤起学生对已有知识的记忆，从而对新知识产生连接和好奇，这也是加涅所说的"刺激对先前学习的回忆"的教学事件。在这一阶段，要遵循趣味多样性原则、目的性和针对性原则、复现性原则等（高小兰，2011），采用各种直观手段、现代技术、动作表情等，使用如儿歌或小诗、歌曲、游戏、故事、自由谈话、提问、思维导图、头脑风暴等教学手段或策略，引起关注。

在教学活动设计时，应遵循以上教学原则和手段，设计趣味性强且有目的和针对性的教学活动，唤起注意，告知学习目标，激发学习动机，刺激回忆先前的学习，引起关注，为下一步学习新知做好准备。同时，培养与保持学生学习的积极性和良好的学习习惯，提高学习效率，为学生的终身学习奠定良好的基础。

例如：在教育科学版《英语》六年级下册 Module 3 Famous People 这一单元的复习课中，笔者以"My Favourite Famous Person（Revision）"为话题，根据上面提到的教学原则和教学手段，从教学活动的内容和形式上设计了两项不同的教学活动以引起学生关注。

活动1：唱英文歌 *Jobs Song*：*What Do You Want to Be*？。

【设计意图】引起学生注意，激发学习兴趣，复习职业名称。

活动2：自由谈谈第三单元已学习过的名人及其重要事件。

【设计意图】刺激回忆先前的学习，复习本单元的知识，同时为后面的学习做铺垫。例如：

T：Children, we have learnt many famous people in Module 3. Can you talk about them?

P1：Yes. Dr Sun Yat-sen is a very famous and important person in Chinese history. He was a great leader. He tried to free the Chinese people and make their lives better. He loved the Chinese people and the Chinese people love him. Today, many streets, schools and parks have his name. He was a great man!

P2：Steve Jobs…（略）

由于是课本中的名人，学生已经学过并背过课文，所以能将课文中学过的名人流畅地描述出来。

活动3：猜一猜。

①一学生（或与其搭档）做动作，其他学生猜是哪位名人，并描述这位名人的主要事件。

②给两幅被气球遮住的图，让学生选择不同的气球并猜是哪位名人（如图1所示）。

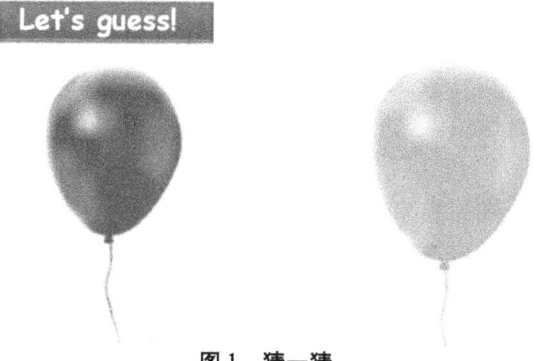

图1 猜一猜

其中一幅是听录音，让学生猜是谁（因录音内容出现新词，故文字随录音同时出现，减轻难度）。听力内容如下：

He is a famous writer in China. He often has a smile on his face. He is kind and friendly. He was born in 1955, in Shandong. He wrote *Grenouilles*（《蛙》）. He was the first winner of the Nobel prize［nəʊˈbel praiz］for literature［ˈlɪtrətʃə(r)］（文学）in China. Who's he?（Mo Yan）

③教师逐句呈现文字，呈现两句后停下让学生猜是谁，然后继续呈现，让学生继续猜，培养学生的思维品质。内容如下：

He was born in a poor family in Denmark（丹麦）in 1805. He was a great writer in the world. He wrote many children's stories. He was famous for his children stories. *The Ugly Duckling*, *The Little Match Girl* and *The Emperor's New Clothes*.

T：Who's he?

学生猜出安徒生后，教师再呈现安徒生的头像和英文名，分音节教学生读出 Andersen。

【设计意图】通过猜测游戏，一方面，消除师生间的紧张感，活跃课堂气氛；另一方面，迅速引起学生的关注，唤起学生的注意，提高学习兴趣。同时，通过一句句的呈现，由短到长，由句到篇，不断滚动，刺激回忆先前的学习，复习描述人物的相关句型，了解名人的主要信息，为后面的输出做准备。

二、学习新知识或链接

学习新知识是指在引起学生关注后，立刻进入新知识的学习。这时因学生的注意力高度集中，对新知识易于接受、编码与贮存，学习效率高。在新授课中，英语学习不外乎学习新的知识内容和语言（包括新的词汇、句型、语篇及语法知识等）。对于复习课来说，最重要的不是学习新知识，而是学习链接，是对该单元或话题的整个知识结构的一个回顾、梳理与归纳，形成整体意识并能综合运用。这里包括加涅的呈现刺激材料、提供学习指导两个教学事件。在这一阶段，我们以话题为中心，以情境为主线，以活动为途径，呈现并学习新知识或链接，补充该话题相关的新内容和语言知识，让学生得到拓展与提升，培养学生的综合语言运用能力和思维品质，同时提高学生的学习能力和文化意识。在学习新知识的过程中，我们同时还要注意为学生提供学习指导，如学习单词时可以进行自然拼读法、分音节记忆法、以旧引新法、单词归类法等学法指导，帮助学生对新获得的知识进行编码，以将其纳入原有的知识结构中，并贮存在尝试记忆里。在活动设计时要遵循目的性和针对性、趣味多样性与情境性、循序性和层次性、学习策略指导性、高密度大容量与复现性原则等（高小兰，2011），可采用情境、微课、游戏、思维导图、以旧引新、探究合作、文本重构等手段或策略，在新授课上学习新知识，在复习课上连接旧知识，进行复习与拓展。

仍以上课为例，在学习新知识阶段，笔者根据教学活动设计的学习策略指导性原则，设计活动，呈现刺激材料，提供学习指导，引导学生描述名人，并梳理、归纳描述名人的方法和句型。

活动1：呈现刺激材料，提供学习指导，引导学生描述并归纳名人描述的几要素。

师生共同描述名人，以思维导图的形式归纳描述名人的几要素，并让学生回忆链接已学的相关词汇。

①听歌曲《我们的明天》，让学生猜测歌手是谁。（鹿晗）

T: Listen to the song and guess who the singer is.

P1: He's Lu Han.

②让学生用英语谈谈自己知道的关于鹿晗的一些信息,并引导学生描述鹿晗。

T: Can you talk about him?

P2: His name is Lu Han.

T: Yes, his name is Lu Han. (展示PPT)

引导学生继续描述。

P3: He is a famous singer in China.

T: Yeah. He is a famous singer and an actor in China. (展示PPT)

T: Do you want to know when he was born and where he was born?

Ps: Yeah.

T: He was born in Beijing in 1990. (教师展示PPT,学生读)

T: What does he look like?

Ps: … (没学生能回答)

T: Is he handsome? (教师引导)

Ps: Yes.

T: Is he young?

Ps: Yes.

T: So he is very young and very handsome. (教师展示PPT,学生齐读)

T: What do you think of him?

Ps: …

T: He is a famous singer. So he can sing many songs. Is he hardworking?

Ps: Yes.

T: So he loves singing and he's hardworking. (教师展示PPT,学生齐读)

T: He also loves playing football. He is good at playing basketball, too.

T: What is he famous for? He is famous for the *Running Man*. He was the best male singer in 2016. (教师展示PPT)

③引导学生总结描述名人的几要素。教师边引导学生边小结板书在表格的相应位置(见表1)。

表1 Famous People

Name	Birth	Job	Appearance	Personality	Hobby	Events

④教师再让学生看着上表口头描述前面提过的关于鹿晗的信息：The young man is…/His name is…/He was born in…。学生边说，教师边将鹿晗的信息填入表格中（见表2）。

表2　Lu Han

Name	Birth	Job	Appearance	Personality	Hobby	Events
Lu Han	Beijing/ in 1990	singer/ actor	young/ handsome	polite/ hardworking	singing/ playing basketball/ football	the best male singer in 2016/ famous for the *Running Man*

⑤教师让学生看着上表口头完整地描述鹿晗。

【设计意图】基于认知、实践和运用的教学观，从学生喜爱的歌曲开始，呈现刺激材料，让学生猜测歌星的名字；然后让学生对该歌星进行描述，教师利用PPT一句句地呈现，由句到篇，减少学生学习难度；接下来给学生提供学习指导，引导学生观察并归纳名人描述的几要素，并用思维导图的形式进行总结，教会学生学习的方法和思路。同时进行滚动教学，链接与复习已学的相关词汇，培养学生的记忆、观察、归纳能力。通过对比描述鹿晗和安徒生的两篇短文，引导学生学会观察、比较和归纳描写现代名人和已逝名人时所用的不同时态，培养学生的思维品质。

活动2：小结。

让学生观察对比上面描述鹿晗和安徒生的两篇短文，引导学生观察总结现代名人通常用现在时描述，但描述已经发生的事情时要用过去时，已去世的名人要用过去时描述。

T：Lu Han is in life. He is a nowaday famous person. What tense do we use when we talk about the nowaday famous person？

P1：Present tense（现在时）.

T：What tense do we use when we talk about the birth and the events？

P2：Past tense（过去时）.

T：What tense do we use when we talk about a dead celebrity？

P3：Past tense（过去时）.

T：That's right. When we talk about nowaday famous people, we often use present tense. When we talk about the birth, the events or a dead celebrity, we should use past tense.

三、练习实践

当新的知识进入感知系统和记忆系统后,还须进行交换、操作、检索即进入控制系统,为下一阶段的提取和使用做好准备,我们把它叫作练习实践(practice)。这一阶段包含加涅的引出行为、提供反馈两个教学事件,即通过学习指导,检查学习者是否掌握了应该掌握的内容,或者说学习者是否达到了之前所提出的教学目标,这必须通过具体的行为来判断,那就是练习与实践;同时我们还要及时对该行为提供反馈,在练习实践过程中,由于学习的是新知识,操练中肯定会有学生出现错误,教师应对学生的行为、反应及时地提供反馈,肯定好的,纠正错误,鼓励学生流利表达等,让学生知道学习结果,以检查自己当前对学习内容的理解是否正确以及掌握程度如何。这不仅有利于学生及时纠正错误,也利于学生学习自信心的培养。在这一过程中,我们同样可以从内容和语言两个方面让学生进行练习与实践。内容包括相似话题与功能的操练。语言包括语言知识和技能的训练等。在这一阶段,我们应遵循目的性和针对性、趣味多样性与情境性、循序性和层次性、学习策略指导性、运用性、复现性等原则(高小兰,2011)。在新授课中,可采取游戏、竞赛、谜语、小诗、歌曲、对话、小组操练等手段或策略,设置趣味性强的练习活动进行练习实践;亦可采取竞赛、小组活动、调查、任务、评价等策略,为发表做准备。

例如:在上述课例中,在这一环节,笔者根据教学活动设计的目的性、情境性、针对性、多样性和学习策略指导性原则设计以下教学活动,引出行为并提供反馈。

活动1:阅读短文,填写表格。

学生根据自己的选择阅读相应的文章并完成表格(每小组共4篇)。

教师发放给四人小组四篇不同行业的名人阅读材料,让学生自己任选一篇进行阅读,用"学习新知识"阶段所学的描述名人的几要素,完成表格,并根据表格口头描述阅读材料中的名人信息及其事件。四篇阅读材料如下:

Passage 1 Read the passage and fill in the mind map. (阅读下面短文并将信息填入表3中相应的位置)

Marie Curie was a great scientist. She was born in Poland in 1876, and was firm and fantastic. She was pretty. She liked discovering new things. She discovered a new kind of element (元素) – radium (镭) with her husband. And she got the Noble Prize twice. People think that Marie Curie was the greatest woman scientist of the twentieth century (世纪).

Marie and her husband discovered radium in 1898. In 1903, Marie and her husband got the Nobel Prize. They got seventy thousand francs（法郎）. Marie just took a little money to go on with her study. She gave the rest of the money to others and helped the poor. How kind and warmhearted（热心）she was! Marie didn't care for money or good medals. She only cared about science study.

Marie Curie worked very hard for long. She was sick. In 1934, Marie Curie closed her eyes forever.

表 3　Famous People

Name	Birth	Job	Appearance	Personality	Hobby	Events

Passage 2　Read the passage and fill in the mind map.（阅读下面短文并将信息填入表 4 中相应的位置）

Qi Baishi is a famous Chinese painter. He was born in Hunan on January 1, 1864, and he died on the ninth of September, 1951, when he was 93. And he had long beard（胡子）. He was a kind man. He was good at drawing. And he was good at drawing small animals, such as frogs, shrimps（虾）and insects（昆虫）. His family was poor when he was young, so he couldn't go to school for long. He was a carpenter（木工）before he became a painter. He loved painting and worked hard at it. He painted many famous pictures and he was very successful.

表 4　Famous People

Name	Birth	Job	Appearance	Personality	Hobby	Events

Passage 3　Read the passage and fill in the mind map.（阅读下面短文并将信息填入表 5 中相应的位置）

Wilbur（威尔伯）and Orville Wright（奥维尔·莱特）were American inventors. Wilbur was born in 1867 and Orville was born in 1871. They were very gentle and handsome. And they were earnest（认真的）and responsible（负责任的）. The Wright Brothers were interested（感兴趣）in machines（机械）and flying when they were young. They made the first airplane with an engine（发动机）. It was called Flyer 1. Wilbur and Orville Wright built it on the December 17, 1903. Orville lay on the bottom wing of the flyer and started the engine. The flyer rose 10 feet in the air and flew a distance（距离）of 120 feet. This was an important event in the history of flying.

Today, people can fly higher and higher. They can even get to the moon. But don't forget Wilbur and Orville Wright. They invented the first plane.

表 5　Famous People

Name	Birth	Job	Appearance	Personality	Hobby	Events

Passage 4　Read the passage and fill in the mind map.（阅读下面短文并将信息填入表6中相应的位置）

LeBron James（詹姆斯）is my favorite famous person. He was born in America on December 30, 1984. He is very tall and strong. He is 2.03 meters tall and weighs 113.4 kilos. He is black. He has very good basketball talent（天赋）. He is good at playing basketball. He has very high basketball IQ. He is very brave and aggressive（霸气）. Now he is a basketball player. He plays for the Cleveland Cavaliers（克利夫兰骑士队）of the NBA. His nickname（昵称）is "King James".

When he was young, his family was very poor. He had never seen his father. His mother had no house. They lived with his grandmother. When he was three, his mother bought a toy basketball for him. So he began to love playing basketball. He became a famous basketball player. He won the NBA championship three times. He is a great basketball player.

表 6　Famous People

Name	Birth	Job	Appearance	Personality	Hobby	Events

活动2：小组分享。

阅读完毕后，根据自己所填的表格信息，口头描述所读材料，小组内交流分享，为后面的输出做准备。四份不同的阅读材料，为学生提供了信息差。

【设计意图】通过阅读，一方面，让学生认识并了解更多的名人；另一方面，丰富学生的语言知识，为学生的输出做好准备。同时，阅读材料也是一篇写作范文，为学生的输出减少困难，为汇报做准备。

活动3：汇报展示（可融汇在练习实践这一环节）。

从阅读四份不同行业名人材料的学生中选出代表，让其上台进行汇报：根据自己所填的表格，口头描述该名人的关键信息。

四、汇报展示

信息加工的第四个系统是反应系统，即信息的提取和使用。只有当学生把刚学习到的新知识做到学以致用，并能运用到新的情境或实践中去，新知识才能内化为学生大脑里的知识。因此，在学生学习新知识并得到初步的练习实践后，教师设置情境或任务，给学生提供一个展示的平台，让学生进行汇报展示，提高学生的综合语言运用能力，从而提高自信心。这就包含了加涅的评价作业、促进保持和迁移。汇报展示的内容包括将学习的新内容和新的语言知识迁移到新的情境中进行运用的成果。为了使学生所学知识能在当堂课得到灵活运用，从而提高课堂的教学效率，笔者在课堂教学的第四个程序设置了汇报展示环节。一方面，给学生设置了新的任务和情境，让学生做到学伴用随（王初明，2009）、学以致用，促进学生对所学新知识的保持和迁移；另一方面，让学生上台汇报展示，长此以往，可以培养学生大胆说英语、大方说英语的习惯，从而培养学生的语言能力，特别是综合语言运用能力（中华人民共和国教育部，2012）。同时，在汇报展示过程中，教师及时地提供反馈、评估与鼓励，能够有效地提高学生的自信心，并能让学生学会将中国的传统文化用英语表达出来并传播到世界，培养了学生的文化意识和文化自信；况且，这一过程需要学生将所学知识运用到新的场景或新的情境中去，也能培养学生大胆尝试、勇于探索、敢于创新的精神，更能培养学生自信自爱、积极乐观的心理品质。毋庸置疑，这一过程自然也是对学生思维品质和学习能力的培养。这与现在所提倡的我国中学生的核心素养（林崇德，2017）及英语学科核心素养（程晓堂、赵思奇，2016）相吻合，说明我们的研究方向是正确的。因此，这一过程能够发展学生的素养，落实立德树人的教育根本任务，使英语教学走向英语教育（张荣干，2017）。这也是与仅将加涅的教学模式用于对知识的教学的重要区别。当然，课后我们仍然会布置家庭作业，继续强化记忆和促进迁移，下节课再次对学生进行评估并刺激对先前学习的记忆。同时，还会通过形成性评价测试和终结性评价测试，对所学知识加强复习、练习，如此周而复始，便能促进知识的保持和迁移，使所学知识能长期保持、贮存于大脑记忆中。在这一阶段，应遵循情境性、交际性、运用性、反馈性与评价性等原则（高小兰，2011），可采取复述、角色表演、个人汇报或小组汇报、展示、书面展示、海报等方式或策略，安排学生上台进行汇报与展示，及时给予反馈与评价，培养学生的综合语言运用能力,促进学生心智发展,提高学生的综合人文素养。

例如:在上述课例中,在学生能够运用前面归纳的描述名人的几要素表格进行阅读后,可让学生用此法进行写作活动。具体如下:

活动1:向同伴口头介绍你喜爱的名人。

首先让学生根据自己所带的材料看着表格口头描述自己喜爱的名人,鼓励学生运用所学语言,谈论自己喜爱的名人。并与同桌分享,促进知识的保持和迁移。也为书面写作做准备。

活动2:根据表格信息笔头描述自己喜爱的名人。(基于实践和运用的教学理念)

活动3:学生汇报展示。给学生提供运用语言的机会和自我展示的平台,促进知识的保持和迁移,同时进行评价,给予肯定和激励。培养学生流畅说英语的能力和自信心,提高学生的英语核心素养。学生作品如下:

作品1

My Favourite Famous Person

My favourite famous person is Anne Hathaway. She was born on November 12, 1982. She is an amazing actress. She is always with smile. She is polite and confident. She likes designing when she has free time. She became famous after the *Princess Diaries*. So she is very successful.

作品2

My Favourite Famous Person

My favourite famous person is Steven Curry. He was born on March 14th, 1988. He is a famous basketball player from NBA. He is young and thin. His hobby is playing basketball. He is very honest and earnest. He was the Most Valuable Player during the 2013 – 2014 season. He is called the greatest shooter in NBA history. I like him very much.

学生最后能够成功地根据表格列出的几个关键要素描写出自己喜爱的名人,达成本节课的学习目标。

五、反思与展望

1. 实施效果

"基于认知、实践和运用的小学英语教学模式"经过几年的探索与实施,效果明显,通过运用各种手段与教学策略,引起学生的关注,有效提高了课堂教学效率,激发了学生学习的兴趣和积极性,通过练习实践与汇报展示,学生的综合语言运用能力也有了很大提高,口头表达能力不断增强。

2. 研究的局限性

虽然该模式能够有效提高课堂教学效率，帮助青年教师迅速掌握课堂教学的程序和要求，且该模式有自己的变式，各程序可以相互渗透，顺序可以互换，但很多专家仍然不赞成模式化，认为模式化容易让教学僵化。任何模式都有其优缺点，本模式重在关注学生的汇报展示，这是本模式的优点，但这一点也会给教学带来局限，即在关注学生的汇报展示的同时会容易忽略其他能力的培养。如何尽可能地弥补缺陷之处，便需要下一步的深入研究。

参考文献

[1] 程晓堂，赵思奇. 英语学科核心素养的实质内涵［J］. 课程·教材·教法，2016（5）：83.

[2] 高小兰. "小学英语课堂练习的有效设计"的行动研究案例［J］. 小学教学研究，2011（2）：62－64.

[3] 林崇德. 构建中国化的学生发展核心素养［J］. 北京师范大学学报（社会科学版），2017（1）：66－67.

[4] 王初明. 学相伴用相随：外语学习的学伴用随原则［J］. 中国外语，2009（5）：53－58.

[5] 徐晓雄. 教育技术学视野中的加涅学术思想研究［M］. 北京：电子工业出版社，2006.

[6] 张攀，仲玉英. 基于加涅信息加工学习理论框架下的小学英语课堂教学设计［J］. 现代教育科学·普教研究，2010（5）：32.

[7] 张荣干. 基于真实任务的英语整合学习路径探究［J］. 兴义民族师范学院学报，2017（12）：95.

[8] 章兼中. 英语教学模式论［M］. 福州：福建教育出版社，2016.

[9] 中华人民共和国教育部. 义务教育英语课程标准（2011年版）［M］. 北京：北京师范大学出版社，2012.

小学英语课堂练习有效设计的原则[1]

深圳市龙华区教育科学研究院附属小学　高小兰

新课标新教材给我们教师带来了新的教学理念，也给我们教师的"教"与学生的"学"带来了新的挑战。在新课程理念的指导下，现在的小学英语课堂中教师的教学方式在改变，学生的学习方法在改变，课堂上的练习设计也应有所改变。小学英语教学的主要途径是课堂教学，课堂教学强调教学的有效性，注重学生通过在教师引导下的一定时间的学习所获得的进步与发展。检验一堂课是否有效需要设计一些适当的课堂练习（包括听、说、读、写），通过练习才能对教学效果进行及时的检测、评价与反馈，及时发现学生出现的问题并及时进行教学调整，最后达到有效教学的目的。所以，一节有效的课、一个成功的教学案例，离不开课堂练习的有效设计。

长期以来，广大教师对课堂练习设计做了深入的探讨，已积累了丰富的经验，但仍存在一些不足之处，例如：练习选择的随意性、盲目性、缺乏主题与层次性，练习内容的应试化，练习时间分配不合理，练习的讲评与反馈不及时等。教师很少去反思哪些练习对学生的学习是有效的，哪些是低效甚至是有负面影响的，造成练习的滥用。结果使学生基础知识不牢固、不扎实，教出了相当数量的低分学生，严重影响了教学质量。同时，教师自己缺乏对练习的加工、变化、提炼，这又严重影响着学生的思维长度与深度。

可见，为了提高课堂教学效率，对课堂练习进行有效设计的研究势在必行。

一、小学英语课堂练习设计低效或无效的问题所在及其表现

我们通过查阅文献与访谈发现，小学英语课堂练习设计存在低效或无效的问题主要表现在以下方面。

（一）三"缺"

1. 缺乏目的性和针对性

部分教师不重视课堂各个环节的练习设计，没有认真根据教材的内容和知识点进行练习的设计，而是随意设计或顺手拈来，练习的设计具有很大的

---

[1] 本文原载《小学教学研究》2010 年第 9 期。

随意性与盲目性。

2. 缺乏主题性与层次性

英语课堂练习没有"备学生"。设计课堂练习时忽视了学生的差异这一实际的必要环节，对练习没有进行有效的取舍、组合、拓展、加深。课上所有的练习所有的学生都要做，造成了后进生跟不上，好学生"吃不饱"的状况。

3. 缺乏及时的反馈与评价

由于小学英语周课时量少，教师们常常为了赶时间，在课堂练习之后，不能给予及时的反馈与评价，而只是笼统地调查一下练习的结果，如常听教师这样问："对了的请举手。"扫视一周后让学生放下手就算完事。这样的反馈显然毫无意义。

（二）三"化"

1. 练习内容的应试化

有些教师英语课堂练习基本上还拘泥于教材或考试题型以及改题标准所传递的信息，而开放的、能激发学生想象力与创造力和发散学生思维的课堂练习还比较少。练习内容与改题标准的应试化教学会违背教学初衷，远离教学目标。

2. 练习形式的单一化

有些教师在新单词的教授后总用一种方式或一种游戏练习操练，操练形式的单一化只能培养学生某一方面的能力，从而忽视了其他方面能力的培养，而且练习形式的单一化，会降低学生的学习兴趣，使得学习效率也偏低。

3. 练习时间分配的不合理化

很多教师在单课（新授课）的课堂教学中，进行大量的听说训练。在双课（巩固课）的课堂教学中，读写的训练只是作为一种弹性的安排，往往因时间不够便将其作为家庭作业。或只在一节课集中进行写的训练，练习的内容多半是活动手册的习题，也有从内容到题型都大体相同的社会上销售的练习题等。

二、小学英语课堂练习有效设计的原则

《小学英语教学大纲》指出："练习是使学生掌握知识，形成技能，发展智力的重要手段。"教学实践也证明，概念要通过练习理解，知识要通过练习巩固，技能要通过练习形成。可见，练习设计的质量，将直接影响教学质量与效果。练习是为教学目的服务的，因而练习的设计必须符合小学英语

教学大纲所规定的各年级的教学内容和提出的教学要求,要准确地把握住各部分知识结构中的重点和难点;必须符合学生思维特点和认知发展的客观规律。要使练习设计取得最佳效果,必须遵循以下原则。

(一) 目的性和针对性原则

目的性和针对性是指练习设计要有明确的目的性和针对性。

在英语教学中,练习包括听、说、读、写的练习,无论哪种练习,都应围绕教学目标进行精心而有效的设计,练习设计不当,就不能很好地达到教学目的。课堂练习设计要有明确的目的性,并具有很强的针对性。可分为授课前练习、授课过程练习及授完课的练习。[1] 授课前练习应设计为过渡性形式,目的是为学习新知识做铺垫。设计这类练习应注意扣紧新旧知识的连接,在旧知识的基础上建立新的知识点,为学生顺利地由旧知识点过渡到新知识点架桥引路。在授课过程中要进行形成性练习,目的是帮助学生更牢固地掌握知识。在设计这部分练习时,主要是要围绕知识的重点、难点进行专项练习,包括机械性操练与意义性操练,要注意在适当的机械性操练的基础上进行意义性操练,应以情景性的意义操练为主,以便学生掌握新的知识点。授课后进行巩固性练习,目的是巩固新知识,活用新知识,设计这类练习应注意帮助学生通过练习发散思维,形成技巧。

如教授五年级下册 Unit 17 What Season Do You Like Best? 这一课时,由于涉及季节、月份的划分和对天气的谈论,所以在授课前笔者便通过播放歌曲(*How Is the Weather*)和 Free talk 的形式复习了各种天气的表达法,通过 Chant 复习了月份和季节,具有很强的目的性和针对性。

(二) 循序性和层次性原则

所谓循序性是指练习的安排要有循序性,对儿童采用由浅入深、由易到难、由简到繁的循序渐进的教授法,使练习进入合适的程序编制。当学生接受了这种有序的编制,便可使其学习任务变得更容易、更有效。

层次性原则是指练习的对象要有层次性,不同层次的学生要有不同的练习。[2]《义务教育英语课程标准(2011年版)》的基本理念之三即是"突出学生主体,尊重个体差异"。学生的发展是英语课程的出发点和归宿。我们所面对的众多的学生,他们的认知结构、学习动机、兴趣、态度和智力水平

---

[1] 易淑燕:《"减负"提质,从优化课堂练习做起》,载《龙宕师专学报(教研专辑)》2001年第19卷,第92页。
[2] 林祥前:《优化英语作业设计 减轻学生课业负担》,载《山东教育》2002年Z2期,第82页。

均存有差异。根据因材施教的原则,从教学内容方面构思,设计不同类型的练习,使不同层次的学生都得到相宜的练习,都能在原有的基础上有所提高。这也是一种处理教学目的、任务统一性和不同类型学生个体差异之间关系的具有优化意义的做法。

如在上例课文中,笔者采用任务型教学方式,在授课前先进行天气、月份、季节的复习,接着就给学生一个任务:进行作文大赛。然后教学生如何分步写作,明确先写什么,后写什么,再归纳总结并给出范文,让学生易于理解与内化,也便于学生模仿。最后进行写话训练,练习的要求是:下限要能按老师的要求将几个步骤表达清楚,不能少于5句话;没有上限,尽量将话题写得丰富多彩,注意语言运用的准确性。整个教学过程都体现了循序性和层次性原则。

(三)反馈与评价性原则

江苏宜兴的夏惠中、潘伟平老师在《英语课堂练习的分类、功能与策略》一文中讨论了课堂练习的功能与策略,其中一条就是反馈功能。[①] 练习中的反馈具有即时性的特点,教师可以在短时间内捕捉学生的反馈信息,及时给予学生调节性评价(练习过程中)和总结性评价(练习之后)。反过来,学生也会从教师的指导和评价中获取反馈信息,以便改进或调节自己的学习行为。

(四)趣味多样性和情景性原则

趣味多样性原则是指设计练习时应根据学生的年龄、生理、心理特点,巧设练习,诱发兴趣,创设一个生动活泼、轻松愉快的学习环境,要考虑题型的多样化和练习方式的多样化,这样才能使学生处于积极的学习状态,从而进行高效的学习。机械重复的练习枯燥乏味,不仅影响教学效果,而且影响学生的学习积极性。

仍以上课为例,由于这一课涉及季节、月份的划分和对天气的谈论,所以在授课前笔者便采用趣味性与多样性原则,通过歌曲(*How Is the Weather*)和 Free talk 的形式复习了各种天气的表达法,通过 Chant 复习了月份和季节。Chant 朗朗上口,活泼易记,深受孩子们欢迎。如本文笔者编的 Chant 如下:

Months and Seasons

February, March and April are spring months.

May, June and July are summer months.

---

① 夏惠中、潘伟平:《英语课堂练习的分类、功能与策略》,载《职教通讯》2007年第1期,第80页。

August, September, October are autumn months.

November, December and January are winter months.

情景性原则是指在设计英语课堂练习时，要克服缺乏母语环境和学习氛围的困难，为学生提供一些模拟的情景，使他们沉浸在丰富的、强化的、持续不断的外语环境中，去理解所学内容，接受所学语言。创设符合教学内容的、贴近学生生活的、真实的教学情境是小学英语课堂实施有效教学的重要途径。

《义务教育英语课程标准（2011年版）》第一部分第二点第六条强调英语课程要力求合理利用和积极开发课程资源，给学生提供贴近学生实际、贴近生活、贴近时代的内容健康和丰富的课程资源；要积极利用音像、电视、书刊、网络信息等丰富的教学资源，拓展学习和运用英语的渠道。[1]

（五）高密度大容量与复现性原则

《九年义务教育全日制初级中学英语教学大纲》对学生的语言实践问题给予了极大的关注和详尽的描述，提出"增加语言实践的量，有效提高教学质量"。现代英语课堂教学的特点之一是实践性，重视学生的参与，强调为学生提供大量的练习和活动，以保证学生在单位时间里有足够的机会接触英语。这就是说，英语应以练为主，教师应在40分钟的课堂内设计高密度大容量的练习活动，让学生不断地进行听、说、读、写等运用英语的活动。充分实践，才有提高。

新课程背景下的英语教师要不断更新观念，掌握新的教育教学理念，充分利用多媒体资源，创造性地使用教材，高密度大容量地创设多种语言环境与活动，加强英语教学的实践性，培养学生综合运用英语的能力。

同时，课堂练习的设计还要符合复现性原则，练习内容的设计要有复现性。学生学过的知识，倘若长时间得不到复现，就会被遗忘。心理学家称之为暂时神经联系的抑制。如果我们在教学中对学生学过的知识不反复强化，就会逐步加深这种抑制，最终导致已建立的神经联系完全消失。加强练习内容的复现性，可以减少遗忘，帮助学生记住所学的知识。同时也利于学生加快学习速度，提高学习效果。

（六）全面性原则

基础教育阶段英语课程的总体目标是培养学生的综合语言运用能力。综合语言运用能力的形成建立在学生语言技能、语言知识、情感态度、学习策

---

[1] 中华人民共和国教育部：《义务教育英语课程标准（2011年版）》，北京师范大学出版社2012年版。

略和文化意识等素养整体发展的基础上。① 语言技能是构成语言交际能力的重要组成部分，包括听、说、读、写四个方面的技能以及这四种技能的综合运用能力。听和读是理解的技能，说和写是表达的技能；这四种技能在语言学习和交际中相辅相成、相互促进。学生应通过大量的专项和综合性语言实践活动，形成综合语言运用能力，为真实语言交际打基础。因此，听、说、读、写既是学习的内容，又是学习的手段。②

《小学英语教学大纲》中的第四点"教学中应该注意的几个问题"中的第三点提到"要侧重听、说能力的培养，同时注意听、说、读、写的全面训练"。小学英语教学重在加强基本功训练，为学生继续学习打好基础。所以在设计课堂练习时，我们应注重全面性原则，在听、说、读、写四项基本技能的训练中，侧重进行听、说训练，读、写训练也要跟上。不能因为侧重听、说而忽略读、写的训练。有些教师不能正确把握大纲精神，以为侧重听、说就是不注重读、写能力的培养，结果在课堂上往往只注重听、说训练，读、写的练习常常留给学生回家做，甚至读、写的练习就只停留在读读、抄抄单词上，使得学生读、写方面的训练几乎为零，读、写能力得不到及时发展。这是有悖教学大纲精神的，也不能让学生的语言技能得到全面发展。

（七）任务性原则

《义务教育英语课程标准（2011年版）》第四部分实施建议的第三点倡导任务型的教学途径，培养学生综合语言运用能力。新课程标准倡导任务型的教学模式，提倡让学生在教师的指导下，通过感知、体验、实践、参与和合作等方式，实现任务的目标，感受成功。在学习过程中进行情感和策略调整，以形成积极的学习态度，促进语言实际运用能力的提高。

任务性原则是指教师在课堂教学中应避免单纯传授语言知识的教学方法，尽量采用任务型的教学途径。教师应依据课程的总体目标并结合教学内容，创造性地设计贴近学生实际的教学活动练习，吸引和组织他们积极参与。学生通过思考、调查、讨论、交流和合作等方式，学习和使用英语，完成学习任务。

在设计任务型教学活动时，教师应注意以下几点：

---

① 中华人民共和国教育部：《义务教育英语课程标准（2011年版）》，北京师范大学出版社2012年版。

② 同上。

（1）活动要有明确的目的并具有可操作性；

（2）活动要以学生的生活经验和兴趣为出发点，内容和方式要尽量真实；

（3）活动要能够促使学生获取、处理和使用信息，用英语与他人交流，发展用英语解决实际问题的能力。

（八）学习策略指导性原则

学习策略指学生为了有效地学习和发展而采取的各种行动和步骤。英语学习的策略包括认知策略、调控策略、交际策略和资源策略等。

学习策略指导性原则是指在英语教学活动中，教师要有意识地通过课堂练习活动帮助学生形成适合自己的学习策略，并具有不断调整自己的学习策略的能力。在英语课程实施中，帮助学生有效地使用学习策略，不仅有利于他们把握学习的方向、采用科学的途径、提高学习效率，而且有助于他们形成自主学习的能力，为终身学习奠定基础。

使学生养成良好的学习习惯和形成有效的学习策略是英语课程的重要任务之一。教师要有意识地加强对学生学习策略的指导，让他们在学习和运用英语的过程中逐步学会如何学习。教师应做到：

（1）积极创造条件，让学生参与制订阶段性学习目标以及实现目标的方法；

（2）引导学生结合语境，采用推测、查阅或询问等方法进行学习；

（3）设计探究式的学习活动，促进学生实践能力和创新思维的发展；

（4）引导学生运用观察、发现、归纳和实践等方法，学习语言知识，感悟语言功能。

总之，教师若能正确地使用课堂练习，注意练习要符合学生的认知规律，就能促使学生理解、掌握和巩固所学的知识，能有利于学生更快地同化新知识，更好地建立起新的认知结构。在实际的英语教学中，我们每个英语教师应不断地思考，探究英语课堂练习的设计，采用高效的练习提高课堂教学效率。

如何提高英语练习组织与运用的实践性[1]

深圳市龙华区教育科学研究院附属小学　高小兰

《义务教育英语课程标准（2011年版）》提出："强调学习过程，重视语言学习的实践性和应用性。"[2] 英语是一门实践性很强的学科，如何对练习进行合理的组织与运用，给学生提供最佳的体验学习环境和发现语言规律的良好材料，增强语言练习的实践性等问题值得我们深入地研究。

下面就如何提高英语练习的组织与运用的实践性这个问题，以广州版小学英语六年级下册 Module 3　Famous People（Revision）中的一个练习活动片段为例进行课堂诊断。

一、本课设计意图

在上广州版小学英语六年级下册 Module 3　Famous People（Revision）这节复习课时，教师主要采用任务型教学法，以作文大赛 My Favourite Famous People 为主线展开各项复习活动。

主要复习本单元有关职业及身份的词语、常用的不规则动词及其过去式，复习并掌握功能话题"When was he born and when did he die? He/She was born in … and died in… What did he/she do? He/She was a/an…"，以便达到以下目标：①能阅读理解介绍人物的短文并回答问题；②能在小组的合作下介绍一个著名的历史人物；③培养学生主动交际、互相合作的意识，从而培养学生运用英语的能力（用英语做事的能力）。本节课主要采取交际策略，让学生积极参与小组间的交流合作，在小组成员的帮助下达成学习目标。

本节课主要采取任务型教学法，围绕 My Favourite Famous People 这一主题展开系列复习活动，教学流程如下：Pre-task：交代任务（作文大赛）；Task-cycle：围绕任务开展多项复习活动—写作比赛—汇报评价。

---

[1] 本文原载《广东教育研究》2013年第12期。
[2] 中华人民共和国教育部：《义务教育英语课程标准（2011年版）》，北京师范大学出版社2012年版，第3页。

围绕任务开展的复习活动流程图如图 1 所示。

```
Activity 1        Activity 2      Activity 3        Activity 4                      Activity 5
Spelling          Chant           Look and Say      Talk about historical           Speaking 谈
Game              复习职业名称     复习本单元         famous people                   论现在的名人
动词过去式                         的功能对话         谈论历史名人（通过              （通过阅读短
                                                    听、猜、读、讨论短              文的方式引入
                                                    文，复习本单元的句              现在名人的描
                                                    型和内容，总结描写              述方法）
                                                    历史人物的方法，谈
                                                    论历史名人）
```

图 1　复习活动流程

二、案例分析

（一）场景呈现

Activity 4：How to introduce famous historical people?（如何介绍历史名人?）在最初的教学设计中，教师将这一环节设计如下。

（1）齐读下面两篇短文。（Now please read the passages together.）

PPT 1：The man was the father of modern China. He was born in Guangdong. He was a great leader. He was against the emperor. He tried to change China and free the people. Finally he changed China and became its first president.

PPT 2：The man was an English hero. People began to talk about him in the 14th century. He was clever and brave. He lived in the forest with his friends. He took from the rich and gave to the poor. So people loved him very much.

教师分别呈现两幅 PPT，让学生齐读 PPT 上的短文，目的是复习本单元的两段对话。

（2）小组讨论下面两幅图（如图 2 所示）。（Talk about the pictures in groups.）

PPT 3：

　(1893—1976)
the great leader of China
born in Shaoshan, Hunan

　(1904—1997)
born in Sichuan
in 1979, visited Guangdong and
made an important speech
general designer [ˈdʒenərəl]
[diˈzainə]

图 2　PPT 展示

小组讨论—汇报。

（二）追因诊断

学生学过的知识，倘若长时间得不到复现，就会被遗忘。加强练习内容

的复现性，可以减少遗忘，帮助学生记住所学的知识。根据课堂练习设计的复现性原则，本练习活动将课文对话改编为陈述的形式，复习介绍历史名人的句型，同一内容以不同的形式出现，体现了练习设计的多样化和全面性原则。复习已学的两个历史名人后，教师让学生小组讨论并介绍另外两个历史名人，体现了英语的实践性原则，让学生学以致用。在练习的组织与运用中，教师有意识地想使练习活动具有实践性，但效果不是很好，究其原因，主要有以下几点：

（1）情境性不强。组织练习活动时，教师只是让学生看着 PPT 朗读，真实情景不够，无法实现英语的实践性。

（2）趣味性不够。教师在复习本单元的两篇课文时，将对话形式换为陈述的形式而不会重复，但让全班齐读短文，虽然让所有的学生都能朗读，却忽略了趣味多样性原则。学生不感兴趣，勉强能朗读，但因沉闷乏味而心不在焉，效率不高，更无法实现英语的实践性。

（3）缺乏思维过程。教师让学生读完两篇短文后就谈论其他名人，没有思维的过程，没有归纳总结的过程，读完后学生仍不知如何描述历史名人，很难实现英语的实践性。

（三）改进策略

上个片段可调整修改如下：

Activity 4：How to introduce the historical famous people?（如何介绍历史名人?）

（1）猜谜游戏。(Guessing game：Who was he?)

教师将事先准备的描述名人的短文写在纸条上，游戏开始。教师让学生抽签，然后让抽中者读出短文，例如：

Passage 1　The man was an English hero. People began to talk about him in the 14th century. He was clever and brave. He lived in the forest with his friends. He took from the rich and gave to the poor. So people loved him very much. (Question：Who was he?)

学生读完后向全班提出三个问题并找人回答：

S1：Who was he?　　　　S2：Doctor Sun Yat-sen.
S1：Was he…?　　　　　S3：Yes, he was. /No, he wasn't.
S1：Did he…?　　　　　S4：Yes, he did. /No, he didn't.

目的：让学生读、问、答，把时间和主动权交给学生，体现了教学的主体性原则，让学生读—听、猜—答、问—答，真正让学生用英语思维，用英语做事，体现了语言的实践性原则。

（2）小组讨论（Discussion）：四人小组讨论并猜测下面短文所描述的名人。

描述的是哪位名人？（教师展示 PPT 1，如图 3 所示）

PPT 1：

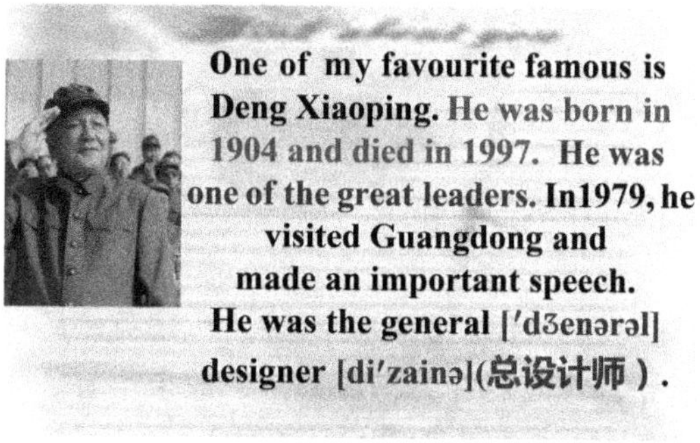

图 3　教师展示 PPT 1

学生能很快猜出："He is Deng Xiaoping."。

（3）归纳小结（Summary）：如何介绍你最喜爱的历史名人。

T：If your favourite famous person is Deng Xiaoping, how to introduce him?（如果你最喜爱的名人是邓小平，如何介绍他？）

学生回答后，教师展示 PPT 2（如图 4 所示）。

PPT 2：

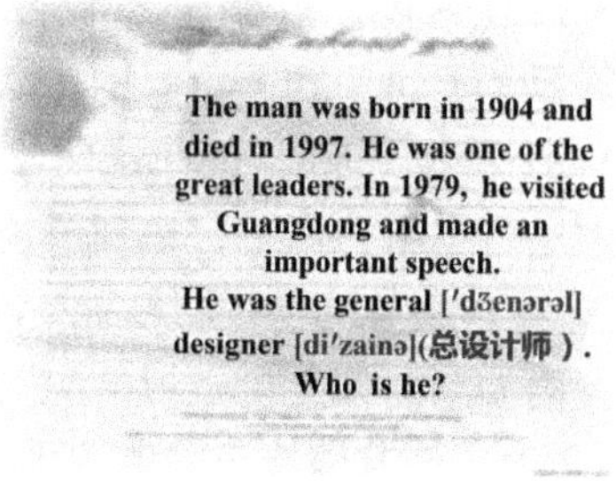

图 4　教师展示 PPT 2

让学生看范文，然后再次引导学生。

小结如下：先总起，"My favourite famous person is..."，然后介绍他的出生时间和去世时间，再介绍他的重要事迹和职业。

（4）小组活动：介绍你最喜欢的历史名人。

T：Now, please introduce the famous people in groups.（PPT 如图 5 所示）

图 5　PPT 展示历史名人

小组讨论—汇报—评价—写作（介绍一位你喜爱的历史名人）。

（四）启示

此活动环节的修改主要以新课标提出的"重视英语练习的实践性和应用性"这一理念为指导，修改后在另一班试讲，效果很好，学生兴趣浓厚，充分体现了英语的实践性。主要表现在以下几方面：

1. 巧设游戏，创设情境，使英语练习的实践性成为可能

有兴趣才会关注，根据练习设计的趣味性和情境性原则[①]，教师巧设游戏，复习本单元的知识。为了使语言交流更加真实，在复习本单元的知识时，教师对教材的对话进行了适当的延伸，将教材中的对话改编为叙述形式呈现给学生，给学生提供了另一种表达方式，扩大了语言学习的外延。教师将短文写在纸条上，并采用游戏 Guessing game 的形式，让学生抽签，然后让抽中者读出短文，再向其他学生提问，让学生猜测并回答问题。学生兴趣浓厚，全体主动参与，积极性很高，改变了之前的呈现方式所带来的沉闷感。通过此游戏，一是复习了 Unit 7 和 Unit 8 的主要句型和短语，二是让学生初步了解 Doctor Sun Yat-sen 和 Robin Hood 这两位历史人物用叙述的形式该如何介绍，三是对学生进行了听力训练，达到了预期目标。

巧设游戏，让学生进行猜—答/问—答练习，为学生创设真实的情境，让学生用英语思维，用英语做事，使英语学习的实践性成为可能。

2. 循序渐进，关注全体，使英语练习的实践性变得更容易

根据练习设计的循序性和层次性原则[②]，教师采用由浅入深、由易到难、由简到繁的循序渐进的教授法。如修改后的设计，先复习本单元熟悉的两个历史名人（Doctor Sun Yat-sen 和 Robin Hood），然后根据音标词的提示进行

---

① 高小兰：《"小学英语课堂练习的有效设计"的行动研究案例》，载《小学教学研究》2011 年第 2 期。

② 高小兰：《英语课堂有效练习设计的类型与策略》，载《教学月刊（小学版）》2011 年第 9 期。

小组讨论，学习一篇不太熟悉的人物介绍，再讨论如何介绍自己喜欢的历史名人，最后展示 PPT，让学生运用前面总结的描述方法介绍其他历史名人。练习的安排由易到难，体现了循序渐进的原则。学生接受了这种有序的编制，便可使其学习任务变得更容易、更有效。

此外，小组讨论活动为各个层次的学生提供了互相学习的机会，关注了中下生。由于此节课为复习课，主要复习学过的知识，学生难免产生烦闷无聊的心理，为了避免这种状况，在这篇短文中，教师故意设计两个生活中常见的新单词，让学生根据音标自己拼读与学习，一方面复习了音标，更重要的是能适当地让学生产生新鲜感，也解决了优秀生"吃不饱"的问题，给他们提供了一个拓展与表现的空间。

整个练习活动的设计体现了循序性和层次性原则，使学生的语言习得与实践运用变得更容易。

3. 归纳运用，开发思维，使英语练习的实践性得到充分体现

在修改后的设计中，教师让学生观察介绍邓小平的短文，小组讨论、归纳如何描述或介绍自己喜爱的历史名人，然后汇报总结，最后进行写作练习。整个过程都在让学生进行归纳运用，开发了学生思维，体现了新课程标准中提到的"用英语做事情"[①] 这一要求，使英语练习的实践性得到充分体现。

改进后的练习活动，教师注重学生的趣味性，用猜测游戏复习已学人物的描述形式和句型，并注重培养学生用英语思维的能力，让学生自己归纳总结规律，然后进行实践描述，为学生真实运用语言创设了情境，充分体现了新课标的要求——英语练习的实践性。此外，小组合作的活动方式，注意到了对学生自身课程资源的开发与利用，也让学生在活动中获得语言学习的成就感。

改进后的练习活动适用的范围：这个活动适用于多种话题，除了人物，还可以用于动物、活动、食品、文具、季节、天气等，活动中用到的语言可以根据具体情景而调整。

---

① 教育部基础教育课程教材专家工作委员会组织编写：《义务教育英语课程标准（2011年版）解读》，北京师范大学出版社 2012 年版，第 74 页。

小学英语练习组织的平衡[1]

深圳市龙华区教育科学研究院附属小学　高小兰

练习是学生巩固知识、训练能力的重要手段，也是教师及时检验教学效果、及时调整教学方案的有力手段，它是英语教学任务完成的重要途径。

然而，长期以来，仍有部分教师对练习缺乏有效的组织与运用，练习设计存在随意性与盲目性等，造成课堂效率低下、练习效果较差等问题。在进行文献查阅、问卷调查与访谈时发现，小学英语练习活动组织与运用存在的问题主要表现在以下四点：①缺乏针对性；②缺乏趣味性；③缺乏应用性；④缺乏人文性等。针对这些问题提出了练习组织与运用的原则，例如：教师在练习活动的组织与运用中，不仅要遵循练习活动组织与运用的普遍性原则（如针对性原则、循序渐进性原则、层次性原则、复现性原则、趣味性原则、及时反馈与评价性原则[2]等），还应遵循英语学科特有的原则（如情境性原则、交际性原则、人文性原则和应用性原则等）。同时，更应注意练习的平衡（如练习时间分配、练习内容难易程度、练习活动组织形式的平衡等），不能顾此失彼，不能重此薄彼，如此，才能真正贯彻执行新课标的理念。

一、练习时间分配的平衡

提高教学效率的实质是在单位时间内获得最大的教学成效。为此，在练习的组织与运用中，必须优化课堂教学时间管理，平衡练习的时间，充分发挥教学时间的综合效用。

新课程改革背景下的课堂教学强调了要以学生为主体的教学，鼓励创造师生互动、生生互动的课堂环境来改变过去课堂中的沉闷和死板气氛。广大教师普遍注意到课堂教学方式的转变，以教师的"教"为主的课堂正逐步转变为以学生的"学"为主，但是，仍有为数不少的教师对课堂教学的有效性问题缺乏足够的认识。有时候我们会听到这样的课，教师在教学过程中设置了很多问题情境，师生之间、生生之间有问有答，或讨论或交流，充分发挥

---

[1] 本文原载《教学月刊》2013年第10期。
[2] 高小兰：《"小学英语课堂练习的有效设计"的行动研究案例》，载《小学教学研究》2011年第2期。

了教学主体间的互动效果。教师将课堂组织得"热闹非凡",将学生调动得"兴趣盎然",但学生实际掌握知识和形成能力的情况却并不理想。原因在哪儿?就在于没有优化课堂教学时间管理,练习时间没有得到平衡,学生的认知目标没有完成,因而学生的学习效果欠佳。

课堂的时间是固定的,如何在这个有限的时间,让学生拥有更多的学习时间,得到更多的操练,是教师一直在探讨的问题。教师在课堂上既要保证授课的时间,又要考虑学生掌握的状况,只有处理好二者的关系,才能确保教学目标的完成。许多研究表明,学生课堂学习时间的质量与他们的成绩明显呈正相关。

因此,英语教师要合理地安排教学活动,合理分配课堂教学中讲、学、练的时间,让学生更多地参与自主学习、小组讨论和相互质疑,留给学生更多合作学习和自主探究的时间与空间,保证一节课内学生的活动时间不少于70%,教学活动真正做到以学生为主体,使学生投入有价值的学习活动中,从而提高教学效率和质量。[1]

二、练习内容难易程度的平衡

在课堂上,教师需要为给学习者提供的支持和挑战创造一种平衡。如果所有的语言工作都受到过度的指导,就会变得太简单、把握性与重复性太大。类似地,如果所有的工作都是富于挑战的、难度过大并且令人畏惧,学习者就会失去动力。[2]

因而,教师在组织与运用练习时应注意由浅入深、由易到难地设计练习活动,使练习的难易程度得到平衡,既兼顾了学生的学习能力,又接近了孩子们的"最近发展区",使学生既不觉得难但又有挑战性,从而产生学习的乐趣,形成学习的动力。教师还应创造一种能使全体学生多方面、多角度进行思考的情景,让学生获得更多成功的机会,从而促使每一个孩子都能得到最好的发展。

要使练习的难易程度达到平衡,在组织与运用练习时就要注意循序性。所谓循序性是指练习的安排要有循序性,对儿童采用由浅入深、由易到难、

---

[1] 何少庆:《英语教学策略理论与实践运用》,浙江大学出版社2010年版,第21页。
[2] BREWSTER J, ELLIS G, GIRARD D:《小学英语教师教学指南(第3版)》,王晓阳等译,高等教育出版社2005年版。

由简到繁的循序渐进的教授法[①]，使练习进入合适的程序编制。当学生接受了这种有序的编制，便可使其学习任务变得更容易、更有效。

如教"What Season Do You Like Best?"这一课时，教师可以采用任务型教学方式。由于本课涉及季节、月份的划分和对天气的谈论，所以在授课前教师可以采用播放歌曲（*How Is the Weather*）和 Free talk 的形式帮助学生复习各种天气的表达法，通过 Chant 复习月份和季节，为下一步学习做好铺垫，减少学生学习的难度。接着，教师可给学生布置一个任务——进行作文大赛，让学生明确本节课的任务。然后教师设置一些练习活动，由易到难，引导学生进行分步写作，明确先写什么，后写什么，再归纳总结并给出范文，让学生易于理解与内化，亦便于模仿。最后进行写话训练，练习的要求是：下限要能按老师的要求将几个步骤表达清楚，不能少于5句话；没有上限，尽量将话题写得丰富多彩，注意语言运用的准确。在整个教学过程中，教师十分注意练习内容的难易程度的平衡，练习的设计既能照顾中下生，又能关注尖子生，促使各个层次的学生都能得到发展和提高。

教师在练习的组织与运用中如果注意到了练习内容难易程度的平衡，学生便没有畏难情绪，练习的设计又接近学生的"最近发展区"，学生"跳一跳""够得着"，又引起了学生学习的兴趣，因而学生乐学、爱学。

三、练习活动组织形式的平衡

在练习的组织与运用中，教师还要注意练习活动组织形式的平衡，不能单一地采取某种形式的练习活动，而应根据练习的难易程度及教学目标，采用多种形式的练习活动，使练习具有新鲜感和挑战性。例如有些练习采取个人练习的形式，有些采用两人小组练习的形式，对于有一定难度的练习，教师可采取多人讨论合作的小组活动形式等。

小组合作学习是以异质学习小组为基本形式，系统利用教学动态因素之间的互动，促进学生的学习，以团体成绩为评价标准，共同达成教学目标的教学活动。它强调每个学生的"参与"与"互动"，这种小组合作互助学习为提高课堂效率提供了有力保障。与教师讲、学生听为主的全班课堂教学相比，小组合作学习避免了在班额过大、学生过多的班级中相当一部分学生由于没有参与的机会而不得不"旁观"与"旁听"的局面。小组活动能产生一种互动的课堂效果和交互的情感气氛，使学生觉得更能发挥自主性，有更

---

① 林祥前：《优化英语作业设计　减轻学生课业负担》，载《山东教育》2002年Z2期，第82页。

多更好的机会说他们想说的话。它能最大限度地调动所有学生尤其是学困生的学习积极性，让他们也积极参与到课堂活动中来。[1]

所以，在组织练习活动时，教师应多采取小组合作学习的形式，提高学生学习的积极性，把学习的主动权交给他们，使他们真正成为教学的主体。

如在学习 Festival 这一课时，在引出节日之前，先复习日期的表达法，这时教师就可采用师问生答的方式，或直接让学生两人一组看图问答，将图所包含的信息表达出来（如图1所示）。

例如：

T：What day is it today?

S1：It's Tuesday.

T：What's the date today?

S2：It's December 25th.

T：What festival is it?

S3：It's Christmas.

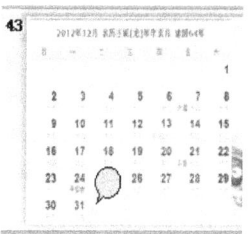  

图1　教师展示的组图

在新授完"What do people often do on Spring Festival?"时，教师可设计一个综合练习（见上图），让学生小组合作学习，看图讨论、描述人们在春节期间所做的事情，降低学生学习的难度，在小组合作中，以好带差，帮助每一个孩子成长与进步。

给哪张图片视学生情况而定，如果学生刚学还不太熟练就用P2，因为给出的短语可以减少学生对话的困难，也可再现刚学的知识，起到巩固的作用。但如果是单元复习课，就用P3，因复习时不仅是知识的重现，而更应注重学生的综合运用能力。P3没有文字提示，而只是图片，可以唤起学生最深层的记忆，让学生看图说话，真正达到新课标提倡的用英语思维、用英语做事的目的。说话练习可参考以下5句话：

---

[1] 何少庆：《英语教学策略理论与实践运用》，浙江大学出版社2010年版，第20页。

What do people often do on the Spring Festival?

They often clean and decorate their houses before the Spring Festival.

Many people often go to the Flower Fairs to buy flowers.

At the eve all family get together and have a big meal.

During the Spring Festival, adults often give lucky money to children.

练习活动的组织形式不能单一，一堂课应根据每个练习活动的难易程度注意安排个人练习、同位练习、小组活动、全部集体练习等形式，并使各种练习形式达到平衡，这样学生学习的积极性才能调动起来，课堂练习才能真正收到好效果。

总之，在练习的组织与运用中，练习的时间分配要均衡，练习的难易程度要平衡，练习活动的形式要多样，如此，才能真正调动学生学习的积极性，达到提高课堂教学效率和教学质量的目的。

小学英语练习活动的组织与运用原则[①]

深圳市龙华区教育科学研究院附属小学　高小兰

小学英语教学的活动主要是练习活动，教学时间主要用于练习。可见，小学英语教学方法首先是练习活动的方法，提高小学英语教学效率首先就要提高练习活动的效率。因此，研究练习活动的组织与运用原则，对提高教学效率和教学质量有着重要的指导意义。

一、小学英语练习活动组织与运用存在的问题

对照《义务教育英语课程标准（2011年版）》[以下简称《标准（2011年版）》]的要求，重新审视我们的英语教学，并通过文献查阅与问卷调查，以及对部分英语教师和学生的访谈、在K12中国中小学教育教学网英语教师论坛发起讨论等（访谈和讨论的内容都围绕下面这个开放式的问题："你觉得小学英语练习活动存在哪些问题？"），发现小学英语练习活动的组织与运用普遍存在以下问题。

1. 缺乏针对性

37%的人认为教师不重视练习活动设计，没有认真根据教材的内容和知识点进行练习的组织与运用，通常顺手拈来，带有很大的随意性与盲目性，缺乏针对性（高小兰，2011）。

2. 缺乏趣味性

48%的人认为英语练习活动枯燥乏味、缺乏趣味性。在访谈中有些教师也提到，由于考试制度的存在，来自学校和家长的压力，再加上英语教师所教班级多、任务重，教师们缺乏时间去备课，在组织与运用练习活动时，没有根据儿童的需要以及他们的年龄、生理和心理特点去巧设练习、诱发兴趣，多数偏向适应应试教育，机械重复，当然也就枯燥乏味、趣味性不强。

3. 缺乏应用性

72%的人认为英语练习活动缺乏应用性。这也许是第二语言习得所面临的最大的现实问题。在不是以英语为官方语言的国家，没有自然的语言环

[①] 本文系广州市教育科学"十二五"规划能效课题"小学英语练习的组织与运用研究"（课题编号为11C027）的成果之一，原载《小学教学研究》2013年第12期。

境，缺乏应用的机会，只能靠学校英语课堂提供习得场所。而在中国的考试制度和分数主义的影响下，这也是英语教学普遍存在的一个问题，较多教师在进行英语教学时，似乎只为了考试而教，而忘了英语教学的最终目的——培养学生的综合语言运用能力。

4. 缺乏人文性

在问卷调查和访谈中，80%的人提到英语教学缺乏人文性，较多教师忽视了英语的人文性这一特点，只重视听、说、读、写的训练，或者语音、词汇、语法规则的传授，忽略了英语作为一种语言赖以存在的文化背景，以为教了字、词、句、篇，学生就能很好地理解英语并用英语进行交际。其实不然，学生们往往会因为不了解语言文化背景而出现语词歧义、语用失误等问题。

二、小学英语练习活动组织与运用的原则

《标准（2011年版）》指出："练习是使学生掌握知识，形成技能，发展智力的重要手段。"教学实践也证明，概念要通过练习理解，知识要通过练习巩固，技能要通过练习形成。可见，练习组织与运用的质量，将直接影响教学质量与效果。这里的练习等同于练习活动，即指一切围绕英语学习而展开的各种练习活动，包括活动方式和活动内容。

练习活动是为教学目的服务的，因而练习活动的组织与运用必须符合小学英语课程标准所规定的各年级的教学内容和提出的教学要求，要准确地把握各部分知识结构中的重难点，必须符合学生思维特点和认知发展的客观规律。

（一）普遍性原则

英语学科和其他学科一样，教师在对练习活动进行组织与运用时，应遵循以下原则：

①针对性原则；②循序渐进性原则；③层次性原则；④复现性原则；⑤趣味性原则；⑥及时反馈与评价性原则等（高小兰，2011）。

这些普遍性原则大家都已熟悉，这里不再详谈。在此主要谈谈英语学科特有的原则。

（二）特殊性原则（学科性原则）

在小学英语教学中，教师要使练习的组织与运用取得最佳效果，除了应遵循上述各学科普遍应遵循的原则，还须根据英语课程的特点和新课标要求，遵循英语学科特有的以下几个原则。

1. 情境性原则

《标准（2011年版）》提出"主张学生在语境中接触、体验和理解真实语言，并在此基础上学习和运用语言""尽可能多地为学生创造真实语境中运用语言的机会"。（中华人民共和国教育部，2012）因此，在教学中，教师应根据教学内容，遵循英语教学的情境性原则，努力通过创设情境来组织练习活动。

情境性原则是指在组织与运用英语练习活动时，要克服缺乏母语环境和学习氛围的困难，运用现实生活中学生们喜闻乐见的时事、新闻、生活等素材进行精心编排，为学生提供一些模拟的情境，使他们沉浸在丰富的、强化的、持续不断的外语环境中，去理解所学内容，接受所学语言。

可见，创设符合教学内容的、贴近学生生活的、真实的教学情境是新课标的要求，也是符合第二语言习得的特点的。在没有目的语的环境下，如我国的中小学学生在国内学习英语，一般依赖课堂学习，教师在课堂里努力创设情境，模拟语言环境十分重要。（林立，2012）

2. 交际性原则

英语作为一种语言，是交际的工具，是人们表达自己的思想和感情的一种工具，工具性是它的基本属性，是它区别于其他大多数学科的独有特性。所以，学习英语的第一个目的就是能用英语听说读写，能与人交流，学习过程具有显著的交际性。因此，在英语教学活动练习的组织与运用过程中，我们必须遵循这一学科有别于其他非语言学科的交际性原则。

交际性原则是指教师在课堂教学中应避免单纯传授语言知识的教学方法，尽量依据课程的总体目标并结合教学内容，创造性地设计贴近学生实际的教学活动练习，吸引和组织他们积极参与练习活动。学生通过思考、调查、讨论、交流和合作等方式，学习和使用英语，提高语言的实际运用能力。

3. 人文性原则

《标准（2011年版）》明确提出英语课程具有双重性质——工具性和人文性。人文性是英语课程的重要属性之一。《标准（2011年版）》指出："语言有丰富的文化内涵。在外语教学中，文化是指所学语言国家的历史地理、风土人情、传统习俗、生活方式、行为规范、文学艺术、价值观念等。"语言是文化的载体，不存在没有文化的语言。课程标准也提到人文性与文化密切相关。英语中蕴含着丰富的文化内涵，因此，要学好英语离不开对文化的学习与理解，学习英语又会加深学习者对英语国家文化的理解。语言学习与文化意识的形成是相辅相成的。义务教育阶段的学生在学习英语的时候，不仅要了解英语国家的文化，还要学习用英语介绍祖国文化。因此，学习英语的过程也是加深对祖国文化理解的过程。

人文性原则是指教师在英语教学中应关注英语教学的人文性，把人文精神融入教学之中，实现师生人格上的碰撞、心灵上的相遇和精神上的共享，让英语课堂焕发生命的活力。

4. 应用性原则

《标准（2011年版）》指出英语课程的最终目标就是培养学生的综合语言运用能力，从而达到用英语表情达意、交流思想的目的。这正体现了英语作为一种工具所应遵循的应用性原则。

应用性原则是指在组织与运用英语练习时，教师应想方设法为学生提供习得场所，让学生在自己的指导下，通过感知、体验、实践、参与和合作等方式，实现任务的目标，感受成功；同时，在学习过程中进行情感和策略调整，以形成积极的学习态度，促进语言实际运用能力的提高。应用性原则应服务于学生的听、说、读、写，以培养学生的综合语言应用能力为宗旨。

三、小学英语练习组织与运用的原则在教学中的运用案例

在教学中，要使练习取得最佳效果，我们应在组织与运用练习时尽可能地体现多项原则。

如广州版五年级下册 Unit 17 What Season Do You Like Best？的练习活动设计如下（因字数所限，以下为简案）：

Ⅰ　Preparation

1. Sing a song：*How Is the Weather*

2. Free talk：The weather in China（Lhasa，Beijing，Shanghai，Wuhan，Guangzhou，Hainan）

3. Chant：Months and Seasons（自编）

　　　　　Months and Seasons

　　February，March and April are spring months.

　　May，June and July are summer months.

　　August，September，October are autumn months.

　　November，December and January are winter months.

Ⅱ　Presentation and practice

1. Tell the task to the pupils

2. Learn：What and how to write

Ⅲ　Consolidation and development

1. Summarize it and give a model
2. Do the writing exercise: My Favourite Season (Have a match)
3. Evaluate (Choose the best one)

在教这一课时，在准备阶段，教师可遵循趣味性原则，运用学生喜爱的歌曲（*How Is the Weather*）和歌谣（*Months and Seasons*）对本节课涉及的有关天气、月份、季节方面的知识进行具有很强针对性的复习。并根据情境性原则，利用PPT创设情境，采用Free talk的形式，让学生用所学英语通过介绍祖国各地的季节气候，了解祖国的辽阔和美丽。如此，既体现了人文性原则，也为学生的下一步学习做好铺垫。在复习完相关知识后，教师根据本课主题给学生布置写作比赛的任务，让学生带着任务进行学习，目标明确，有利于提高学习效率。交代任务后，教师要引导学生进行分步写作，明确先写什么，后写什么，并归纳总结、给出范文，易于学生理解与内化，也便于模仿。然后进行My Favourite Season的主题式写作比赛，让学生将所学知识综合运用到写作中去，做到学以致用，既遵循了趣味性原则，又遵循了应用性原则。最后由学生按照教师给出的评价标准评选出最佳作文。学生必定会快速浏览同学的文章，并做出判断，使所学知识得到应用与交流，体现了交际性原则。

总之，教师若能根据儿童的年龄特点和认知规律，正确地组织与运用各种练习活动，巧设情境，促使学生理解、掌握、巩固与运用所学知识，突显英语教学的工具性与人文性，便能达到新课标的要求，促进学生的学习与发展。

参考文献

［1］高小兰."小学英语课堂练习的有效设计"的行动研究案例［J］.小学教学研究，2011（2）.
［2］教育部基础教育课程教材专家工作委员会.义务教育英语课程标准（2011年版）解读［M］.北京：北京师范大学出版社，2012.
［3］林立.新版课程标准解析与教学指导：小学英语［M］.北京：北京师范大学出版社，2012：28.
［4］中华人民共和国教育部.义务教育英语课程标准（2011年版）［M］.北京：北京师范大学出版社，2012：3-4.

"小学英语课堂练习的有效设计" 行动研究

深圳市龙华区教育科学研究院附属小学　高小兰

一、研究背景

（一）新课标的需要

新课标、新教材给我们教师带来了新的教学理念，也给我们教师的教学与学生的学习带来了新的挑战。在新课程理念的指导下，现在小学英语课堂中教师的教学方式在改变，学生的学习方法在改变，课堂上的练习设计也应有所改变。小学英语教学的主要途径是课堂教学，课堂教学强调教学的有效性，注重学生通过在教师引导下的一定时间的学习所获得的进步与发展。检验一堂课是否有效需要设计一些适当的课堂练习，通过练习才能对教学效果进行及时的检测、评价与反馈，及时发现学生出现的问题并及时进行教学调整，最后达到有效教学的目的。所以，一节有效的课、一堂成功的教学，离不开课堂练习的有效设计。长期以来，广大教师对课堂练习设计做了深入的探讨，已积累了丰富的经验，但在当前新课程改革中，课堂练习设计如何更好地体现新课程理念，如何使课堂练习更好地发挥评价功能，都需要我们进一步地研究。

（二）教学过程自身的需求

课堂练习是学生掌握知识、巩固知识、形成技能、发展思维、提高解决问题能力的主要途径，是教学中重要的组成部分。教师通过评价学生的练习过程与结果，及时了解学生的学习状况，调整教学策略，设计新的练习内容与方式。所以课堂练习是对学生知识与技能、解决问题的能力、情感与价值观做出评价的主要手段；在课堂教学实践中，强化、优化课堂练习是提高教学实效的重要环节，是教学改革的重要突破口。

（三）教学设计理论发展的需要

教学理论需要在实践中进行检验并得到发展。从目前教学设计理论研究的内容来看，由于许多教学设计人员缺少足够的具体学科的教学经验而又必须从事与学科教学实践密切结合的教学设计工作，因此直接从学习理论来推衍出教学设计理论的现象是很普遍的，实际上教学涉及更多的是人与人之间的关系，这就大大增加了教学情境的复杂性和不可预测性，况且教学设计是创造性很强的实践工作，需要运用直觉和经验，所以通过学习理论推衍出的教学设计理论只是实施教学的必要条件。广大一线教师积累了大量已被证明是行之有效的设计教学的方法，这是一条丰富教学设计方法、避免理论不解决实际问题的有效途径。从目前教学设计理论发展所面临的问题看，迫切需要从实践出发来寻找理论研究的增长点，从而真正促进教学设计理论的进一步发展。

鉴于以上需求，我们意图从"课堂练习的有效设计"这个环节进行深入研究，力求改进英语课堂练习，寻找高效的练习方式，实现课堂练习的有效性，从而达到减轻学生学业负担、全面提高教学质量的目的。

二、国内外相关研究的现状

国外的相关研究资料较少见，比较贴近的是对有效教学和教学设计的研究。

"有效教学论"关心的主题就是如何使用恰当的教学策略提高教学的效率。20世纪60年代以前，"有效教学"这一概念并没有引起明确的关注，但这并不意味着人们不看重学校教学的效率。自从教育产生以来，如何有效地教，怎样做一名成功的教师，教师如何教得轻松而学生又可以学有所成，历来是教学实践所关注的基本问题。在以大机器生产为标志的工业社会，效率意识尤其得到强化，与之相应的教学活动也随之更加重视效率。现代教学论可以说就是以追求效率为核心的"有效教学论"。

有效教学是学校教学活动的一个基本追求，但在不同时代有不同的关注主题。从夸美纽斯开始，有效教学的理想便落实在规模效应及其相应的教学模式上。《大教学论》的理想寄托在班级教学中，它是有效教学的初始状态（可视为有效教学的第一个阶段）。在这种初始状态的有效教学中，人们首先想到的是扩大教学的规模，减少教师教学的重复性劳动，"一个教师可以同时教很多学生"。

大规模的班级教学从一开始就显示出它对某种普遍适用的教学模式的依赖，否则大规模的班级教学就很难长久地维持下去。这正是自从班级教学产生以来，人们不懈地寻找"大"的、"普遍"的教学模式的缘由。

夸美纽斯以及赫尔巴特学派所倡导的"大"的、"普遍"的教学模式后来受到来自两方面的挑战。一是人们对普遍有效的、定型化的教学模式逐渐产生怀疑，有效教学朝着多元化的方向发展；二是以杜威教育理论为代表的"进步主义教育"开始突破教学模式的思路而从"人的问题""教育与生活"的关系等视角来考虑有效教学的出路。这标志着有效教学实践及其研究的第二个阶段的出现。

有效教学实践及其研究的第三个阶段开始转向教学设计。在探索多元化的教学模式的基础上，人们认识到无论"大"的（夸美纽斯）、"普通"的（赫尔巴特）的教学模式，还是个性化的、多元化的教学模式，都不能完整地实现有效教学的理想。于是，有效教学实践及其研究越来越强调设计意识（或教学设计）和反思意识（或教学反思），越来越强调课堂教学的改革不是一种教学方法或教学技术的更新和调整的事情，它需要在教学理念或教学信念的支持下展开教学设计。在教学设计的道路上，有效教学大体有三种取向：一是科学主义（以加涅的"设计教学"思想为代表），二是建构主义（以杜威的"参与者知识观"为代表），三是多元智能（以加德纳的理论为代表）。

国外对有效教学和教学设计的研究表明，有效教学本质上取决于教师拥有能够达到预期教育成果的学习经验的能力，而每个学生都参与课堂练习是实施有效教学的前提。

在国内，长期以来，人们对小学英语课堂的练习设计与反馈进行了不断地探索与实践。

呼和浩特市的杨政老师在《内蒙古教育》1996年第3期《改进练习设计，提高练习效率》一文中提出，提高练习效率须注重以下五方面：①有坡度、有层次，为学生架设思维的阶梯；②防定式、防干扰，使知识逐步得到巩固；③周期反复，交替再现，促使知识内化；④因材施教，因人而异，各有所得；⑤联系实际，在实际应用中加深理解，培养能力。卫月琴在《沧州师范专科学校学报》2001年第2期《精心设计练习　优化课堂教学》一文中谈到课堂练习一定要精心设计：①有目的性、有针对性；②有层次性；③有趣味性；④适度性、适量性；⑤渗透性。

林祥前在《山东教育》2002年第Z2期《优化英语作业设计　减轻学生课业负担》一文中也谈论了作业设计的原则：趣味性原则、目标性原则、层次性原则、多样性原则、渐进性原则、延伸性原则。他比卫月琴老师更全面地阐述了课堂练习设计的原则。同时，他还提出设计作业时应注意以下三点：①口头作业和书面作业并重。②分层性作业与弹性作业相结合。根据学生的基础水平和学习能力，全班学生宜分为学优生、中等生、学困生三个层次。为了不伤害学生的自尊心和学习的积极性，不要采取明分的方法。根据学生的三个层次，练习作业一般分为高、中、低三个档次，即基础题、中档题和提高题。要求学困生必须完成基础题，有能力的可以再做中档题；中等生基础题、中档题必做，努力做提高题；学优生三种题型都必须完成。③巩固性作业和多样性作业相结合。巩固性作业着重体现在新、旧知识的结合上。作业任务的设计要多种多样。要从多角度，采用多种形式、多种途径培养学生的听、说、读、写能力。

张秀丽在《辽宁师专学报》（社会科学版）2002 年第 3 期《浅谈英语课堂练习的策略》一文中研究和探索了英语课堂练习的策略：①教师要控制好每次练习的量；②教师要控制好每次练习的时间；③教师要控制好练习间隔的时间。

福建永春县实验小学颜丽萍老师在《小学教学研究》2002 年第 5 期《小学英语练习要体现"四性"》一文中谈到要重视课堂练习的"四性"问题，即交际性、趣味性、层次性和创造性，目的是向 45 分钟要效率。

江苏宜兴的夏惠中、潘伟平老师在《职教通讯》2007 年第 1 期《英语课堂练习的分类、功能与策略》一文中讨论了课堂练习的功能与策略。课堂练习有三种功能：一是动态功能。不论听说练习还是读写练习，练习者始终处于动态之中。二是互动功能。练习是师生双向交流沟通的纽带，是教师实施师生互动的主渠道。三是反馈功能。练习中的反馈具有即时性的特点。教师可以在短时间内捕捉学生的反馈信息，及时给予学生调节性评价（练习过程中）和总结性评价（练习之后）。反过来，学生也会从教师的指导和评价中获取反馈信息，以便改进或调节自己的学习行为。他们还研究了课堂练习的策略：①控制好每次练习的量。这个"量"是针对教学内容而言的。②控制好每次练习的时间。一次练习的时间宁短勿长，一般不超过 10 分钟。③控制好练习间隔的时间。这一策略涉及集中练习（massed practice）与分散练习（distributed practice）。一般来说，学习新知识时多用集中练习，复习旧知识则常用分散练习。④指导好第一次练习。第一次练习是指学生接触新知识时进行的练习。教师在传授新知识、指导学生第一次做相关练习时，其主要职责是帮助学生学得准确。教师的口头指导和示范要正确无误，练习时教师要强调学会，而不能一味强调完成练习。⑤善于了解学生练习的效果。

广东省东莞市的林载邦老师在《河南教育》2008 年第 5 期《浅析初中英语练习设计中的问题》一文中也提出了对练习设计的几点思考：①适度整合课本的听说练习，增加读写练习设计；②练习设计要有明确的目的性和针对性；③练习设计要追求整体性、多样性和层次性。

纵观上述和其他研究，它们虽然是从不同层面与角度进行分析，但间接或直接地表达了一个共同的观点，那就是设计课堂练习或作业时要注意练习设计的目的性、针对性、层次性和趣味性。

尽管这些研究者自己摸索出了一些行之有效的提高练习效率的办法，但对小学英语课堂练习的有效设计仍缺乏一个系统整体的研究。而且仍有相当一部分学校没有实现根本性的改变，学校对教师的练习设计与讲评缺乏长效的管理与指导，存在教师自身练习储备不足、练习选择随意、盲目、缺乏主题与层次，对练习的讲评方式不科学、讲评的程度不到位等问题。教师很少去反思哪些练习对学生的学习是有效的，哪些是无效的甚至是有负面影响的，造成练习的滥用，使学生陷于题海，课业负担加重，甚至一部分学生失去学习的兴趣与信心。另一方面，教师由于讲评的不科学、不到位，巩固不及时，而使学生基础知识不扎实，教出了相当数量的低分学生。同时，教师自己缺乏对练习的加工、变化、提炼，严重影响着学生的思维长度与深度。

因此，我们确立此课题，力求从小学英语课堂练习设计存在的问题及其表现，以及小学英语课堂练习设计的原则、设计类型和方法等方面较深入地研究小学英语课堂练习的有效设计问题。意图通过此研究，改进英语课堂练习的设计，寻找高效的练习方式，实现课堂练习的有效性，从而达到减轻学生学业负担、全面提高教学质量的目的。这也是本次研究的突破点。

三、研究的价值和意义

（一）研究目的

我们通过研究小学英语课堂练习的有效设计问题，意图改进英语课堂练习的设计，寻找高效的练习方式，实施有效教学，从而减轻学生的学业负担，提高教学效率和教学质量，完成小学英语教学目标，达到有效促进学生发展的最终目标。

（二）研究的价值和意义

1. 理论价值

本研究有助于进一步发展和丰富有效教学论与课程教学论的内涵。

虽然已有一些研究者对课堂练习的设计进行过研究，但专门研究并系统阐述小学英语课堂练习的有效设计的文献并不多。因此，我们结合自己的实际教学工作，通过采用查阅文献、调查、访谈、内容分析以及行动研究等研究方法进行研究，力求寻找小学英语课堂练习的有效设计，为有效教学论、课程教学论以及英语教学法提供实例性的参考与依据，并丰富它们的内涵。

2. 实践价值

（1）减轻学生的课业负担，全面促进教学质量和教学效率的提高。

目前，有部分教师仍在教学的时间、练习的数量上做"加法"，如挤占他课，加班加点，进行机械训练，使用题海战术，等等，而很少反思自己的教学常规是否到位，这正是教学质量、效率低下的主要原因。探索课堂的有效教学显得尤为重要，而课堂练习的有效设计又是课堂教学中极为重要的一个环节，因此，研究课堂练习的有效设计能实现减负增效，全面促进教学质量和教学效率的提高。

（2）促进教师学科专业化水平的发展。

课题组在学习与研究的过程中，逐步提高自身的学科专业理论水平和研究水平；在团队合作的基础上，逐步积累、探讨、研究并形成具有个人特色的高效的课堂练习资料与研究论文，提高自身的教育水平和教学质量与效率。

四、研究过程

（一）发现问题

通过查阅文献，有针对性地对一些任教多年的英语教师以及一部分学优生、中等生和学困生进行访谈，在 K12 中国中小学教育教学网教师论坛、家长论坛以及网上博客进行讨论，结果发现，小学英语课堂练习设计存在如下一些问题。

1. 三"缺"

（1）缺乏目的性和针对性。

部分教师不重视课堂各个环节的练习设计，没有认真根据教材的内容和知识点进行练习的设计，而是随意设计或顺手拈来，练习的设计具有很大的随意性与盲目性。

（2）缺乏主题性与层次性。

英语课堂练习没有"备学生"。设计课堂练习时忽视了学生的差异这一实际的必要环节，对练习没有进行有效的取舍、组合、拓展、加深。课上所有的练习所有的学生都要做，造成了后进生跟不上、好学生"吃不饱"的状况。

（3）缺乏及时的反馈与评价。

由于小学英语周课时量少，教师们常常为了赶时间，在课堂练习之后，不能给予及时的反馈与评价，而只是笼统地调查一下练习的结果，如常听教师这样问："对了的请举手。"扫视一周后让学生放下手就算完事。这样的反馈显然毫无意义。

2. 三"化"

（1）练习内容的应试化。

英语课堂练习基本上还拘泥于教材或考试题型所传递的信息，而开放的、能激发学生想象力与创造力和发散学生思维的课堂练习还比较少。如有些教师在 Free talk 时固定死了书上的问答答案，只讲求学生的回答速度和识记能力，但只要稍稍改动问题学生就不知该如何回答。又如复习课的内容都是围绕常见的考试题型进行一成不变的书上的单词、词组或句子翻译，学生尽管背得滚瓜烂熟，但是在实际运用时往往束手无策。在课堂练习中，有些教师依赖一些考试的练习资料，缺乏对资料的精选与整合，忽视教师自身对知识框架的主动构建，从而缺乏对学生英语知识体系的方法指导和能力培养。练习内容与改题标准的应试化教学会违背教学初衷，远离教学目标。

（2）练习形式的单一化。

有些教师在教授新单词后总用一种方式或一种游戏练习操练，操练形式的单一化只能培养学生某一方面的能力，从而忽视了其他方面能力的培养，而且练习形式的单一化，会降低学生的学习兴趣，使得学习效率也偏低。

（3）练习时间分配的不合理化。

很多教师在单课（新授课）的课堂教学中，尽是进行大量的听说训练。在双课（巩固课）的课堂教学中，读写的训练只是作为一种弹性的安排，往往因时间不够便将其作为家庭作业。或只在一节课集中进行写的训练，练习的内容多半是活动手册的习题，也有的从内容到题型都与社会上销售的练习题大体相同。

（二）制定方案，实施行动

1. 总体安排

本课题主要从小学英语课堂练习设计存在的问题及其原因、有效设计的原则、设计类型和方法几方面进行研究。目的是改善学生英语作业结构，促进学生发展；优化练习设计，减轻学生的课业负担；有效提高教学效率和教学质量。具体分中年段（三、四年级）和高年段（五、六年级）进行。

研究人员分工明确，既有全体协作，又有个人侧重，以确保实验的顺利进行。申请人高小兰负责整个课题的引领、指导与把关，林志宁科长负责课题的组织、协调、开展与执行研究工作，其他各位成员负责执行与实施研究工作。全体成员共同协作，共同解决出现的问题。

2. 实施步骤

第一阶段（2008 年 6—8 月）

（1）选择焦点。

（2）明确理论（理论学习）。

（3）确定研究问题。

第二阶段（2008年9—12月）

(1) 收集数据。

(2) 分析数据。

(3) 报告结果。

第三阶段（2009年1月—2010年5月）

采取明智的行动，积极探讨并研究小学英语课堂练习的有效设计原则、设计类型和方法，提出合理的意见或建议。

(1) 研究小学英语课堂练习的有效设计原则。

(2) 研究小学英语课堂练习有效设计的类型和方法。

(3) 整理研究成果，形成小学（三、四、五、六年级）英语课堂准备性练习、课堂反馈性练习、课堂巩固性练习和课堂拓展性练习设计，小学英语课堂练习的有效设计系列论文、研究报告等。

（三）总结与反思

1. 小学英语课堂练习有效设计的原则

《小学英语教学大纲》指出："练习是使学生掌握知识，形成技能，发展智力的重要手段。"教学实践也证明，概念要通过练习理解，知识要通过练习巩固，技能要通过练习形成。因此，练习设计的质量，将直接影响教学质量。要使练习的设计取得最佳效果，必须遵循以下原则。

(1) 目的性和针对性原则。

目的性和针对性原则是指练习设计要有明确的目的性和针对性。每一单元都有语言学习的重点和难点，这些都是学生较难掌握和运用的部分。所以，在课堂上教师应围绕学习的重点和难点、围绕教学目标去设计一些相应的练习，以期达到巩固提高的目的。课堂练习还应针对不同课型的目标要求，设计性质不同的练习。按教学内容划分的课型，分为新授课、巩固课和复习课三类。在新授课上，练习的要求多是机械性的操练；在巩固课上，练习的要求多是复用性的；在复习课上，练习的要求多是活用性的。练习若能有目的性和针对性，做到精心设计，便能收到巩固知识、发展技能的效果。

(2) 循序性和层次性原则。

所谓循序性原则是指练习的安排要有循序性，对儿童采用由浅入深、由易到难、由简到繁的循序渐进的教授法，使练习进入合适的程序编制。一旦学生接受了这种有序的、台阶式的练习，便可使其学习任务变得更容易、更有效。

层次性原则是指练习的对象要有层次性，我们所面对的众多的学生，他们的认知结构、学习动机、兴趣、态度和智力水平均存有差异。根据因材施教的原则,从教学内容方面构思,设计不同类型的练习,使不同层次的学生都得到相宜的练习,都能在原有的基础上有所提高。这也是一种处理教学目的、任务统一性和不同类型学生个体差异之间关系的具有优化意义的做法。

(3)趣味性和多样性原则。

趣味性原则是指在设计练习时,应根据学生的年龄、生理、心理特点,巧设练习,诱发兴趣,创设一个生动活泼、轻松愉快的学习环境。

多样性原则是指设计练习时要考虑题型的多样化和练习方式的多样化,这样才能使学生保持积极的学习状态,从而进行高效的学习。机械重复的练习枯燥乏味,不仅影响教学效果,而且影响学生的学习积极性。如有些教师在教授新单词后总用一种游戏来让学生进行操练,学生会感觉枯燥而失去了学习的积极性;但如果采用如记图片、记字形、记字音、传悄悄话、Listen and point(听和指)、What's missing? 等多种方法、多种形式交替使用,学生就不会觉得枯燥乏味了,同时又培养了学生的识记能力、认读能力和听的能力。

(4)情景性和实践性原则。

新课程提倡创设真实的、具有挑战性的、开放的教学环境和问题情境。要求教师从学生的生活经验和已有的知识出发,创设生动有趣的教学情境,引导学生开展观察、操作、猜想、推理、交流等活动,使学生通过学习活动,掌握基本的知识和技能。创设符合教学内容的、贴近学生生活的、真实的教学情境是小学英语课堂实施有效教学的重要途径。陶行知先生指出:"学校课程必须贴近学生的生活经验,提高他们的学习兴趣和自主合作的探究能力。"这指导我们,在设计英语课堂练习时,要克服缺乏母语环境和学习氛围的困难,为学生提供一些模拟的情景,使他们沉浸在丰富的、强化的、持续不断的外语环境中,去理解所学内容,接受所学语言。

另外,现代英语课堂教学的特点之一是实践性,重视学生的参与,强调为学生提供大量的练习和活动,以保证学生在单位时间里有足够的机会接触英语。这就是说,要让学生自己不断地参与听、说、读、写等运用英语的活动。这是因为,学生要想学会说、写英语,并不是通过观看和听别人使用语言就能学会的,也不是通过向他人做一番描述或解释就能学会的,一个人只有通过多说、多写才能把语言学到手。学习语言就好比学骑自行车、学习游泳和学习打字等,虽说这些技能的获得离不开一定的理论指导,但更为重要的是学习者必须放开手脚去实践。实践证明,在课内外积极参与活动,大量使用英语的学生与参与活动少、使用英语少的学生相比,前者进步较快,受母语的影响而产生的迁移错误相对来说也较少。《小学英语教学大纲》对学生的语言实践问题给予了极大的关注和详尽的描述,提出"增加语言实践的量,有效提高教学质量"。

(5) 时效性和复现性原则。

课堂练习的设计要注意时效性原则,要处理好数量和质量的辩证关系。只注意练习内容的少而精,没有一定的数量做保证,是达不到巩固知识、形成技能的目的的。反之,只求数量而不求质量的重复性练习,也不利于智力的开发、能力的培养,是劳而无功的。盲目地加大练习量,势必会加重学生的课业负担,挫伤学习的积极性,培养良好的学习习惯和激发学习兴趣就会变成一句空话。那种惩罚性的练习更是不可取的,只会使学生产生厌学的逆反心理。所以练习的质量要以一定的数量来保证,而数量又要受到质量的制约。练习的设计一定要从数量和质量这两个方面去考虑,尽力做到在有限的时间里,取得最佳的练习效果,这是我们优化课堂教学始终要追求的一个目标。

同时,课堂练习的设计还要符合复现性原则,练习内容的设计要有复现性。学生学过的知识,倘若长时间得不到复现,就会被遗忘。心理学家称之为暂时神经联系的抑制。如果我们在教学中对学生所学的知识不反复强化,就会逐步加深这种抑制,最终导致已建立的神经联系完全消失。加强练习内容的复现性,正是减少遗忘,帮助学生记住所学的知识的好方法。同时也利于学生加快学习速度,提高学习效果。

(6) 创新性和探究性原则。

学习是为了创造,从当前的教育动态和社会要求来看,培养和发展学生的创造性思维能力是未来教育的必然趋势。它对提高学生的学习成绩,更好地发展智力,为将来成为创造性人才和从事创造性活动做准备有着深远的意义。现今社会是高速发展的信息社会,当今时代是知识经济时代,培养和发展学生的创造性思维能力,是摆在教师面前的一项新课题。随着素质教育的深入开展,人们越来越重视启发创造性思维的教学,提倡通过自己的探索而学习,使学生在实践中开启创造之门,养成不满足于现成知识的心理品质。创造性的练习是让学生充分发挥想象力,引导学生练习时多思考。

创新性和探究性原则是指我们必须根据新课程要求,逐步补充和扩大新的作业类型,从时代对学生素质要求的角度,创新作业设计思路。传统的练习,如关注对知识的再现,模仿或重复一些基础技能等,大多有比较确切的答案。我们不是不要这样的练习,事实说明,这些类型的练习对一般学生打牢知识与技能的基础是有效的,也比较符合班级容量较大的课堂教学的实际。但问题是,我们不能只有这些类型的练习,我们还应设计一些需要学生独立或合作完成的探究性练习。

如六年级第一册 Unit 17 的准备性练习可设计如（见表1）。

表1　Grade Six（I）　Title Module 6　Unit 17

练习内容	Sing a song：*How Is the Weather* Free talk：How is the weather? Chant：*Seasons and Months*
练习目的	复习与本课谈论的季节相关的天气、季节与月份的英语表达法，为新课做好铺垫
练习形式	唱、说、读式
练习过程	Sing a song：*How Is the Weather* Free talk：How is the weather. Chant：*Seasons and Months*
有关说明	学生对天气特别是月份的名称已经感到陌生，所以才有针对性地设计上述练习，以便通过此练习复习与本课所谈论的季节相关的天气、季节与月份的英语表达法，为新课做好铺垫
使用材料	Sing a song：*How Is the Weather* Chant：*Seasons and Months*（自编） Let's chant. 　　　　　　*Seasons and Months* 　Spring months are February, March and April. 　Summer months are May, June and July. 　Autumn months are August, September, October. 　Winter months are November, December and January.

在这一课的准备性练习中，由于学生对天气特别是月份的名称已经感到陌生，所以教师通过歌曲、自由谈话以及小诗等多种形式的练习活动，并遵循由易到难的学习规律，复习与本课将要谈论的季节相关的天气、季节与月份的英语表达法，为新课做好铺垫。这既体现了目的性和针对性原则，又体现了趣味性和多样性原则，同时也符合循序性和层次性原则。教师通过 PPT 设计 Free talk，展示广州、北京等地的天气和温度，体现了情景性和实践性原则。将12个月份的名称编成一首小诗并让学生用击掌的方式配上节拍进行记忆和复习，体现了练习设计的创新性和探究性原则。

总之，要使练习取得最佳效果，我们要尽量在一个练习中体现多项原则。

在实际英语教学中，我们每个英语教师都应不断地思考，探究英语课堂练习的设计，采用高效的练习方式以提高课堂学习的效率。

2. 英语课堂练习的设计类型及方法

英语课从课型来看，可分为新授课、巩固课和复习课；根据一节课的教学环节来分，可分为课堂准备、课堂反馈、课堂巩固、课堂拓展四个阶段。不同的课型在不同的阶段有不同的目的和要求，也就有不同的练习设计。例如：在新授课中，新授前组织基本功练习或为学习新知识做好知识迁移的准备性练习；新课进行过程中要结合有关内容做单项的、局部的反馈性练习；新授课结束时要做巩固性的基本练习、变式练习；新授课结束后要做提高性的对比练习、综合练习，也可以为继续学习新知识做准备的练习，或为激发学习兴趣、满足学生的求知欲望，安排难而可攀的思考性练习。因此，我们将课堂练习分为课堂准备性练习、课堂反馈性练习、课堂巩固性练习和课堂拓展性练习（见表2）。

表2　课堂练习设计类型

教学环节	练习类型		
	新授课	巩固课	复习课
课堂准备	课堂准备性练习	课堂准备性练习	课堂准备性练习
课堂反馈	课堂反馈性练习	课堂反馈性练习	课堂反馈性练习
课堂巩固	课堂巩固性练习	课堂巩固性练习	课堂巩固性练习
课堂拓展	课堂拓展性练习	课堂拓展性练习	课堂拓展性练习

（1）课堂准备性练习。

教师课前要仔细分析教材，熟悉课本，发掘各个单元之间的内在联系，构思教学设计板块。根据不同的教学内容设计符合学生认知特点的前置性练习，它应具有目的性和系统性，更应符合课堂目标的实施要求，以达到帮助学生减轻课堂学习负担和学习难度，提高课堂效率的目的。因为学生在课前已经有所准备，所以他们在课中就变得有话可说，做到有备而来。而且由于学生准备比较充分，能明显提高课堂效率，学生在得到大量的操练以后，就可以为接下来的拓展、巩固等环节留出更大的空间了。

（2）课堂反馈性练习。

新课进行过程中要结合有关内容做单项的、局部的反馈性练习。

（3）课堂巩固性练习。

练习是为巩固学生学习成果而设计的，所以，有效的课堂练习是实现优质教学成果转化的根本。课堂巩固性练习要强调整合性、专题性。设计练习时要兼顾以下几点：

①强调当堂将所学内容巩固，人人参与，完整地体验，促进内化。②强调不断提升思维。内容从判断、简单模仿到综合运用层层递进。③强调练习过程中要不断争取教师、同学的帮助。教师要关注全体学生，尤其注意在讲练过程中对低分学生不断给予帮助。

（4）课堂拓展性练习。

为了拓展学生的口语和写作能力，教师可以根据学生的实际水平在课堂拓展阶段安排适量与本课话题有联系的课外材料作为学习内容，学习形式不限，可以是阅读练习、话题作文练习、口语练习等。

小学英语练习的有效设计与组织运用[①]

深圳市龙华区教育科学研究院附属小学　高小兰

一、问题的提出

小学英语教学的活动主要是练习活动，教学时间主要用于练习。可见，小学英语教学方法首先是练习方法，提高小学英语教学效率首先就要提高练习的效率。因而，小学英语练习的有效设计与组织运用对优化课堂教学、提高教学效率有着极其重要的作用。

1. 新课改的需要

2003年，全国中小学进行课程改革与推进，提倡中小学进行新课改的探索。广州市教研室自2007年开始提出有效教学与学业评价的研究。笔者在2004—2007年开展单词的有效教学，2007—2010年开展课堂练习的有效设计，响应新课改的号召，走在了区和市的前列，具有前瞻性，体现时代精神。

2. 现实发展的需求

长期以来，小学英语教师编制少，教学班级多，教学任务重，批改作业量大。因此，教师在备课、问题研究与解决等方面的思考较少，使练习的设计与组织运用带有随意性、盲目性，造成课堂效率低下，练习效果差，出现题海战、练习的滥用等状况，学生学业负担加重，学习兴趣不浓，有些甚至失去学习的信心。

研究者通过对教师课堂的观察，对师生及家长的问卷调查、访谈等，再进行文献查阅与综合、归纳、分析后发现：

（1）小学英语课堂练习设计存在"三缺"和"三化"问题："三缺"即缺乏目的性和针对性、缺乏主题性与层次性、缺乏及时反馈与评价；"三化"即练习内容的应试化、练习形式的单一化、练习时间分配的不合理化。

（2）小学英语练习组织与运用存在"四缺"问题，即缺乏针对性、缺乏趣味性、缺乏应用性、缺乏人文性。在调查中，37%的人认为教师不重视练习活动设计，缺乏针对性；48%的人认为英语练习活动枯燥乏味，缺乏趣

[①] 本文原载《广东教育》2015年第8期。

味性；72% 的人认为英语练习缺乏应用性，这也许是第二语言习得所面临的最大的现实问题；80% 的人提到英语教学缺乏人文性，较多教师只重视听说读写的训练，或者语音、词汇、语法规则的传授，而忽视了英语的人文性这一特点，忽略了英语作为一种语言赖以存在的文化背景。

以上这些问题亟待我们及时研究与解决。

3. 理论创新的需要

有研究者在有效教学与练习设计的功能、作用与反馈上进行了不断的探索与实践，但全面系统地研究练习的有效设计与组织运用的文献较少。另一方面，教学理论的创新需要在实践中得以检验与发展，因而也是教学设计理论发展的需求。

鉴于以上几点，我们从小学英语练习的有效设计与组织运用方面进行教学改革与实践，力求优化课堂教学，减轻学生的学业负担。

二、解决问题的过程与方法

本课题从小学英语课堂练习与组织运用存在的问题出发，创建教学体系与教学模式，优化课堂设计，减轻学生负担。具体分中年段（三、四年级）和高年段（五、六年级）进行。详情如下：

1. 解决的主要问题

（1）小学英语课堂练习设计存在"三缺"和"三化"问题，课堂效率低下。

（2）小学英语练习组织与运用存在"四缺"问题，教学滞后。

2. 解决问题的方法

本课题采取行动研究法，辅之以观察法、调查法、访谈法、文献研究法、比较法等。

（1）通过对教师课堂的观察，对师生及家长的问卷调查、访谈等，搜集资料，并通过分析、综合、归纳等，找出小学英语课堂练习设计与组织运用存在的问题。

（2）通过行动研究法，创建小学英语练习的有效设计与组织运用教学体系，提供总体设计框架，提高教师的总体设计意识。

（3）通过综合、归纳、比较等，创建"三环"课堂练习设计，优化课堂教学，减轻学生负担。

（4）通过文献研究与行动研究法，创建"小学英语 RLPR 话题教学模式"，培养学生的语言综合运用能力。

3. 解决问题的过程

第一阶段：准备阶段（确定问题，收集整理资料）

（1）确定问题（2007年9—10月）。

选择焦点—明确理论—确定问题。通过课堂观察发现教师练习设计较为随意，出现低效或无效现象，而练习活动却是课堂教学的有效途径，应引起重视，因而，我们将课堂练习的有效设计作为焦点与研究问题，以"有效教学论""教学设计"等理论等作为依据。

（2）收集整理资料（2007年10月—2008年4月）。

①收集资料：2007年10—11月，通过对师生及家长的问卷调查、访谈与查阅文献等方法，收集资料，找出课堂练习设计存在的问题。

②分析整理：2007年12月—2008年2月，通过比较、分析、综合、归纳等方法，整理与分析收集资料。

③报告结果：2008年3—4月，报告调查结果——小学英语课堂练习设计存在的问题。

（3）填写申报书：2008年5月申报区"十一五"规划课题——小学英语课堂练习的有效设计，10月立项。

第二阶段：实施阶段（实施行动研究，形成阶段成果）

（1）2008年9—10月，归纳课堂练习有效设计的原则，形成论文。

（2）2008年10—11月，探索课堂练习有效设计的类型和方法，形成论文。

（3）2008年12月—2009年2月，设计（三—六年级）Preparation 课堂准备性练习。

（4）2009年3—4月，设计（三—六年级）Presentation and Practice 课堂呈现与操练性练习。

（5）2009年5—6月，设计（三—六年级）Consolidation and Development 课堂巩固与发展性练习。

第三阶段：总结阶段（整理资料，形成报告）

2009年9月—2010年11月，整理资料，形成报告并在其他学校进行实践检验，2010年12月结题，发表论文7篇。

第四阶段：应用与提升（应用与提升，后续研究与补充）

（1）2010年11月—2012年5月，在校内、江海小学、新洲小学、海珠区推广应用。

（2）2012年5月，申报市级课题——"小学英语练习的组织与运用"，获得立项，2013年结题获优秀等级，发表论文5篇。

（3）2015年4月，申报省级课题——"小学英语RLPR话题教学模式研究"，获得立项。在原来的成果"小学英语练习的组织与运用"的基础上，创建了"小学英语 RLPR 话题教学模式"，围绕该模式一共上了 30 多次研讨课，效果显著。实践证明，该模式能够很好地发挥学生的主体作用，有效地培养学生的语言综合运用能力。

（4）2015 年 5 月—2017 年 5 月，进行"小学英语 RLPR 话题教学模式"的研究，不断补充、提炼"小学英语练习的有效设计与组织运用"的研究成果，在实践中不断探讨与应用该成果，并在广州荔湾区、惠州、韶关、梅州、清远、广东省骨干培训中心、西藏骨干班、湖南汉寿及桃源等地推广应用，效果十分显著。

三、成果的主要内容

该成果经过实践检验，形成了以下主要观点和实践模型，用以解决小学英语练习的设计与组织运用中存在的问题。

本成果创建了"小学英语练习设计与组织运用教学体系"（如图 1 所示），主要内容涵盖两方面：①小学英语练习的有效设计，包括小学英语课堂练习有效设计的原则、小学英语课堂练习有效设计的类型和方法。②小学英语练习的组织与运用，包括小学英语练习组织与运用的原则、小学英语练习的结构、小学英语练习的评价、小学英语练习组织与运用要注意的问题。

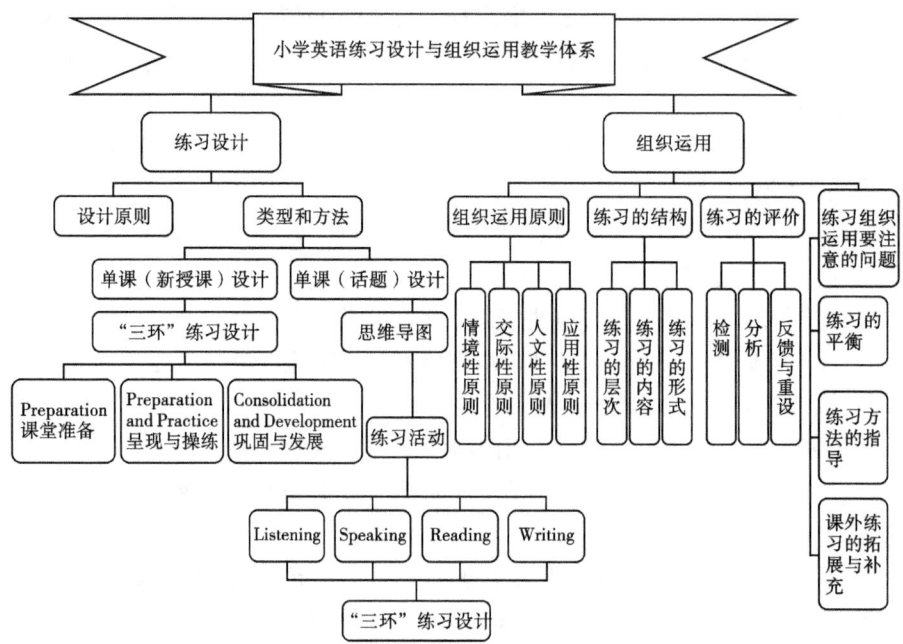

图 1　小学英语练习设计与组织运用教学体系

1. 小学英语课堂练习的有效设计

（1）小学英语课堂练习有效设计的原则。

为了寻找高效的练习方式，提高课堂教学效率，通过教学实践寻找出了课堂练习有效设计的主要原则：目的性和针对性原则、循序性和层次性原则、反馈与评价性原则、情景性和趣味多样性原则、高密度大容量与复现性原则、全面性与阶段侧重性原则、运用性原则、学习策略指导性原则。

（2）小学英语课堂练习设计的类型和策略。

英语课从课型来看，可分为新授课、巩固课和复习课；从一节课的教学环节来看，又可分为课堂准备、课堂呈现与操练、课堂巩固与发展三个阶段。不同的课型在不同的阶段有着不同的目的和要求，也就有不同的练习设计。

本成果中，我们主要谈论的是新授课（即单课）和复习课（即单元）的练习设计。

①单课（新授课）的练习设计。

A. 单课（新授课）练习设计的类型。

根据课堂教学环节的不同，我们将课堂练习分为以下三种类型：Preparation 课堂准备性练习、Presentation and Practice 课堂呈现与操练性练习、Consolidation and Development 课堂巩固与发展性练习（见表1）。

表1 单课（新授课）练习设计的类型

课堂教学环节	练习类型
Preparation 课堂准备阶段	Preparation 课堂准备性练习
Presentation and Practice 课堂呈现与操练阶段	Presentation and Practice 课堂呈现与操练性练习
Consolidation and Development 课堂巩固与发展阶段	Consolidation and Development 课堂巩固与发展性练习

B. 单课（新授课）练习设计的形式。

每种类型的练习设计都根据练习设计的原则，从练习环节、教学年级、练习课题、练习内容、练习目的、练习形式、练习过程、效果反思、有关说明和使用材料等方面进行记录与描述，采用表格进行表达与展示，并按年级进行整理与收集，便于资源共享、循环使用以及他人借鉴（见表2）。

表2 Preparation（准备）练习设计
Grade ____ Title ____ By ____

1. 练习内容	
2. 练习目的	
3. 练习原则	
4. 练习形式	
5. 练习过程	
6. 练习效果	
7. 练习说明	
8. 练习材料	

C. 单课练习设计"三环"图。

练习设计的类型和形式可用"三环"图进行总体概括（如图2所示）。

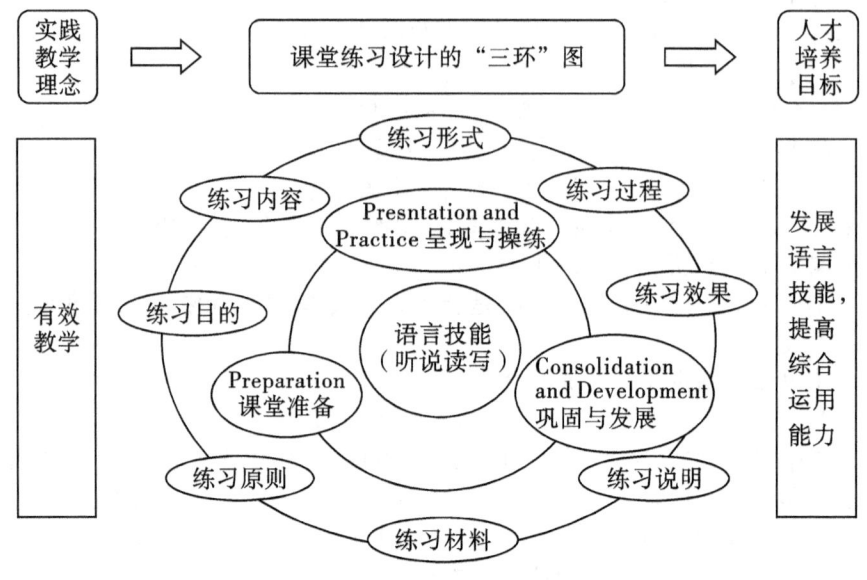

图2　课堂练习设计"三环"

此图包含两个维度：

第一个维度，纵向来分，"三环"即按课堂教学环节将课堂练习分为三种类型，谓之"三环"。

  a. Preparation 课堂准备性练习（第一环）。

  b. Presentation and Practice 课堂呈现与操练性练习（第二环）。

  c. Consolidation and Development 课堂巩固与发展性练习（第三环）。

第二个维度，横向来分，"三环"即在有效教学理念的指导下，围绕发展语言技能、提高综合运用能力的人才培养目标（第一圈即第一环），课堂教学三个环节的练习（Preparation 课堂准备性练习、Presentation and Practice 课堂呈现与操练性练习和 Consolidation and Development 课堂巩固与发展性练习）（第二圈即第二环），在设计时都必须根据学生的年龄特征从"八练"（即练习设计的原则、练习目的、练习内容、练习形式、练习过程、练习效果、练习说明和练习材料的使用）进行设计（第三圈即第三环）。

纵向和横向的"三环"已将课堂练习的维度基本囊括，"三环"的各维度、各环节并不截然分开，而是相互递进，相互关联，紧密结合，如此方能达到课堂练习的有效设计。

②单元（话题）的练习设计。

A. 设计思维导图。

2012年9月，广州教材三年级开始改版，其他年级慢慢过渡。为了适应新教材甚至全国各地各种版本的教材，我们根据《义务教育英语课程标准（2011年版）》的要求进行话题设计，以便扩大成果的社会效益。小学阶段的英语启蒙不外乎是一些基本、平常而又必须掌握的话题，如介绍类——介绍自己、家人、朋友、节日等，描述类——描述人、物、天气、场所等，交际类——打电话、借东西等。

设计方法：利用思维导图将本单元（话题）所涉及的知识板块、主要词汇、主要功能句及活动设计分别列出，让人一目了然，无论是教者还是学者，都能见思维导图便知要教（学）什么，导向十分清晰明确（如图3所示）。

图3 单元（话题）的设计思维

B. 设计练习活动。

在思维导图的 Activities 活动设计时，我们根据本话题涉及的主要内容以及新课标的要求，从语言技能（听、说、读、写）四方面进行练习设计（见表3），每一种练习设计都按照活动内容、活动目的、设计原则、活动形式、活动过程（使用方法）、活动效果、活动说明、使用材料、适用范围等方面进行统一设计，这也是根据前面单课（新授课）的课堂练习设计的"三环"图演变而来。这既方便我们实现资源共享，也能让其他老师借鉴和使用，从而发展学生的语言技能，提高学生的综合运用能力，实现新课标提倡的英语的实践性和应用性理念。

表3 设计练习活动

Module（Topic）： _____ Unit 1： _____ （Listening 听的练习活动设计） Grade _____ Title _____ Name _____ School Name _____	
1. 活动内容	
2. 活动目的	
3. 设计原则	
4. 活动形式	
5. 活动过程	
6. 活动效果	
7. 活动说明	
8. 使用材料	
9. 适用范围	

2. 小学英语练习的组织与运用

在"小学英语课堂练习的有效设计"这一成果的基础上，我们进一步研究与提炼出练习组织与运用的原则、练习系统的基本结构、练习的评价及练习组织与运用要注意的问题，对提高练习的有效设计与组织运用具有实践指导与借鉴意义。

（1）小学英语练习组织与运用的原则。

主要包括练习设计的普遍性原则和特殊性原则。

普遍性原则即目的性和针对性原则、循序性和层次性原则、及时反馈与评价性原则、复现性原则等。

特殊性原则（亦即学科性原则），主要指情境性原则、交际性原则、人文性原则和应用性原则。

（2）小学英语练习系统的基本结构。

了解小学英语练习系统的结构有助于更加有效地进行练习的设计与组织运用。练习的基本结构包括练习的层次、内容与形式。

练习的层次主要包含形式练习、规则练习、意义练习和应用练习。

练习的内容有巩固语言知识、形成语言技能、发展学习策略、激发情感态度和提高文化意识等。

练习的形式可从课型、教学环节以及练习的目的来划分。从课型来分，可分为新授课、巩固课和复习课；从教学环节来分，可分为课堂准备、课堂呈现与操练、课堂巩固与发展三种类型；从练习目的来分，可分为单项语言练习和综合言语练习，单项语言练习又包括语音练习、词汇练习和语法练习，综合言语练习则包括理解练习和表达练习。

从整个练习系统基本结构的角度看，当前小学英语教学普遍存在以下问题：形式练习偏多，应用练习偏少；单一性语言知识练习居统治地位，言语技能练习、学习能力练习、学习兴趣练习较少；单项练习多，综合练习少。所以在教学中应注意多补充综合运用能力方面的练习。

（3）小学英语练习的评价。

练习的评价是练习过程中重要的一环，通过评价，教师可以检测、诊断教与学中存在的问题。学生在评价中的表现，在一定程度上反映了教学策略和方法的有效程度和学生学习过程中的困难。教师根据评价结果进行调控，以达到以评促学的目的。练习的评价主要包括检测、分析、反馈指导与重设练习。

（4）小学英语练习组织与运用要注意的问题。

在进行练习的组织与运用时，我们还要注意以下问题，方可使得练习的设计与组织运用更有成效。

①小学英语练习的平衡。

在练习的组织与运用中，教师要根据学生的年龄特点和教学内容，注意练习的时间分配要均衡，练习的难易程度要平衡，练习活动组织形式要平衡，不能顾此失彼，不能重此薄彼，如此，才能真正调动学生学习的积极性，达到提高课堂教学效率和教学质量的目的。

②小学英语练习实践性的提高。

英语是一门实践性很强的学科，《义务教育英语课程标准（2011年版）》提出："重视语言学习的实践性和应用性。"因而，在对练习进行组织与运用时，提高英语练习的实践性值得我们高度重视。

在练习设计时可采取以下策略来提高练习的实践性。

A. 巧设游戏，创设情境，使英语练习的实践性成为可能。

B. 循序渐进，关注全体，使英语练习的实践性变得更容易。

C. 归纳运用，开发思维，使英语练习的实践性得到充分体现。

③小学英语学习方法的指导。

英语作为我们的第二语言，没有学习与运用的环境，因而学习难度较大。学生如果不掌握有效的学习方法和策略，而是靠死记硬背便会感到很吃力，学习效率低下，长期的失败感易于挫伤学习的积极性，久而久之容易出现厌学现象，英语练习的效率就会大打折扣，不利于顺利完成教师有目的地设计的各项英语练习活动。因此，对小学生英语学习方法的指导很有必要，可采取以下方式指导学生学习。

A. 指导学生课前预习，学会自学与练习。

B. 指导学生认真听课，全身心投入课堂练习。

C. 指导学生课后复习，认真完成课后练习。

D. 指导学生学会查缺补漏、系统归纳。

E. 指导学生充分利用与整合资源。

④小学英语学习方式的转变。

传统的学习方式把学习建立在人的客体性、受动性和依赖性基础之上，忽略了人的主动性、能动性和独立性。转变学习方式就是要提倡自主、探索与合作的学习方式，因而，在组织与运用小学英语练习时，我们要注意转变学生的学习方式，力求培养学生自主探索、合作交流和操作实践的能力。

A. 设置情景，提高学习的主动性。

B. Hands-on 活动，提高学习的能动性。

C. 竞赛评比，培养学生的合作精神。

D. 设置小课题，培养学生的实践操作能力。

⑤小学英语练习的拓展与补充。

影响英语语音、词汇、语法等学习的因素之一是目的语的接触频度，频度越高，效果越好。因此，除了课堂练习，我们还充分利用课外练习与校园文化的布置与营造，尽量使学生接触英语的频率变高，从而提高学习效果。

A. 创设英语角（English Corner），给学生提供课外听与说的练习机会，提供学以致用、进行真实交际的平台。

B. 播放英语动画片，给学生提供大量的听力练习，尽量多地为学生提供视听的机会，提供语言学习的环境与氛围。

C. 开设英语广播，开展 English Time 英语广播专栏，内容可以为英语小品、Story World——欣赏双语故事、Music Sky——英语歌曲欣赏等小栏目。这些栏目可由各班轮流播放，可选择学生喜闻乐见的一些英语歌曲、英语小故事或小笑话等。这些为学生提供了很好的听与说的练习，既能锻炼学生的英语口语能力，又能让学生拓展知识，了解异域文化，感受英语的魅力。

　　D. 制作英语手抄报。制作英语墙报是一种很好的帮助学生巩固所学知识、培养他们能力的方法，也是学生喜闻乐见的一种形式。每期英语墙报以色彩丰富的版面和多种多样的题材吸引学生们的注意力，可转载也可自己撰写，给学生提供了读与写的练习。

　　E. 熟记 Everyday English。教师可在黑板一角或利用墙报的一角设计 Everyday English 版块，坚持让学生每天熟记一句英语谚语或名言，日积月累，必将让学生在知识和思想上受益终生。

　　F. 设置双语标签。为了营造更好的英语氛围，为学生提供学习的环境，校园内各个场室的标识可设置双语标签，楼梯可标贴英语谚语或名言，使学生到处可见英语，增加学生接触英语的频率，营造英语氛围。

　　G. 开展阅读训练。根据不同学生的不同层次的需求，充分使用和利用教材资源，增加学生的阅读量。如低年级的学生可以利用"一起作业"进行绘本阅读，高年级的学生可以将《新概念英语》作为自学、阅读或听力的材料，《拓展读与写》和《英语听说读写》等可提高学生的听力水平和阅读写作能力。不同的阅读材料开拓了学生的视野，大大丰富了学生的词汇量。

四、效果与反思

1. 激发学生的学习兴趣

在练习设计中我们强调设计要遵循趣味多样性原则，设计练习时应根据学生的年龄、生理、心理特点，巧设练习，诱发兴趣，创设一个生动活泼、轻松愉快的学习环境，要考虑题型的多样化和练习方式的多样化，才能使学生处于积极的学习状态，从而进行高效的学习。按照此原则设计的课堂练习生动有趣，激发了学生的学习兴趣，学生爱学好学，兴趣浓厚。

2. 减轻学生的学业负担

我们研究小学英语课堂练习的有效设计，目的是使课堂每一个环节的每一项练习都达到高效，从而让学生的练习在质量上有所提高，在数量上减少了20%，从而减轻学生的学业负担。

3. 提高学生的学习成绩

通过该成果的应用，我们的课堂教学效率明显提高，学生成绩稳步上升。学生学业成绩的稳步提高及获奖人数的增多，进一步证明该成果能够有效提高课堂教学效率，促进学生学习成绩的进步，从而提高学校教学质量。

4. 促进教师专业发展

课题组教师在该成果的教学研究与实践应用中不断成长,所教班级学生英语成绩突出。教师们积极将该成果应用到平时的教研与常规性课堂教学中,科组成员在不加重负担的前提下,充分利用每周的教研时间进行成果应用的反馈与交流,将学校的行政听课与成果应用课例研讨相结合,每位教师应用成果上一节课例研讨课或展示课,4年共上56节,将教学与研究有机结合起来。经过几年的应用研究,教师们的课堂教学能力不断提高,课堂教学更为有效。

基于思维导图的小学英语"导学案"设计与实践

广州市天河区侨乐小学　何洁聪　邝慧莹

一、问题的提出

当前，我国部分五六年级小学生在英语写作中出现不会构思、堆砌句子、逻辑混乱、表意不明等诸多问题，不仅影响小学阶段英语水平的提高，甚至影响初中阶段英语写作和口语水平。出现上述问题的主要原因，是小学生的英语作文写前构思（pre-writing）缺乏系统性和渐进性的学法指导，因而需要通过强化小学三四年级的写作思维训练加以解决。思维导图是一种将思维形象化的方法，是表达发散性思维的有效图形思维工具，基于思维导图开展英语"导学案"设计与实践，引导小学生通过形象化思维、发散性思维开展自主学习、主动探究，强化写作思维训练，对学生英语写作水平的提升具有重要作用。

二、基于思维导图的小学英语"导学案"设计思路

（一）思维导图的特征及其在小学英语教学中的应用

思维导图由托尼·博赞（Tony Buzan）创造，是表达发射性思维的有效图形思维工具。它运用图文并重的技巧，把各级主题的关系用相互隶属与相关的层级图表现出来，把主题关键词与图像、颜色等建立记忆连接。

在美国以及西方国家，思维导图被广泛研究并应用于文化、教育、科技、商业、金融、工业、行政等不同领域。在教育领域，作为帮助学生认知的工具，思维导图在美国中小学教育中得到广泛应用，从《美国国家教育技术标准》所提供的教案范例和软件资源的目录中可以看到，许多优秀教案都使用了思维导图。思维导图通过建立系统的知识框架体系，使整个教学过程和流程设计更加系统、科学有效，进而帮助师生掌握正确有效的学习方法，促进教学的效率和质量的提高。我国香港、澳门、台湾地区学校也对思维导

---

① 本文原载《师道》2020 年第 5 期。

图进行了深入的研究并且将其应用到教学实践中，对学生思维能力和学习能力的发展起到了显著的作用。

我国内地对思维导图的研究及应用起步较晚，但发展迅速。教师们都逐渐认识到思维导图对教学的重要性和可行性，并主动在各层级各学科教学实践中加以应用。如杨文舟以北师大版初中历史教材七年级下册《和同为一家》和《明清抗击外国侵略的英勇斗争》两个教学案例为例，探讨了教师如何在课前进行教学设计和组织教学过程中如何使用思维导图。[①] 从英语教学的视角看，思维导图通过人脑的扩散思维展开，进而有效地帮助学生进行英语作文写前构思，搭建写作的脚手架，提高学生的写作思维及能力。通过思维导图的应用，教师可以抓住语段中的一个关键词，将这个关键词解释清楚，然后以此为发散中心，将语段中的内容以点带面串接起来，在学生头脑里形成一个整体的网络图。然而，纵观国内的实践和研究，大部分思维导图的运用是基于英语教学的有效性和可行性开展的；实践型和行动型的研究相对缺少，形成的成果在一线教师英语教学中的直接使用或间接使用度不高。由此，我们急需找到一个沟通思维导图理念与小学英语教学实践的桥梁。

（二）基于思维导图的小学英语"导学案"设计思路

"导学案"是经教师集体研究、个人备课、再集体研讨制定的，以新课程标准为指导、以素质教育要求为目标编写的，用于引导学生自主学习、主动参与、合作探究、优化发展的学习方案。由于"导学案"包括学习目标、学习重点、学习难点、自主预习、合作探究、教师精点、自主测评、学习反思、拓展延伸、存在的问题等环节，因而直接面向一线教学实践。"导学案"有助于学生主动构建知识，基于思维导图开展小学英语"导学案"设计，有助于搭建沟通思维导图理念与小学英语教学实践的桥梁，有效地引导学生的写作思维。

在欧美及我国港台地区，导学案已经得到了广泛的研究和使用，且取得了很好的效果，开发并形成一系列循序渐进的、可供应用的成果。小学英语"导学案"是把教师的教案与学生的学案有机结合起来，形成一种优化学与教过程的方案。基于思维导图的小学英语"导学案"的设计目的，是为学而教，以学定教，使学生在思维导图的引导下，能对学习主题从"学会"逐渐发展到"会学"。基于思维导图的小学英语"导学案"设计思路，是在小学、初中、高中不同年级段的学生实际的基础上，针对开发导学案，设计相对应的教案和

[①] 杨文舟：《思维导图在初中历史教学中的应用探析》，见知网百科（http://xuewen.cnki.net/CMFD-1015722721.nh.html）。

教学策略，并结合课堂教学，形成一系列具备实用性、有效性，体现学段之间衔接和渐进的案例，以期解决小学英语写作教学中思维引导不足引致的问题。

三、基于思维导图的小学英语"导学案"设计内容

（一）三—六年级学生英语写作能力培养目标的制订

通过对比中国的《义务教育英语课程标准（2011年版）》和澳大利亚维多利亚州《课程与标准框架》，我们可以首先确定和分解三—六年级小学生英语写作技能的目标（见表1）。

表1　三—六年级小学生英语写作技能的目标

级别	技能	标准描述	年级	具体指标
一级	写	1. 能正确书写字母和单词 2. 能模仿范例写词句	三年级	1. 能正确书写字母和单词 2. 能模仿范例写词句
			四年级	当学生获得学习结果时，他们能： ●在写作之前通过文字处理器、谈话、绘画或基本图表等方式组织观点 ●利用已知的拼写模式拼写不熟悉的生词 ●借助各种资源，包括计算机技术检查拼写 ●利用来自他人的反馈修改所写文本，并对别人的要求做出回应 ●重读自己写的文本，进行修改以便使意思更明确
二级	写	1. 能基本正确地使用大小写字母和标点符号 2. 能写出简单的问候语和祝福语	五年级	当学生获得学习结果时，他们能： ●在写作之前构思并组织观点 ●以其他文本为范例，学习结构组织、情节安排、任务塑造等写作知识 ●通过尝试拼写生词，对语音和字形结构有一定的认识；运用各种资源，包括计算机技术，修改文本并检查拼写；大声读出文本，在适当的地方增减内容以使意思更清楚

(续表1)

级别	技能	标准描述	年级	具体指标
二级	写	3. 能根据图片、词语或例句的提示，写出简短的语句	六年级	当学生获得学习结果时，他们能： ● 运用头脑风暴、做笔记或图解等多种技术构思、起草 ● 运用各种策略围绕不大熟悉的观点和信息进行创作 ● 为合作讨论，运用字典、词典或拼写检查等资源编辑、修改所写文本 ● 运用文字处理和绘画软件创作和修改文本 ● 编辑文本以使观点和信息更明确，使措辞效果更突出

（二）教育科学版英语教材（三—六年级）上下册写作"导学案"设计的依据

教育科学版英语教材（三—六年级）上下册的写作"导学案"的主要特色与创新在于根据学生的实际，根据分级培养目标，系统地开发基于思维导图引导写作的"导学案"，逐级搭建脚手架，助力学生逐步达到小学毕业时课标的要求，并供教师运用于教学实践。

（三）基于思维导图的小学英语"导学案"运用策略

教材是小学英语"导学案"设计的依据。教师通过对教材进行模块整合，着重在学案中体现"新授课文本—学生写话""输入—输出""培养—形成"的衔接和渐进，开发"关键词—思维导图—写作"的有针对性的导学案资源（如图1所示），为构建思维导图、引导写作策略打下基础。

模块整体教学设计规划

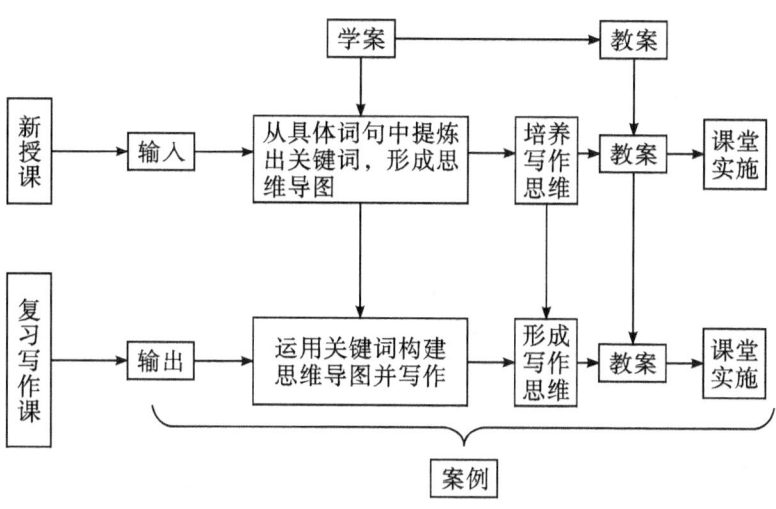

图1　基于思维导图的小学英语"导学案"设计流程

现以小学英语（广州版）教材五年级下册第一单元的单元主题作文 My Favourite Season 为例，详细阐述基于思维导图设计的导学案在教学中指导写作的具体操作和作用。

1. 课前整理旧知识，激活语言

教师布置课前导学案，让学生提前思考主题内容。学生根据以下思维导图的指引，在复习旧知识的同时，进一步培养分类整理的思维能力。

（1）Look and say.（见表2）

表2　Look and say

Season	When
Spring	March to May
Summer	June to August
Autumn	September to November
Winter	December to February

e.g. In China, spring is from March to May.

(2) Look at pictures and write down the weather and finish the sentences.（见表3）

表3　Look and write

s＿＿ and hot	c＿＿ and c＿＿	w＿＿ and c＿＿	s＿＿ and c＿＿	r＿＿ and cool
It's usually ＿＿ in ＿＿.	It's usually ＿＿ in ＿＿.	It's usually ＿＿ in ＿＿.	It's usually ＿＿ in ＿＿.	It's usually ＿＿ in ＿＿.

(3) We can do different activities in different seasons.（如图2所示）

What can you do in different seasons?

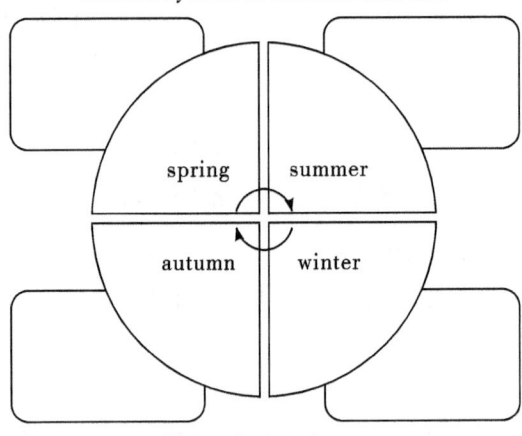

图2　Think and write

(4) What do you usually wear in different seasons? Draw and write.（如图3所示）

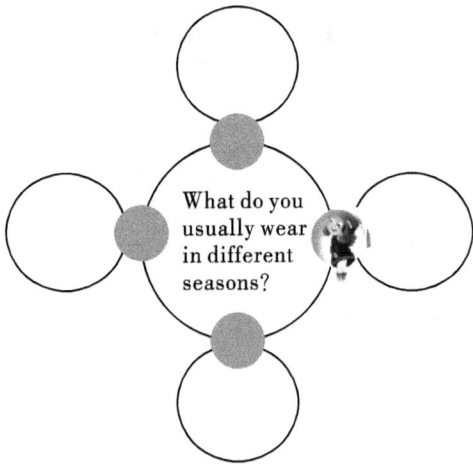

图3　Draw and write

教师通过有梯度地提出系列问题，让学生从中学会分类，同时为自己选择的话题收集直观材料，如照片、图画、短文等。在课堂的 pre-task 环节，教师可以通过先个人展示，再小组讨论，最后小组汇报，有意识地把学生可能无序的发言进行梳理，并板书在黑板上，逐步形成导图。这样既能达到梳理思路的目标，又能激活相关语料。

2. 课中以读促写，丰富语料

在课中，教师首先采用听力理解、小组朗读、小组合作等方式，理解文本，提取关键词，形成基于文本的思维导图，最后进行小组口头汇报，即根据思维导图的指引，进行口头复述（如图 4 所示）。

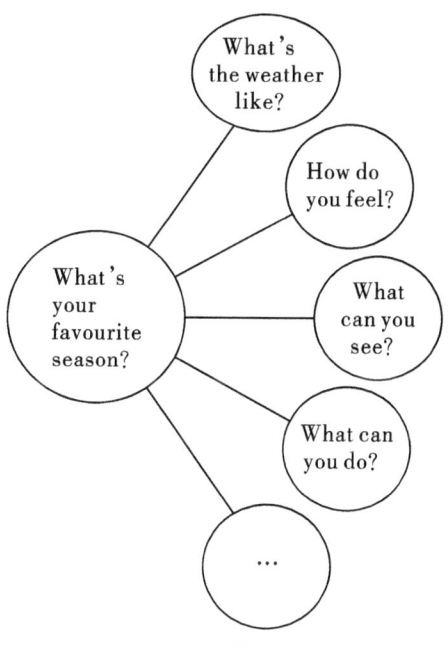

图 4　思维导图

阅读是写作的基础。在教学的过程中安排课外文本阅读的环节，引导学生分析文本逻辑，并通过个人单独完成或小组合作的方式，形成思维导图，有助于学生学习文本作者的写作思路，继而迁移到自主写作当中，以读促写。文本中的课外语料知识，更为学生写作提供了丰富的语料。

在此过程中，学生加深了对话题的理解，也对文本的思路进行了梳理。在汇报中，学生通过思考，根据思维导图，组织并运用语料进行描述，完成了对语篇写作结构的内化。

3. 读后迁移思路，完成写作

在对范文进行思路梳理，建立框架的基础上，请学生根据话题，进行写前构思。可以先进行独立构思，完成思维导图，再通过更多的拓展阅读或者小组讨论的方式，完善、丰富思维导图的内容。

(1) It's your turn to draw a mind map of prewriting.（如图4所示）

Title： My Favourite Season
Beginning：_____
Ending：_____

(2) Use your mind map as a guidance. Enjoy writing!

_____
_____
_____

There are sentences you may use：
My favourite season is…/I love…/I like…best./I prefer…
…is from…to…
In…I prefer…/I love…/…is the best season for…
There is/are…
I can…

通过以上三个环节，不断引导学生反复谈论、完善、进行思路迁移，使学生对写话有了充分的思维梳理和语料准备。

四、基于思维导图的小学英语"导学案"设计及实施成效

通过对142名研究对象在五年级第二学期、六年级第一学期和六年级第二学期的英语期末考试写作题成绩数据进行分析，可得出如下结论。

（1）三个学期期末考试的写作题占全卷分比均为5%，亦即满分为5分。通过统计，在五年级第二学期，观测对象的写作题平均分为3.4分，六年级第一学期平均分为3.9分，六年级第二学期平均分为4.7分。成绩稳步上升。这显示进行思维导图的相关写作训练后，学生的写作水平稳步提升。

（2）根据三—五年级的平时成绩，按照90分或以上、70～89分、70分以下把学生划分为"优等""中等"和"潜能"三个等级，并比较他们在两个学期期末考试写作题的得分，发现三个等级的学生在五年级第二学期的平均分为5分、3.2分和0.9分，六年级第一学期的平均分为5分、4.55分和1.25分，六年级第二学期的平均分为5分、4.9分、4.2分。这表明，通过思维导图的"导学案"进行引导写作教学训练后，"优等"学生维持满分率，"中等"学生最为得益，"潜能"学生有进步且越到后期越显著。这是

因为,"优等"学生原来的英语能力就较为突出,写作水平也较高,基本上能拿满分,且这种优势一直维持着。"中等"学生的英语基础知识是过关的,随着思维导图的引导深入学习之后,他们逐渐解决了之前写作思维混乱、文义不通、句子堆砌等问题,写作表达水平有了很大的改进,成绩自然就有了较大的进步。"潜能"学生因为单词拼写、语法常识等基础知识不过关,写作题完成情况不佳;在后续的第三轮研究中,课题组在结合"导学案"的课堂教学和课后辅导中,重点帮助"潜能"学生解决基础知识的问题,突破了瓶颈,得到了很好的效果。

在第三轮的研究中,我们通过在教学中调整了"导学案"中的训练,结合思维导图强化学生的综合运用能力,取得了显著的结果,学生的成绩大幅提升。可见,基于思维导图引导写作的"导学案"的开发,并以此作为载体运用到小学中高年级英语写作教学中,达到了结合教材、以读促写、引导学生主动学习和层层推进训练写作思维的目的,对培养学生的思维能力和写作能力都起到了很好的引导作用。它既能教授知识,也能教会方法;它能帮助学生梳理思路并不断扩容,持续培养其思维能力和品质;它满足学生长远发展的需要,也是现代教育发展的趋势。

五、基于思维导图的小学英语"导学案"实施问题及改进

(一)存在的问题

1. 想象束缚

对学优生来说,由于教师在设计和运用思维导图时对思维导图过于控制,因此限制了学优生的发展,造成想象的束缚。这部分学生有能力就相关写作主题表达自己的想法和观点,却因束缚而没有办法将思路进一步拓宽。

2. 功能单一

对学困生来说,思维导图能教会学生谋篇布局,却不能对英语基础知识进行训练和巩固,功能单一。因此,对这一部分学生而言,即使学会了写作逻辑,但是没有扎实的单词、句型、语法等基础知识的支撑,英语写话就不能完成。

3. 趣味欠缺

对于三四年级的学生而言,思维导图能帮助学生把抽象的思维形象化、具体化。但是,思维导图是相对模式化的,并不灵活生动,而三四年级的学生专注时间较短,思维导图的图表缺乏趣味,不容易长久地引发他们的学习兴趣。

（二）改进的策略

1. 因材施教，分层教学

不同的学生对思维导图应该有分层的要求和目标。对于优等生，可以提供开放性的思维导图，减少束缚；对于中等生，可以提供半开放性的思维导图，给予部分指引；对于潜能生，可以采取小组互助的方式，增加交流，激发思维。

2. 细化导图，兼顾基础

思维导图除了能让学生进行写前构思，也能继续细化和引导学生对相关方面的句型、词组或单词进行梳理、归纳和复习。在"导学案"设计和课堂教学中，加大对基础知识的练习，继续研讨利用思维导图巩固基础知识的策略。

3. 涂鸦绘画，引发兴趣

在教学过程中，运用涂鸦绘画的手段，丰富思维导图的表现形式，以更好地契合学生的年龄、心理特点，引导形象性和抽象性进一步融合。

小学英语课堂练习工作纸的设计与运用[①]

广州市海珠区宝玉直实验小学 郭苑怡

一、课堂练习工作纸的意义

工作纸（worksheet）是指工作单、备忘录以及（学生的）活页练习题等，是专门为某一个内容准备的活页练习，是为提高对某一特定主题的理解而设置的。课堂练习工作纸的使用是完成课堂教学任务和达到教学目的的途径之一，是对课堂教学的一种及时检验和补充。但现有的教材所配套使用的课堂练习、课堂活动材料都是通用配套的，并不具备全面的契合性、实用性和个性化。教师在课堂教学中为了更好地达成教学目标，让学生能更好地理解、掌握课堂上所学习的知识，都会引导学生进行知识的理解、巩固和实际运用等活动。教师能根据教学的话题、目标为每个课堂教学的环节设计出有意义、有交际性的练习，便能巩固学习效果，提高学生的学习能力。从培养学生的技能来说，可以利用工作纸设计听、说、读、写的活动；根据教学内容的难易程度，可以设计机械性的、有意义的或交际性的活动；从学生的认知角度出发，还可以设计输入性活动和输出性活动，这样教师就可以及时捕捉学生的反馈信息，并及时给予评价。学生也会从教师的指导和评价中获取反馈信息，以便及时改进或调节自己的学习行为。课堂练习工作纸的设计与运用可以让英语教学贴近学生熟悉的现实活动，真正让英语教学成为学生喜爱的一种生活，真正实现语言教学走向生活，在生活中学，为生活而用，提高学生的英语学习质量，促进学生整体素质的发展。

二、课堂练习工作纸的设计方法

（一）课堂练习工作纸的设计原则

（1）科学性原则：课堂练习工作纸所设计的练习语言必须是规范、正确的，而且是符合学生的认知规律的。

（2）目的性原则：课堂练习工作纸所设计的练习必须是为达成课堂教学

[①] 本文原载《广州教研》2016年5月。

的目标服务的,并不是盲目地设计和使用,是为让学生更好地掌握某一知识点而进行的有目的的练习。

(3)趣味性原则:兴趣是最好的老师。要根据学生的实际语言水平,贴近学生的生活体验,交替使用多种形式的练习,从而提高学生学习的效果。

(4)交际性原则:语言的学习最终的目标是达到交际的效果。工作纸所设计的练习、所巩固的知识和所训练的技能要能用到实际的交流中。

(二)课堂练习工作纸的设计准备

首先,教师要根据教学的实际需要,把教材按话题划分,根据不同的话题细化出所要掌握的单词和主要句型,以及本话题与之前已经学习的相关内容的联系。

以广州版(新版)教材四年级上册为例(见表1)。

表1 课堂练习设计

话题内容	主要掌握的单词	主要句型	与之前学习相关的内容
Room(房间)	房间摆设的单词	There be…	二年级口语上册 Module 2
House(家)	居所名称 方位介词	1. Where is/are…? 2. I like to…	二年级口语上册 Module 3 三年级上册 Module 6
School(学校)	学校场所名称	1. How many…? 2. I like to…	三年级下册 Module 2
Number(数字)	11—100 数词	How many…do/does…have?	一年级口语上册 Module 3 三年级上册 Module 3
Clothes(衣服)	衣服名称	1. 购物用语。 2. How much…? 3. …wears…	二年级口语下册 Module 3
Occupation(职业)	职业名称 职能短语	1. What do you want to be when you grow up? 2. I want to be… 3. I like/love to… 4. I'm good at…	二年级口语下册 Module 2
Subject(科目)	科目名称	1. What's your favourite subject? 2. I like…best.	—

(三)课堂练习工作纸的设计意图和过程

根据上面的话题划分的表格,进行相关的资料收集和素材分析。然后结合教材内容、难度、知识的重难点以及教师在课堂上所要达成的目标来设计工作纸。

以广州版（新版）教材四年级上册House（家）为例：House（家）这一模块主要学习家庭居所的名称以及如何描述自己的家和自己理想的家园。设计的课堂练习工作纸主要围绕单词巩固、句型巩固、有关家的居所描述的阅读和介绍自己的家和理想的家园展开。

（1）单词巩固。教师在课堂上教授了新单词后，因为要掌握的单词有living room、bedroom、bathroom、dining room、study、kitchen、garden、balcony、toy room、garage等，单词量很大，如果单纯要求学生死记硬背地记忆单词则效果不佳，故设计一系列巩固本课单词的有趣的工作纸。

①单词与图片配对。图片是最直观的教学媒介，它可以让学生对所学的单词有直观的理解与印象，学生可以借助图片理解单词的含义。进行单词与图片配对练习，可以让学生对所学单词印象更加深刻。

②单词填写及根据句子描述填写有关house内容的单词。把课堂练习工作纸分成两部分：第一部分是机械的单词记忆，通过图与单词配对，让学生简单地理解把握单词的意思与拼写；第二部分是通过句子的描述，让学生看图写出居所的名称。这样的设计能巩固前面单元关于描述具体房间的句型，也能达到使用新单词的效果。这项工作纸可以在教授新单词后的单词巩固中使用。

（2）句型巩固。在课堂教学中，教师一般都是以机械的替换练习为主操练句型。操练句型应该具有从机械操练到有意义的操练的梯度性。因此，在课堂上有关句型巩固的练习工作纸的设计应该遵循趣味性、阶梯性和操作性原则。本话题主要学习掌握的句型是"Where is/are…?""There be…"和"I like to…"，教师可设计以下两类练习。

①有信息差的练习。教师在操练句型的时候设计一个有信息差的猜测活动。首先把同桌两位学生分为A、B两组，手中各持某张图片的一部分。两位学生要通过询问对方问题获取信息，才可以把整张图纸的信息补充完整。这个课堂的句型练习可让学生在听、说、写三个方面的能力都能训练到。首先是听问题，然后是回答问题，最后是写出正确物品的位置。有信息差的练习可以更有效地让学生使用句型，更好地进行实际性的交流。

②有趣味的练习。在巩固句型时，教师所设计的练习富有趣味性会让学生更投入学习而达到更好的学习效果。教师在巩固本课句型的时候设计了一个board game（棋盘）游戏，学生通过玩棋，看图回答问题，掌握、运用句型。

（3）阅读和写话。语言的最终目的是输出以完成实际交际。要有大的语篇输入，才有最后的输出表达。因此，教师在设计课堂练习工作纸的时候要注重有质、有量地进行语篇及阅读的训练。所设计的语篇阅读应该为最后达到语言输出做铺垫准备，并且所设计的阅读是要求有思考的过程的。

①思考性阅读、写话设计。课文所提供的篇章都是关于某话题的最基础的内容。但在课堂教学中，为了更好地培养学生的阅读理解能力，教师往往会根据实际的教学需要与目标重构文本。阅读篇章是为写作表达做准备的，所以教师在设计课堂的阅读练习时都会把以前所学的知识进行重新加工和巩固，不断地重现学生已经学过的知识。本话题的阅读部分是有关家庭居所的描述，是为后面能写出自己的理想居所准备的。教师设计了思考性的阅读练习。首先是让学生阅读文段，再根据文段内容一步一步地分析筛选，最后找出孩子的理想居所。

以上是这个阅读练习工作纸的第一部分。第二部分教师设计了一个说话的练习，要求学生选择一个喜欢的居所进行描述。此项练习旨在提高学生连贯说话的能力和综合运用语言的能力，并为后面描写自己的理想家园做准备。第三部分教师设计了写的练习。根据以上两项练习的提示描述自己的梦想家园。在写之前，教师还为学生提供了多幅来自世界各地的有趣房屋的图片，让学生有一个扩展思维的空间（如图1所示）。

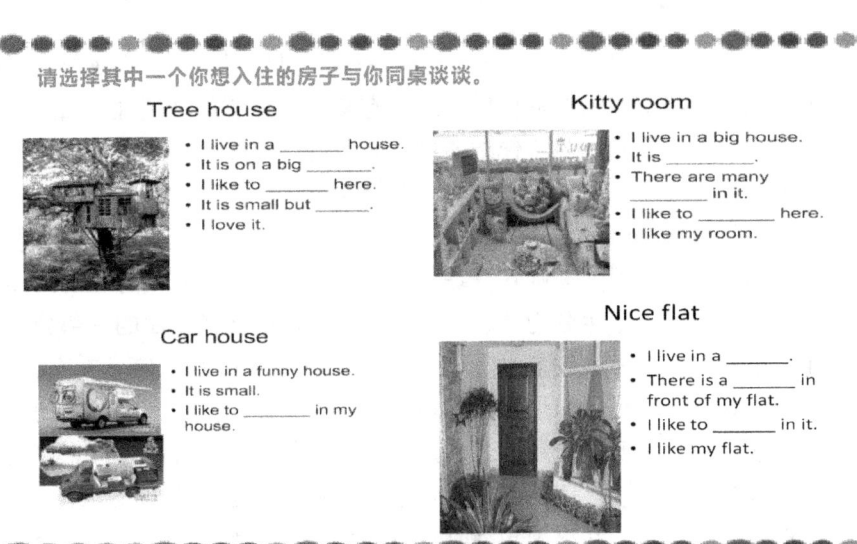

图1　有趣的房屋

②饱含文化的阅读、写话设计。教师在教授新知识的时候除了要注意语

言的工具性，还要注意它的人文性。把人文性融入实际课堂教学中，教师可以通过课堂阅读材料工作纸的设计来体现。以 house 主题为例，教师在课堂阅读环节为了更好地让学生了解我国不同地方房屋的特点和人们的生活习惯，设计了先通过看图和文段描述了解东北雪乡的情况，再让学生进行填词的练习。此项练习既能进行文化教育，也能巩固本话题中"I like to…""There be…"等句型。

接着是写话的环节。之前的阅读，对顺利写话的进行有很大帮助。在写话这个环节，教师设计了介绍海南岛度假屋的练习。教师给出一些提示词，学生可以根据提示词描述度假屋（如图2所示）。

图2　度假屋及提示词

在小学英语课堂教学中，教师在设计课堂练习工作纸时，要面向全体学生，从学生的实际知识水平和语言能力从发，设计符合学生身心特点的有效活动，调动学生参与活动的积极性，更好地引导学生理解、感知、操练并运用所学语言，进而为提高学生的语言运用能力打下坚实的基础。

基于核心素养下小学英语课堂工作纸在生活化课堂中的运用探究[①]

广州市海珠区宝玉直实验小学　郭苑怡

英语不是我们的母语，在小学英语教学中，如将生活和教学内容结合起来，能拉近学生与英语语言之间的距离，而且能培养学生对英语学习的兴趣。所以老师在教学的过程中有必要融入生活化的教学内容，活跃课堂氛围，让小学生能学以致用。

一、生活化的教材内容，让学生更轻松地理解课文

在教学的过程中，老师要想打造生活化的课堂，就要从教材入手。小学英语教材是学生学习英语的基础，所以老师要认真地研究教材，把教材中那些和生活有关的人物以及事物挖掘出来，让学生能更加真实地学习这些事物，更好地理解课本上的内容。比如，老师在给学生们讲动物的时候，可以提前一天，让学生准备有相应动物图片的工作纸，在上课的时候让学生们把图片拿出来，大家互相欣赏，说出动物的名称及其颜色，引导学生用学过的英语知识来完成课堂的教学内容。

二、生活化的英语知识，让学生更轻松地背诵单词

英语和社会的联系非常紧密，很多单词词组都是生活中常用的，所以，老师在给学生讲单词的时候可以找到和这个单词有联系的其他单词并进行整理，利用工作纸的方式让学生记忆，这样学起来会比较轻松。比如，老师在给学生教授亲属词的时候，可以把 grandfather、grandmother 等相关的单词整理出来。这些词在学生生活中经常会使用到，一点一滴地给学生灌输生活化的知识，能帮助学生记忆单词。

老师在给学生讲了新课以后，新单词很多，如果仅仅要求学生死记硬背则效率很低，所以要合理地利用工作纸，将单词和图片配对。图片是非常直观的教学媒介，能让学生理解学到的知识，同时也能让学生知道单词的含义，把图片和单词配对能让学生对单词的印象更深。可以把工作纸分成两个部分：第一个部分是单词记忆，通过图片和单词的配对让学生简单地理解单词；第二个部分是利用句子的描述，让学生能看图写出相应的单词。利用这种设计能巩固学

---

① 本文原载《校园英语》2019 年第 41 期。

生学到的新单词，而且能习得相应的句型。

三、生活化的课堂活动，让学生更轻松地获取活动经验

新时期的老师在教学的过程中要转变传统的教学方式，与时俱进，利用生活化的活动吸引学生的注意力，培养学生对英语学习的兴趣。老师要组织一些和教学内容相关的教学活动，让学生在探索的过程中不断积累经验。比如，老师在给学生讲暑假相关的内容的过程中，可以把学生分成若干小组，大家一起商量暑假的具体计划：有的学生想去亲戚家，有的学生想去旅游，有的学生想去图书馆，等等。商定了计划以后，老师可以组织学生模拟暑期的计划，比如，去亲戚家游玩的情景。老师可以让学生使用英语来练习，让学生再现这种和生活有关的情景，能丰富学生的经验，让学生在课堂活动的过程中积累知识。英语是一门语言，英语教学要区别于其他学科的教学，让学生把英语知识和实际生活联系起来，帮助学生更好地理解课堂上的内容。在教学的过程中，老师也要引导学生，多注意观察，在生活中提取英语知识的元素，进而提升学生的英语核心素养。

老师给学生设计一系列的活动，使之和学生的实际生活联系起来，让学生能用学到的英语知识进行交流、进行表演，让学生能接收大量的语言信息，进而提升学生对英语的感知能力，让学生掌握英语的表达技巧，丰富学生的英语知识，让学生切实感受地地道道的英美国家文化，提升学生对英语学习的自信心，培养学生对英语的学习动机。比如，在给学生讲"如何介绍新同学"的时候可以组织学生回顾相应的内容，然后分成小组，围绕一个新同学展开一系列的表演活动，利用这种方式能帮助学生巩固学到的英语知识，在这种环境下学生能开口说英语，强化了学生的体验。老师给学生组织和实际生活相联系的英语活动能调动学生的积极性，体现英语学习的实用性和灵活性，增加教学过程中语言的信息含量，进而提升学生的英语语言表达能力，培养学生的英语逻辑思维能力，提升学生的英语核心素养。

总而言之，新的课程改革不断进行，老师在教学的过程中要与时俱进，站在学生的角度思考问题，了解学生的实际需求，把课本上死板的知识转化成生活化的元素，活跃课堂氛围。老师要调动学生的积极性，让学生能在这种氛围之下学习英语知识，并且把系统的英语知识应用于实际生活中，切实提升学生的英语核心素养。

参考文献
[1] 蔡辰. 浅谈小学英语知识的生活化教学实施 [J]. 课程教育研究，2014（12）.
[2] 袁建琼. 试论小学英语教学生活化的内涵及策略 [J]. 基础教育研究，2013（7）.

语音、词汇教学研究

Phonics 融入小学英语词汇教学的研究[①]

广州市海珠区第二实验小学 邝健云

Phonics 教学法给学生提供了很大的帮助：首先，这种教学方法在小学阶段具有良好的效果；其次，通过运用 Phonics 学习方法，能够培养学生"见词读音，听音写词"的能力；最后，能让学生学会单词学习的技巧，有助于学生进一步学习句子，最终激发学生阅读短文的兴趣。但是这种教学方法并不只是单纯地教，通过对小学教材中 pronunciation 板块进行分析，结果显示，我们的教材内容实质上从潜意识方面针对 Phonics 系统教学做出了提示，我们可以将这两者融合在一起，探索适合的教学方法，帮助学生解决学习单词的难题。

一、Phonics 教学法

Phonics 教学法是从语音角度出发，根据英语的表音文字特点，突破音标造成的障碍，使学生能在学习音图的过程中，形成见词就能读、听音就能写的熟练技巧，并能在此基础上进一步深入发展成阅读行为，全面发展学生听说读写等各项技能。

二、采用 Phonics 教学法的意义

Phonics 教学法在英语国家经历了几百年的发展历程，是美国和加拿大本土学生的必修课，合理的 Phonics 教学法，始终被认为是最有效的母语教学阅读方法。Phonics 是美国本土小孩在学习认读英语文字时所用的简单方法，就如同中国小孩子学拼音和普通话一样，都是用声音和文字的关系实现学习效果。利用 Phonics 教学法，要注意字母音和形之间的关系，用字母和字母组合代表的英语 44 个基本音是 Phonics 教学中的基本单位。如果根据学生的实际情况去构建，会极大地促进学生的进一步发展：学生在看到英语单词的时候，运用形—音的对应关系，就能够正确拼读单词，比如 mate，在看

[①] 本文原载《新课程》2017 年第 12 期。

到单词的时候，学生就能立刻读出声音。其次，学生在记忆单词的时候，通过运用音—形的对应关系，能够快速记住单词。因此，教师在教学过程中，用心思考，实现系统性的教学和检测，这样就能帮助学生在小学阶段积累大量的单词。只有通过系统构建，才能解决学生英语学习中与单词相关的难题，才能确保Phonics教学方法的顺利实施，实现良好的教学效果。

三、Phonics融入小学英语词汇教学的对策

（一）创设环境，注重语音积累

《义务教育英语课程标准（2011年版）》提出了听说先行的原则，因此在教学过程中，首要任务是帮助孩子们创造一个良好的英语语言环境，让他们在日常生活中多接触英语，多听多说，在英语语音和实物图像之间建立关系，积累语音知识。在这一时期，孩子能够掌握基本的生活用语和生活指令，可以用英语表达基本的、简单的需求，进一步积累听力词汇。由于本校的学生刚刚接触英语，学校资源比较少，无法给学生创设一个良好的语言环境，用英语交流和听说英语的机会比较少，因此在这一阶段，Phonics教学法的实施存在很大的难度。因此，在课堂教学中，笔者尽量使用英文，适当时候才加入中文翻译，几周之后，学生都能基本听懂老师的课堂用语和指令。

（二）抓住时机，掌握拼读规律

积累了相应的语音知识之后，孩子们基本可以听懂大部分的生活用语。在积累了一定的听力词汇之后，笔者抓住时机，开始教孩子们学习26个英文字母和Phonics英语读音规则拼读规律，并编排英文字母操和字母chant，例如："A, A, A, A is for ant. B, B, B, B is for bee. C, C, C, C is for cat. D, D, D, D is for dog. E, E, E, E is for elephant."。在掌握每个字母发音之后，开始学习Phonics语音体系，要求学生熟练掌握44个基本音的字母和字母组合的基本发音。首先学习两个音的拼读，如an、at、ag等，然后练习三个音的拼读，如fan、pan、cat、hat、bag、tag等，最后向多音节过渡。为了帮助孩子们不断巩固练习，利用自然拼读法，平时就要对孩子开展词汇教学，等到四年级，这些知识就能发挥作用，而且随着年级升高，取得的效果就会越明显。

（三）提高学生拼写、阅读双向能力

等到学生能熟练掌握Phonics英语读音规则后，基本上能完整地理解语音识读和拼读等知识框架，在此基础上开展拼读和拼写词汇教学相对来说比较容易。拼写教学主要包括三个步骤：一是听音。教师用先快后慢的语速重

复一个单词,让学生能够听清楚单词中含有的音素。二是教师以提问的方式,引导学生分辨单词中含有的音素,比如:第一个音素是什么?下一个音素是什么?最后一个音素是什么?三是写音。当孩子能够正确分析出单词中含有的音素之后,教师可以引导学生将听到的音转变成形,即把它写下来。但是,如果不引导学生将字母和发音在实际情景中进行运用,学生就容易忘记这些知识。并且,孩子们长期面对一些意义不大的字母符号,学习兴趣会慢慢削弱,因此适时开展阅读教学具有重要意义。从低年级学生的认知角度进行教学安排,阅读首先从单词开始,然后到句子,最后过渡到简单的故事等。比如:在学习字母 a 之后,就要引导学生认读 ant;学完第一组字母(a, i, n, s, t)后,引导学生根据读音,朗读句子,比如"It is an ant."等句子,同时还可以借助一些简单的小图画书,引导学生加强阅读练习,扩大阅读量并拓展知识面。逐渐丰富学生的单词掌握量,在此基础上阅读一些简单的图画书和短文,掌握常用的单词,实现听说读写的全面发展。

在一开始学习英语的阶段,教师就要树立学生正确的英语字母代表发音的观念,再加上适当的联系,使学生在遇到生词的时候,第一时间能出声念出来,这样有利于学生未来的学习。实践结果显示,Phonics 教学法能够有效提高小学生英语学习的自信心,在以后的教学过程中,要不断深入探索和创新,确保在小学英语教学中更好地运用这种教学方法。

参考文献

[1] 陈文芳. 巧借自然拼读法 助力词汇教学 [J]. 福建教育学院学报,2015 (9).

[2] 吴海燕. Phonics 在 Let's spell 中的有效运用:以修订版三(下)Unit 5 Let's spell 为例 [J]. 小学教学设计,2015 (5).

Phonics 教学法在小学英语词汇教学中的实践应用[①]

广州市海珠区红棉小学　王育辉　冯美芬

笔者在多年的英语教学中发现部分学生英语学习最大的困难是读不出单词和记不住单词，尤其是在小学的中低年级。广州市小学三年级学生的英语学习正好由只要求口语听说过渡到要求掌握单词和短语拼写，所以，学单词的困难就更加明显和集中。因此笔者通过应用 Phonics 教学法找到一些能帮助三四年级学生尽快和顺利完成这个过渡期的学习策略与方法，避免学困生的过早出现。英语音素意识和拼读能力正是英语阅读能力中阅读解码能力的重要组成部分，培养这些能力最终将有利于培养学生的英语阅读核心素养。[②]

Phonics 即自然拼读法，是教授英文字母（letter）与语音（sound）间的对应关系的教学法。在广州版小学英语教材中 70% 以上的单词在拼读时都是有规律可循的。学生一旦掌握了发音规则就能够直接将单词读出，就可以很快学会拼读不认识的单词，可以在阅读领域辅助学生，使学生的学习变得更主动，同时也会变得简单、快乐和有趣。2016 年 9 月，笔者开始任教三年级英语，通过调查问卷，了解到这届学生中 86.9% 的孩子从来没有接触过 Phonics 教学法。于是笔者利用自己所任教的 4 个班，开始在词汇教学中使用 Phonics 教学法。以下是笔者总结的几点教学方法和步骤。

一、扫除字母以及字母组合的发音障碍

（一）掌握字母在闭音节或高频词中最常见的基本发音规律

广州地区使用的教育科学出版社的《义务教育教科书英语》三年级上册每个单元开始的 Sound family 部分，都是笔者开展 Phonics 教学的主要载体之一。以模块 1 中 Sound family 部分为例：内容有听和读 Aa、Bb、Cc、Dd、Ee、Ff、Gg、Hh。笔者通过自然拼读歌曲如 *A Is for Apple*，让学生感知和初步学习字母的常见发音，比如 Aa [æ]、Bb [b]、Cc [k] 等，之后每个单元继续学

[①]　本文原载《名师在线》2019 年第 13 期。
[②]　王海青：《小学三年级"自然拼读法"初探》，载《学周刊》2017 年第 28 期。

习余下全部 26 个字母在闭音节或高频词中的最常见的基本发音规律。三年级上册从模块 4 开始有听和跟读部分，可以帮助学生理解每个字母在单词中如何发音。此外，笔者还利用网络上的自然拼读教学资源，比如 BBC 的《字母积木》(Alphablocks) 教学视频来让学生在愉快的教学环境中掌握 26 个字母的基础发音。

（二）掌握字母在小学英语词汇中常见的多种发音规律

26 个字母除了在闭音节或高频词中最常见的基本发音，在开音节和小学阶段常见单词中还会有其他的发音情况，比如字母 Aa 在 face、bag 和 China 三个单词中的发音分别是［ei］、［æ］、和［ə］，所以帮助学生解决单个字母的多种发音也十分有必要。在掌握了基本发音之后，笔者为学生总结了字母的常见多种发音表，此表既包含字母读音和基本发音，同时又拓展了其他常见的发音规律。

Aa	Bb	Cc	Dd	Ee	Ff
[ei] [æ] [ə]	[bi:] [b]	[si:] [k] [s]	[di:] [d]	[i:] [e]	[ef] [f]
Gg	Hh	Ii	Jj	Kk	
[dʒi:] [g] [dʒ]	[eitʃ] [h]	[ai] [i]	[dʒei] [dʒ]	[kei] [k]	
Ll	Mm	Nn	Oo	Pp	Qq
[el] [l]	[em] [m]	[en] [n]	[əu] [ɔ]	[pi:] [p]	[kju:] [kw]
Rr	Ss	Tt	Uu	Vv	
[ɑ:] [r]	[es] [s] [z]	[ti:] [t]	[ju:] [ʌ] [u]	[vi:] [v]	
Ww	Xx	Yy	Zz		
[`dʌblju:] [w]	[eks] [ks]	[wai] [j] [ai] [i]	[zed] [z]		

（三）掌握小学英语词汇中常见的字母组合和发音规律

在学生们掌握了单个字母的发音规律之后，从三年级下学期开始到整个四五年级，可以充分利用教材每单元的 Sound family 部分，逐步滚雪球般地帮助学生总结常见字母组合的发音规律，比如四年级阶段笔者为学生总结了下文所示的教学资料。这份资料有难度，所以在每个单元小结的时候需要做必要的解释和小结，尤其是多个字母组合可以发同一个音以及同一个字母可以有两种以上发音的情况。比如，字母组合"i_e"和"igh"都可以发/ai/。又比如，"oo"既可以发长元音/u:/，又可以发短元音/u/。这就有一点复杂，可以给学生做如下小结："oo"在字母 k、d 前发短元音/u/，其他情况发长元音/u:/，但是，两个特殊情况 foot 和 food 的发音与规则相反。

ai	ay	a_e	ar	as(s)	au	aw	ch	ck	dr	ea	ea	ee	e_e
/ei/			/ɑ:/	/ɑ:s/	/ɔ:/		/tʃ/	/k/	/dr/	/e/	/i:/		

ear	ere	ear	ere	air	ey	er	ə	i_e	igh	ind	ir
/iə/		/eə/		/ei/		/ɜ:/	/ə/	/ai/		/aind/	/ɜ:/

ll	nk	ng	o_e	oa	ow	ow	ou	ou	or	oo	oo
/l/	/ŋk/	/ŋ/	/əu/			/au/		/ʌ/	/ɔ:/	/u:/	/u/

oy	oor	old	th	th	tr	u_e	ew	ur	wh	wh	wr
/ɔi/	/ɔ:/	/əuld/	/ð/	/θ/	/tr/	/ju:/		/ɜ:/	/w/	/h/	/r/

二、培养学生的看词读音能力

经过两年系统的汉语拼音学习，三年级或以上的学生已经能熟练地运用汉语拼音来拼读生词。更重要的是，汉语拼音和英语的自然拼读法在其方式和功能上有很多相似相通之处，所以汉语拼音对自然拼读法有正迁移的作用。[1] 可充分利用这种正迁移，结合学生已经掌握的字母以及字母组合的发音规律，在以下三种情境下培养学生看词读音的拼读能力。

（一）利用正迁移提升 Sound family 的学习效率

教材中每个模块的 Sound family 部分的 Listen and read 中有已学单词，在 Look and read 部分会有符合相同发音规则的新单词，可让学生在旧词中找到目标字母或字母组合的发音规律，之后再迁移到相同发音规律的新单词中，尝试读出没有学过的陌生单词。笔者以给三年级下学期学生上的一节公开课 Unit 11 Sound family 的相关内容为例，先让学生听和读出已学单词 name，再让学生说出"a_e"字母组合的发音/ei/，最后让学生尝试读出没有学过的单词 rate（比率）。此外，使用 Sound family 第二部分进行语句中的拼读训练。新课标提倡语境下的词汇教学，这也正是我们常说的"词不离句，句不离文"。教材中拓展的新词汇，通常都有配图的英文句子，四年级开始会有配图的小短文帮助学生在语境中继续操练词汇的拼读规则并理解新学词汇的意义。

（二）在日常词汇教学中巩固拼读能力

教材中每个单元都有 Vocabulary 部分，充分利用每次学习这些新词汇的

---

[1] 王海青：《小学三年级"自然拼读法"初探》，载《学周刊》2017 年第 28 期。

机会，只要教授的新单词符合拼读规则的都可鼓励学生用他们学过的字母和字母组合发音规律来自己拼读新单词，以三年级上册 Unit 11 的新单词 bag（袋子，书包）为例，学生可以自己通过 b[b]—a[æ]—g[g] 来把新单词 bag 读出来。

（三）利用课外资源强化语境下的自然拼读意识和发展自主阅读能力

从海量的课外资源中选择优质教学资源进行语境下的 Phonics 教学，比如外语教学与研究出版社出版的《外研社丽声拼读故事会》，以及 Macmillan English Explorers 出版的 *Phonics Workbook* 等，既可以在 Sound family 最后部分用来拓展，也可以在日常教学的热身或发展环节中根据教学的需要选择适当难易程度的绘本来进一步巩固和发展学生的看词读音能力，并培养学生本能使用自然拼读能力大胆学习陌生词汇的自主学习意识。比如，利用绘本故事 *Top Cat* 和 *Bob Bug* 等来给三年级自然拼读初学阶段的学生进行三个字母组成的单词的拼读能力训练。这样在学生喜爱的、轻松有趣的故事教学中，培养学生看词读音的能力。英语的拼读能力是阅读能力的基础，当学生拼读与拼写单词的能力达到见词能读，就可以快速地进行阅读教学，在大量的阅读中扩充单词，熟悉语法，培养语感和学习新知识，从而可以培养和发展学生的英语核心素养。

三、培养学生的听音写词能力

在学生有了一定的看词读音能力之后，及时进行听音写词能力的培养十分有必要。听说读写能力是学生英语综合语言能力的基础，这四种能力中写的能力要求最高也最难。笔者通过以下五种途径培养学生的听音写词能力，也取得了非常令人满意的教学效果。

（一）在新词教学中进行拓展培养

教材中每个单元都会有词汇的学习，在学生掌握字母和字母组合的发音规律和能拼读出新单词之后，应及时进行拓展训练。比如在教会新单词 cake（蛋糕）的同时，教师可以读出 /meik/ 和 /leik/，让学生根据发音规则拼出新单词 make（制造，做）和 lake（湖）。

（二）在故事听力训练过程中培养

在绘本教学中先用 MP3 播放故事，让学生根据听到的内容拼出其中的符合自然拼读规律的目标词汇，这样学生就能猜出故事的大意，既训练了听音写词的能力，同时也极大地激发了学生的英语学习兴趣。

（三）在课堂词汇听写中培养

笔者和多数小学英语教师都会进行日常的课堂词汇听写，经常把符合

Phonics拼读规则的单词放在前面听写，这既体现了易到难的原则，也可以巩固拼读规则，还可以减轻学生听写的心理压力，提高他们学习的自信心。笔者教授五年级，在学习了27个新单词的第二天进行堂听，其中一个班级的正确率达93.62%，学生们对词汇学习感到困难的比率明显低于以往任教过的任何一届学生。

（四）在各类竞赛活动中进行能力培养

我校每学期举办学科竞赛，每年举办校外"一拼到底"拼读竞赛（微信公众号初赛、复赛+现场各级别决赛）和ABC拼读大赛等。我们除了集中教授每个单元的Sound family部分，还巩固复习竞赛的录音和纸质资料，如在每次教授新单词的时候滚动使用这些资料，帮助孩子掌握自然拼读记单词的能力。除此之外，我们还以竞赛的形式去激发和促进全体学生尤其是尖子生的成长，我们参与Phonics教学的班级中有多人次在"一拼到底"等比赛中获奖，这些活动也大大激发了孩子们的学习兴趣和热情。

仅仅在一个学期的教学实践后，2016学年上学期，笔者任教的4个三年级英语教学班在学校的期末词汇竞赛以及海珠区期末统一考试中词汇拼写的正确率，明显高出未进行以上系统的Phonics教学的两个平行班级。

笔者初步得出以下一些结论：Phonics教学法对小学英语教材中的词汇教学具有非常重要的辅助作用。它不仅能提高学生的看词读音和听音写词的能力，还能提高学生学习英语的兴趣和信心，更重要的是，它还能发展学生自主阅读的能力。但此方法源于英语母语国家，因此对于我国的教学而言，必须结合实际情况，对本地使用的教材进行有机地整合，才能促进我们的教学相长。Phonics教学法也有一定的使用局限性，不是所有词汇都符合这些规则。在今后小学高年级的教学中，我们将继续研究Phonics教学和音标教学的融合培养。

浅谈小学英语语音教学策略[①]

广东省梅州市梅县区第一职业学校附属小学 陈蓝蓝

英语是国际通用的语言，也是我国外语教育中的重要内容。语音是学好语言的基础，是掌握语言知识和获得语言技能的基础，儿童早期是学习语音的最佳时机，所以学习语言必先从语音开始，培养学生良好的语音语调习惯，为今后学习英语打下良好的基础。那么，怎样才能搞好小学英语语音教学呢？下面谈谈笔者在小学英语语音教学实践中的一些体会。

一、小学英语语音教学中存在的问题

1. 教学形式刻板

目前，大多数小学英语教师都重视语音教学，在英语发音方面花费大量的时间，试图通过重复练习、观察口型和屏齿位置等方式一遍遍纠正学生的发音，并且试图使学生记住英语的音标和每个字母可能对应的发音形式。这一系列教学活动是十分枯燥乏味的，会使小学英语语音教学的形式越来越刻板，使英语更难被小学生接受。

2. 教学目的单一

小学英语语音教学中的另一个问题就是教学目的十分单一。英语教学说到底是语言的教学，也就是说，英语语音教学除了教学生发音，还要借由发音教学了解英语国家的语言文化，对学生的学习能力和学习情绪进行培养。但是，很少有教师能在语音教学中兼顾这些教学目的。

3. 小学生缺乏语感，汉化英语严重

小学生刚开始接触英语，兴趣很高。但是我们的学生学习范围小，学习的方式也很单一，主要是通过对教师和录音不断地模仿，同时出于多方面原因，小学英语占的课时也很少，这时就会出现学生用汉化的方法来学英语的问题。另外，小学生刚刚学习英语，不识音标，不懂辨别发音规律，只能通过死记硬背来学习英语，学得乏味，学得吃力，也打击了学习的积极性。

4. 写多说少，"哑巴英语"严重

我们学习语言就是为了交流，但在学生心中，甚至是我们心中，都认为

[①] 本文原载《散文百家》2018 年 2 期。

英语教学是为了应付一次又一次的考试。虽然现在小学也在考试中加入了口语，但学生也仅仅是为考试而去练习。有的学生背课文、练对话，语言流畅，可是一到真实交流的时候，就吞吞吐吐、结结巴巴。

二、小学英语语音教学的策略

1. 观念的改变

首先，要把握小学英语语音教学的目的与要求。从语音学习的发展过程来看，使用音标有利于学习者更好地掌握语音。一旦学生学会了音标，不仅在学习生词时会轻松许多，而且温习单词或遗忘单词发音时也可以不再需要教师的帮助。其次，必须破除"我教你学"的教学观。新课标指出，教师在课堂中起主导和引导的作用，学生才是主体。教师教授语音时应努力让学生独立思考，使他们具备获取信息和运用知识解决问题的能力，变被动学习为主动学习，进而具备应用知识和创新知识的能力。

2. 提高自身的素质

教师对学生的英语学习发挥着非常重要的指导作用。首先，教师应明白语音教学应贯穿整个英语教学过程，是提高学生英语交际能力的重要教学环节。其次，教师应该具备比较完备的知识体系，并不断学习，提高自己的发音质量，以期对学生的语音学习产生积极的影响。

3. 营造英语语音学习环境

积极创设英语教学情境，让学生在真实的英语环境中进行英语学习。教师可以通过优美的朗读示范进行教学，为学生创造好的英语语音语境。同时可以开设课外兴趣小组，鼓励学生利用课余时间和家长进行简短的英语对话，教师也可以利用课前的十分钟和学生进行简短的英语交流，等等，通过一系列的活动，来创设英语语音环境。只有良好的英语语音学习环境才能给学生充分表达的空间。

4. 在英语语音教学中穿插游戏

游戏是激发兴趣的源泉。小学生天性好动，都爱做游戏，教师在实际的教学当中可以适当地穿插游戏，这可以给教学带来意想不到的效果。小学生的特点是好动、善模仿、爱说、爱唱、爱表演，所以做游戏符合孩子们的年龄特点，容易激发他们的学习兴趣，还有利于学生的智力开发、情感培养，效果事半功倍。在课堂学习中，经常开展学生间的竞赛活动，可增强学生的竞争意识、参与意识，培养他们的听、看、模仿的能力。

5. 鼓励教学法

学生刚刚学习英语，会在语音学习中出现这样或那样的错误，这是在所难免的。教师对学生发音上的错误要耐心地纠正和指导，要教给他们正确的发音方法，进行正面诱导。学生读对了，要及时给予鼓励；读得不好，不要责怪或取笑，而要指导其纠正。小学低年级阶段，教学中更要随时关注小学生的课上表现和心理反应，发现学生的优点并及时肯定，予以鼓励，使学生认识到自己的优点和进步，获得良好的情感体验。调动学生的学习积极性，让他们爱上英语课，以更积极、更上进的态度学习英语。

综上所述，英语教育对小学生十分有必要，尤其是在语音教学中，小学阶段是语音形成的重要时期，我们要抓住这黄金的时间解决语音问题。作为英语教师，在语音教学中，我们要不断地提高自身教学素养，认识语音教学的重要性和必要性，这对提高英语教学的整体水平有着极其重要的作用。

小学英语语音教学策略探索

英德市第七小学　邱掌娣

新课程标准指出：在小学阶段要培养学生正确的语音、语调。学好任何一门语言，掌握好正确的语音、语调是关键。因此，从小学阶段就培养学生正确的语音、语调，是英语教师义不容辞的责任，也可为将来学生的进一步学习打下坚实的基础。其中，语音教学是小学英语教学的一个重要组成部分，要提高学生记忆单词的能力，学好语音是关键。而要学好语音，就必须掌握好字母的发音规律，这样才能轻松地把学过的单词记熟，遇到生词也能观其形知其音。那么如何进行语音教学呢？在这里笔者简单介绍一些做法。

首先，让学生弄清英文字母与汉语拼音的对应关系。每个字母相对来说都有固定的发音，即固定音素。音素较难记忆，我们不能以文字形式教给学生，这样只会增加学生的学习负担，因此，笔者利用英语语素与汉语拼音音形相近的对应关系进行语音教学。元音字母的基本发音相当于汉语拼音的韵母，辅音字母的基本发音相当于汉语拼音的声母。如五个元音字母的基本发音，可用顺口溜的形式加以归纳总结。

A /ei/、A /æ/、A /ɑː/、A /ɔ/、A /ə/
E /iː/、E /e/、E /ə/、E /i/
I /ai/、I /i/
O /əu/、O /ɔ/、O /ə/
U /juː/、U /uː/、U /ʌ/、U /u/

/ei/与A相对应，/iː/与E相对应，/ai/与I相对应，/əu/与O相对应，/juː/与U相对应，让学生了解音与字母之间的联系，帮助学生探寻、总结发音规律，帮助学生迅速突破英语朗读及单词背诵的难点。/iː/、/i/与汉语拼音韵母 i 相对应，/uː/、/u/与韵母 u 相对应，/ei/与韵母 ei 相对应，/ai/与韵母 ai 相对应，/p/与声母 p 相对应，/b/与声母 b 相对应，/t/与声母 t 相对应，/d/与声母 d 相对应，等等。对于没有较为接近发音的音素，我们对它们进行整体认读处理，这样一来，经过处理的音素看起来数量减少了，难度也降低了。孩子们对熟悉的事物会觉得亲切并有兴趣及信心接触，当孩子们跃跃欲试的时候，教师就可以进行一些小魔术游戏了。

其次，教会学生字母表中每个字母的发音规则，让他们迅速分辨同一个字母在不同单词中的发音,并能从实例中读出生词,如 b /b/、c /k/（与声母 k 相对应）、c /s/（与声母 s 相对应）、d /d/（与声母 d 相对应）、h /h/（与声母 h 相对应）等。笔者把 26 个字母的基本发音记忆技巧也用顺口溜的形式归纳如下。

A /ei/、A /æ/、B /b/、C /k/、C /s/、D /d/
E /i:/、E /e/、F /f/、G /g/、G /dʒ/、H /h/
I /ai/、I /i/、J /dʒ/、K /k/、L /l/、M /m/、N /n/
O /əu/、O /ʌ/、P /p/、Q /k/、R /r/、S /s/、S /z/、T /t/
U /ju:/、U /u:/、U /ʌ/、V /v/、W /w/、X /ks/、Y /ai/、Y /i/、Y /j/、Z /z/

每天早上诵读 2—4 次语音绕口令,让学生了解音与字母之间的联系,帮助学生探寻、总结发音规律,帮助学生迅速突破英语朗读及单词背诵的难点。通过实践,大家饶有兴趣地学习语音,有的学生说:"学习这个顺口溜好像在上音乐课,读起来很有节奏感,容易记住。"

再次,熟悉 26 个字母的基本发音后,让孩子们学会用"字母拼读法"读单词,即使用汉语拼音的拼读方法,把每一个字母（或几个字母）看成读音即可。如 fa 在汉语拼音中读 f-a（发）,英语也是一样。又如学习 dog 时,我们可以直接告诉学生,d 读 /d/,元音 o 有两个音（长音和短音）,在此发短音 /ɔ/,g 念轻辅音 /g/,然后像拼音一样直接拼读即可。同时,让孩子们区分重读开音节和闭音节,告诉他们元音字母在开音节中发长音,在闭音节中发短音。小学阶段所学的单词单音节词居多,只要弄懂单音节词的拼读方法,双音节词及多音节词的方法就容易学会了。在弄懂了单个字母的发音规律后,字母组合（元音字母、辅音字母或混合字母组合）的发音就容易了,它是遵循一定的发音规则的,特别是在一些双音节词和多音节词中。在小学英语学习的起始阶段,有许多组合是具有固定发音的,正如汉语拼音中的整体认读音节一样,如 ay /ei/、ar /a:/、ou /au/ 等,让学生结合教材勤归纳、多总结,帮助学生构建按照读音规则把字母及字母组合与读音建立起联系的意识,让学生形成语音技巧自动化的能力,迅速突破单词记忆关。笔者采用 chant 的形式教授字母组合的发音,使学生读起来朗朗上口。

①元音字母组合发音:

ai /ei/

ee、ie /i:/，ea /i:/、/ei/、/æ/

oa /əu/，oi /ɔi/

oo /u:/，oo /u/

au、ou /aʊ/

②辅音字母组合发音：

ch /tʃ/，ck /k/，dr /dr/，ds /dz/，th /ð/、/θ/，tr /tr/，
sh /ʃ/，wh /w/、/h/，wr /r/

③元音辅音字母组合发音：

ar /ɑ:/，ay /ei/，ey /i:/

al、or、oor、our /ɔ:/

oy /ɔɪ/，ow /əu/、/au/

er、ir、or、ur /ə:/

air、ear、ere /ɛə/

ear、eer、ere /iə/

ture /tʃə/，tion /ʃən/

"字母拼读法"让学生充分接受大量的语音输入，通过模仿、渗透、领悟忘记成文的规则，通过听音训练、发音练习、串字练习、表音符号学习、游戏、唱歌及顺口溜有效地掌握英文字母与发音之间的关系，形成自动的发音概念，从而学会英语朗读、英文拼读，实现畅通无阻的交流，真正感受第二语言的美与魅力。

最后，在课堂内外设计辨音题，每次出五道题，不能太多，多了会使学生疲累，不能保证质量而且烦琐。学习语音并不是要求教师把整个语音系统以音标的形式教给学生，而是通过大量的语音输入、渗透，让学生感受、认知、领悟、归纳，从而实现语音技巧自动化。通过大量做辨音题，学生自己分析单词中每个字母的发音、拼读规律等，再以小组合作的形式参与实践，不断地总结，通过反复、经常的学习，使学生获得正确的发音和音韵意识。现行开心英语版教材中三—六年级每个教学单元都有重要的学习部分 Sounds and words，这给我们提供了语音教学的材料，我们要多练习这些内容，才能做到熟能生巧。

在学习过程中把语音教学用在听力、朗读和单词教学中，从一开始便让学生注意发音与语境和内容的联系，注意语音在语流中的变化，能有效提高学生对语音的敏感度，还可以使学生对一系列发音技巧更加熟悉。通过朗读，自觉地运用这些语音技巧，把视觉形象化为听觉形象，能准确生动地再现书面语言所表达的思想感情。因此，将语音与听力、朗读相结合进行教学，能使枯燥的语音教学变得生动活泼、趣味横生，能帮助学生抓住语言所传达的主要信息，克服只注意音素的准确性而不注意连贯语中发音技巧的"见树不见林"的问题，从而让学生在不知不觉中改正发音上的毛病，并学

到更为地道的英语。

　　总之，语音教学可以细化许多方面，哪一个教学环节没有到位，都会直接影响语音教学的效果，而语音教学的成败也直接关系整个英语教学。因此，身为英语教师要不断提高自身的专业水平，不断反思与分析教学现状，十分关注学生，及时调整教学策略，提升教学理念，提高教学有效性，使小学英语语音教学有一个质的飞跃。

阅读、写作教学研究

基于多元化智能理论的小学英语绘本阅读教学[1]

广州市海珠区宝玉直实验小学　郭苑怡

绘本阅读教学是我国一种新兴的教育方式，主要针对幼儿园学生和小学生，绘本阅读教学由于内容的不断重复和较强的故事性，能提起学生的阅读兴趣，对学生的发展也有很大的好处。小学英语绘本阅读能让小学生感受学习英语的乐趣，还能让小学生对一些简单的英文词汇记忆更加深刻，符合对小学生的发展要求。基于多元化智能理论的小学英语绘本阅读教学是十分重要的。

一、选择合适的绘本

在小学英语的教学中，绘本阅读教学是一个新兴的教学方式，我国对此还处于研究阶段，因此要想更好地发挥这种教学方式的效果，应该对其进行充分的研究。教师首先要为学生选择合适的绘本，绘本难度过高会打击学生学习的信心，学生就没有兴趣阅读下去，难度过低会降低学生的学习效率。因此，教师在选择英语阅读绘本的时候要根据学生的学习能力选择难度适中的绘本。其次，教师还应该充分考虑学生的理解能力，要由浅入深，先让学生阅读简单易懂的，再慢慢增加难度，这样对学生学习能力的提高也有很大的好处。

例如，学生在学习 We Love Animals 这一单元的时候，教师可以让学生阅读中英双语版绘本 *I Went Walking*。绘本讲的是一个小男孩在散步的路上遇到了很多的动物，有马、小猪和小狗等，这些小动物在遇到小男孩以后跟着小男孩一起去探险。绘本中有动物的图画和中英文，小学生通过中文和英文的阅读能了解绘本的大概故事。教师选择的这个绘本符合学生的学习能力。在学习 We Love Animals 这一单元的时候需要学生掌握一些小动物的单词，而 *I Went Walking* 中有很多对小动物的描写，dog、cat、pig、horse 这些单词

---

[1] 本文原载《新课程》2017 年第 12 期。

是反复出现在绘本中的。小学生在阅读的时候能很好地掌握，能根据图画将每个单词和动物对应起来，对记忆有很大的辅助作用。因此，选择合适的绘本对小学生的英语学习有很大的影响。

二、培养学生的阅读兴趣

要想让学生更好地掌握绘本中的英语知识，教师就要激发学生的阅读兴趣，将学生引入学习情境中来。死板的氛围不能提起学生的学习兴趣。要想让学生提高阅读兴趣，就要采取一定的方式，例如，利用游戏将学生引入阅读情境中来，这样能让学生充分地融入小学英语绘本的阅读中来，有助于教师进入学生的内心世界，了解学生在阅读的时候遇到的困难，从而让学生掌握更好的阅读方法，提高阅读质量。学生也会及时将自己不懂的问题向教师提问，及时解决自己在阅读中遇到的问题。学生的天性是爱玩，教师可以将英语绘本的阅读与游戏结合起来，这既能让学生享受游戏的乐趣，全身心地投入游戏中去，还能让学生学到更多的知识。教师需要创新自己的教学方式，为学生创造一个轻松的学习英语的课堂氛围。轻松的课堂氛围能拉近教师与学生的距离，激发学生阅读的积极性，有利于学生更好地掌握绘本中的内容。要想让课堂氛围活跃起来，首先要改善教师和学生的关系，教师应该试着和学生成为朋友，这样才能让学生充分地融入学习中来，敢于向教师表达自己的看法，说出自己更喜欢读什么类型的英文绘本。

例如：在阅读 *From Head to Toe* 这个绘本的时候，可以先给学生一些时间，让学生对绘本的内容进行充分的理解。然后将学生分为几个小组，每个小组五到六人。每个小组在做好准备后上台表演，表演的内容是绘本中的内容。*From Head to Toe* 这个绘本主要练习的句型是 "I am a… and I can…"，学生先说自己是什么动物，然后说自己会做什么，再做出相应的动作。这样的方式可以让学生体会到绘本阅读的乐趣，在以后阅读绘本的时候可以更加认真地阅读，游戏的方式还能让学生对绘本上的知识掌握得更加扎实。

三、指导阅读方法

在学生阅读绘本的时候，教师应该给予正确的指导，这样能在多元化智能理论的基础上培养学生正确的阅读方法，有助于学生学习更多的知识。教师在指导学生阅读英语绘本的时候应该让学生先阅读书中的英文，在遇见不会的单词时才看一下中文，然后继续阅读英文；在读到重点单词的时候要多读几遍；在阅读的时候要看图，以便于加深记忆。当学生看完一遍，已经理解了其中大概内容的时候，再读一遍会记忆得更加深刻。在学生读到陌生单词的时候，还可以让学生用笔写下来反复记忆。这样的阅读方式能让学生更好地掌握绘本内容。

四、总结

基于多元化智能理论的小学英语绘本阅读教学在很大程度上提高了学生的英语水平，还能激发学生的学习兴趣，对学生来说是一种很好的学习方式。

小学英语绘本教学有效提问探析[①]

广州市天河区侨乐小学　邝慧莹

兴趣是最好的老师。小学阶段学生的特点是活泼好动、形象思维强于抽象思维。因此，图画形象生动、语句简洁流畅、故事生动有趣的绘本容易激发孩子的学习兴趣。对小学英语教学而言，在学习课文的同时，辅以绘本教学，不但让学生乐于学习，而且能让学生接触更多的语言、增加阅读量，从而促进英语学习更有效地开展。

在小学英语绘本教学中，教师通常会使用图片环游、图文匹配、重排顺序、表演绘本和改编绘本等多种方法。只是在具体的教学实践中，绘本教学被赋予了太多的期待和内容。在小学低中年级的教学中，教师希望把 phonics 和 sight words 融合其中，不惜专门花时间进行操练；在小学高年级的课堂上，教师又把绘本当作阅读文本进行分析。于是，专注于绘本本身的教学被压缩，绘本的故事性和趣味性也被割裂。教师没有充分地引导学生细致地读图、感受配文，也没有精心地引导学生对绘本的细节和内容进行思考，挖掘故事中的深层意义和价值。

正因如此，笔者认为教师在绘本教学中的问题设置非常重要。有效的提问，不但能帮助理解绘本内容、检查学生掌握绘本的情况，而且能引导学生进行深层思考，培养学生良好的思维品质。

本文将以教科版小学英语教材的 Story Time 系列为例，对小学英语绘本教学中的提问设计和作用进行分析。

一、设问推测，引发学习

教科版小学英语教材的每一个单元都配有 Story Time 绘本，讲述外星人 Aki 和几个小朋友的一系列有趣的故事。它结合了单元的知识点，且语言简单地道、故事生动活泼，很受学生的喜欢，富有重要的教学意义。

三年级下册第四单元的教学重点是 Fruits。该单元 Story Time 绘本故事 Aki the Alien 讲的是外星人 Aki 想用自己的玩具车交换小朋友 Ben 的水果。

在课堂 Warming up 环节，笔者首先出示两个黑色的书包，设计了

---

① 本文原载《师道（教研版）》2019 年第 9 期。

"What's in the bag?"的提问，让学生进行猜想。这不但充分激发了学生的学习热情，而且达到了复习旧知引出新知的目的，为后续的绘本学习做好准备。当学生兴奋地运用已经学习过的 apple、grape、toy doll 等单词、词组进行抢答的时候，课堂气氛自然而然地活跃了起来，学生的思维也得到了有效的触发。

随后，当环游完第一、第二张图片，学生获悉 Aki 有十辆玩具小汽车、Ben 有一些水果后，教师又设问"What will happen?"，在继续引发猜测的同时，绘本中的主要句型也得到了巩固。按照生活经验，学生大多会提出用玩具车换水果。而该表述也正是绘本中的句型重点。教师把"…for…"的句型板书，然后引导学生用英语表达用多少玩具车换多少水果的具体想法，自然而然地达到了操练句型的目的。

用问题设置悬念，能让学生主动学习并沉浸于情境中，从而达到训练学生推断和分析能力的目的。

二、善用引导，深挖图片

绘本是融合了图片和语言而呈现的故事。图片在故事的完整性、趣味性上，甚至起到了文本所不可取代的作用。因此，在绘本教学中，从图片中获取故事信息的引导显得非常重要。

三年级下册第六单元的教学重点是 Pets。该单元 Story Time 讲的是小女孩跟妈妈去店里买新宠物的时候，刚好 Aki 和 Ben 走过，小女孩没见过外星人，所以觉得新鲜，想买 Aki 回家，Ben 不得不出面解释的故事。

为了训练和引导学生更为细致地读图，笔者在教第一张图的时候，只是出示图片而故意隐去了文本，且设问"What animals can you see?"，目的就是要让学生仔细看图片中的动物，并且补充随后出现的文本句子中所缺的单词（There are some rabbits over there.）。

绘本故事第二张图的内容是小女孩在店里又看到一只可爱的小狗。跟之前的操作一样，笔者设问"What animals can you see?"，让学生看图回答以引出文本。

紧跟着，笔者出示第三张图，提问"What animals will the girl buy, the rabbits or the dog?"，然后让学生猜想小女孩会买兔子还是小狗。学生根据图中小女孩沮丧的表情做出两种都不会买的判断，齐声回答。于是，笔者接着问"So what animals will the girl buy?"。当学生说出不同的答案，课堂气氛异常活跃的时候，笔者适时出示第四张图片。看到图中小女孩一把抱着 Aki 十分高兴的样子，学生们都能理解小女孩的误会，情不自禁地哈哈大笑。

通过不断地设问引导学生仔细看图，读取细节中的信息，在更有效地领会故事的情节和趣味的同时，也锻炼了学生的观察能力。

三、究问感悟，引导思考

绘本除了故事有趣，还能不留痕迹地讲道理，启发深层思考。

六年级下册第四单元的教学重点是 Manners。该单元 Story Time 的内容是外星人 Aki 到小朋友 Jiaming 家做客，但是非常没有礼貌，不经过同意就打开冰箱拿饮料喝，用餐时把自己喜欢吃的东西全部夹到自己的碗里，在小伙伴看电视时又擅自转到自己喜欢的频道，最终引起大家的不满。

该绘本通过故事传达做人要有礼貌，要照顾同伴的感受而不能自私自利的道理。但是，如果没有适当的引导，学生的关注点多半只会停留在有趣的故事本身，而不会往深层道理的方面思考。为了达到这个目的，在学生通过图片环游等环节学习故事后，笔者特意设问"What do you think of Aki? Why?"，引导学生对 Aki 的行为做出判断和评价。通过积极地讨论，学生纷纷指出 Aki 有哪些行为是不当的，会让伙伴们感到反感的。然后，笔者接着追问"If you are Aki, what will you do?"，学生使用该单元学习过的句型"If…, I should/shouldn't…"表达自己的想法，针对刚才提出的 Aki 的各种不恰当行为提出建议。这样一步步的问题引导，让学生的思考不断深入，不但找到了潜藏的道理，发掘出高于故事本身的内涵，而且锻炼了学生的表达能力和批判性的思维。

为了引导学生更进一步思考，拓展思维的深度，笔者继续设问"Why should we have good manners?"。这个开放性的问题引发了学生浓厚的兴趣。学生积极思考，纷纷表达自己的独特见解（比如，有学生回答"Good manners make things easier."），情感态度和思维品质也得到了培养。

综上所述，在小学英语绘本教学中重视提问的有效设置，能让语言知识点自然习得，而且能培养学生细致的观察能力和多维度的思维品质，值得教师在备课时多加琢磨。

基于核心素养的小学英语"KWL"阅读教学模式探究

广州市天河区高塘石小学　邓晓颖

基于核心素养的小学英语"KWL"阅读教学模式是指有效帮助学生解读文本、自主建构图式，培养其英语阅读素养的一种教学策略。它通过猜测配图标题，激活语言知识框架；梳理文脉，整体理解文本；挖掘文化内涵，深度解析文本；融入生活体验，发展语言能力；在引导学生全面、深入地学习阅读文本，发展语言综合运用能力的同时，加强文化意识，发展学生的思维品质，培养学生的学习能力。

一、基于核心素养的小学英语"KWL"阅读教学模式的构建背景

新课标指出：英语教学的最终目的是发展学生的语言综合运用能力，包括听、说、读、写四种技能。阅读是语言输入转为输出的必不可少的途径。养成良好的阅读习惯、掌握有效的阅读策略、提高阅读理解能力，是培养学生自主阅读的重要条件。

但就教学现状来看，"英语阅读这一主要的语言输入与能力提高的途径，在一定程度上只体现为微观的阅读试题训练，缺乏宏观的阅读技能培养，更没有起到提升学生认知与培养学生学习兴趣的作用"（王蕾，2015）。我国有关小学英语阅读教学的研究起步较晚，有效的教学策略较少；加之部分教师对阅读教学的理解存在偏差，认为阅读就是阅读理解，即通过理解文字来理解语篇，忽略对学生阅读习惯和阅读策略的培养。实际上，阅读的目的不仅仅是掌握语言形式，还是获取篇章信息（卡罗尔，2007）。

笔者通过多年的教学实践发现，在小学英语教学中，阅读多以练习的形式存在，且阅读练习的主要目的是检测学生对词汇、句型的学习效果，而不是通过阅读扩大学生的词汇量，引导其整体理解和解析话题文本，提高其语言综合运用能力。设计单纯的阅读理解练习对学生的语言积累是不够的。换言之，阅读不应该仅仅是对学习结果的检测，还应该是学习的途径之一。

因此，在充分认识小学生阅读能力的形成和发展的基础上，进行具体教

学模式的探索显得尤为重要。本文结合阅读教学实例，探讨基于核心素养的小学英语"KWL"阅读教学模式，以期有效提高小学生的语篇理解能力和文本阅读能力，挖掘文本文化内涵，渗透文化意识，融入生活体验，发展学生的语言综合运用能力。

二、"KWL"阅读教学模式的理论基础

（一）图式理论

图式理论（schematic theory）是一种较为全面的阐释阅读过程的理论，是阅读中整体教学的理论基础，强调以图式为中心的阅读策略，对提高学生的阅读能力起着举足轻重的作用。布朗和尤尔认为，图式是"一种组织好的背景知识，能引导我们预测语篇内容"（Brown & Yule，1983）。依据图式理论，阅读理解的过程实际上就是读者运用已有的背景知识解码新知识的过程。因此，读者的图式越丰富，对阅读材料的理解就越深刻、透彻。

（二）"KWL"阅读教学法

奥格尔（Ogle）于1986年提出了"KWL"阅读教学法。"KWL"阅读教学法是指一种指导阅读的策略，即"KWL"阅读策略。其中，K 即 know（What I know），是读者已经具备的背景知识；W 即 want（What I want to know），是读者渴望通过阅读获取的新知识，即阅读目标；L 是 learned（What I have learned），是读者在阅读材料后总结自己学到的新知识。通过使用"KWL"阅读策略进行阅读训练，能最大限度地扩大学生的词汇量，有效丰富学生的阅读图式。

"KWL"表格是美国中小学教学中最常用的一种表格，它能有效帮助学生设定清晰的学习目标，建立相关背景知识，并能帮助其整理、组织和记忆信息。姜丽（2016）认为，"KWL"表格有助于激活学生的背景知识，为学生提供自主学习、自我设定阅读目标的机会，可通过教师有层次的教学设计，增强思维训练，最终达到提高学生阅读能力的目的。黄宏远（2016）通过分析两堂研讨课例，从阅读前、阅读中、阅读后阐述"KWL"阅读策略的运用技巧，并认为"KWL"阅读策略用于小学英语阅读中能高效地唤起学生已有的与文本相关的知识储备，明确学生的学习目标，关注学生阅读习惯的培养，同时在一定程度上能提升学生独立阅读的能力。

综上所述，"KWL"阅读教学法是一种阅读思考策略，它是对阅读文本知识点的图表化和信息内容的概括化。"KWL"阅读表格让学生以图表化和信息概括化的形式重构所读文本，是帮助学生处理信息的一种强大工具。

"KWL"阅读策略适用于小学英语的教学,可通过图表直观、形象的方式调动学生已有的与阅读材料有关的背景知识,激发其好奇心和求知欲,让学生逐步学会自主处理文本信息、重构文本及加深对文本意义的理解,从而形成独立自主学习的能力。

三、基于核心素养的小学英语"KWL"阅读教学模式的构建策略

(一)巧用主题词汇框架,激活话题语言知识框架

语义学认为,要想理解词汇意义,语言的使用者必须在大脑中构建一个词语在语言或言语中存在的背景和动因的概念结构,从而形成一种意义框架(Fillmore, 1982)。也就是说,要想理解其中任何一个概念,必须以理解整个概念体系为前提;谈及框架内的任何一个概念都会激活框架内的其他概念。以广州教科版小学英语教材六年级(上)Module 6 Festival 的教学为例,本单元的主题是节日文化,教师在介绍西方节日文化背景时,应利用不同的文化语境,构建不同的词汇意义框架,引导学生理解中西方国家不同的节日文化底蕴。

例如,对于 Spring Festival,中国人构建的主题词汇框架有:

① Decorations——装饰:Spring Festival couplets(春联),paper-cuts(剪纸),New Year paintings(年画);

② Activities——活动:lion dance(舞狮),dragon dance(舞龙),traditional opera(戏曲),variety show(杂耍),lucky money(压岁钱);

③ Food——食物:family dinner(团圆饭),dumplings(饺子),cumquat(金橘);

④ Social Activities——社会活动:Spring Festival travel(春运);

⑤ Color——颜色:red festival(红色春节)。

而对英国人来说,能激活同样框架的却是圣诞节(Christmas)。

① Decorations——装饰:Christmas tree(圣诞树),wreath(花环),candle(蜡烛),Christmas stocking(圣诞袜);

② Person and things——相关人物、物品:Santa Claus(圣诞老人),chimney(烟囱),reindeer(驯鹿),Christmas Eve(圣诞前夕),sleigh bells(雪橇铃),fireplace(壁炉),Jesus Christ(耶稣基督),carol(颂歌),angel(天使);

③ Food——食物:roast turkey(烤火鸡),pudding(布丁),cranberry sauce(小红莓果酱),pumpkin pie(南瓜派);

④ Social/Religion Activities——社会/宗教活动:Christmas greetings(圣

诞祝贺），Christmas shopping（圣诞采购），Christmas dance（圣诞舞会），Christmas recess（圣诞节暂停营业）；

⑤ Color——颜色：White Christmas（白色圣诞节）。

教师可以利用这些语义框架元素，帮助学生激活话题语言知识，解决阅读中的词汇障碍。在小学英语阅读教学中，教师应积极帮助学生建立相关词汇框架，激活学生已有的语言知识，提高其英语阅读水平。

（二）活用"KWL"记录表，整体理解文本

"KWL"记录表包括三个维度，即K、W、L，下面笔者做详细介绍。

（1）K即know（What I know），是读者已经具备的背景知识，包括语言图式、内容图式和形式图式。对于语言图式，教师可以预先讲解一些与阅读材料相关的词汇和语言知识点，特别是一些文化含义丰富的词汇，帮助学生消除阅读时的语言障碍。针对内容图式，教师可以通过提问或小组合作交流、讨论的方式，激活学生大脑中已经储存的与阅读主题相关的文化背景知识。对于形式图式，教师可以引导学生熟悉阅读材料的文章体裁，如议论文、说明文、记叙文等。学生如果有清晰的阅读材料的体裁框架结构，那么阅读效果就会明显提高。

（2）W即want（What I want to know），指读者通过阅读想获取的新知识，即阅读目标。在小学英语阅读教学中，教师可以激活学生与阅读材料相关的已知背景知识，引导其进行读前预测；或者可以通过提问培养学生推断、提取文本信息的能力。此外，教师还可以通过精心设计一些问题让学生不断验证预测的结果，使其利用已知的认知图式解读文本的深层含义或作者的言外之意，从而更深刻地理解阅读材料。

（3）L即learned（What I have learned），指在阅读材料后总结自己学到的知识。教师可以引导学生通过小组讨论、列提纲等方式，理清文段结构，提取信息；通过画思维导图、概念图等方式帮助学生理清文本结构，梳理、存储文本知识结构图式，从而为课后的话题输出任务做铺垫。

（三）巧设教学流程，深度解析文本

经过长期的探索实践，笔者确定了"KWL"阅读教学模式的教学流程，形成了系统化的教学设计——通过概念图结构，搭建"脚手架"，检测学生习得语言的情况，培养其综合运用语言的能力，并通过交流、分享与评价，帮助其强化语言技能。"KWL"阅读教学模式的流程如图1所示。

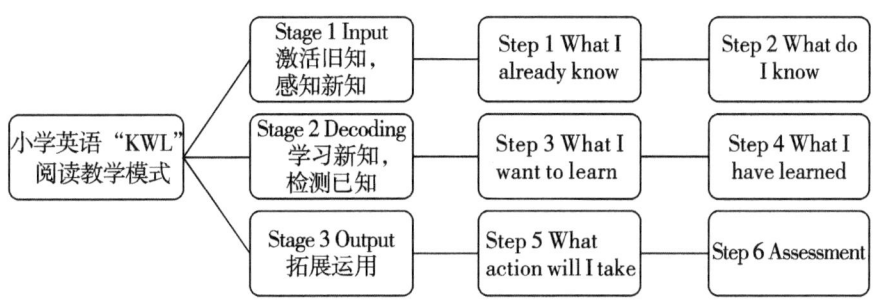

图 1 "KWL"阅读教学模式的流程

由上图可知：首先，教师要为主题阅读做好铺垫，激活学生的背景知识，引导其初步感知新知识；其次，导入阅读材料，指导学生仔细寻读，初步了解阅读材料，获取信息，并运用思维导图强化学生对阅读材料的深层次理解，培养其获取关键信息的能力，同时检验其获取信息的有效性；最后，渗透元认知学习策略，为学生提供检测学习成果的机会，让其学会自我评价。

以上教学流程可以在一堂课中完成，也可以根据学习情况及实际教学情况进行适当调整，分环节逐一完成。

（四）设计层递式阅读任务，发展语言综合运用能力

在小学英语阅读教学过程中，教师应注意阅读活动和练习设计的层次性和难易度。梅·李（May Lee）曾指出，阅读活动设计要遵循一个原则：由字词理解的阅读技能层面过渡到语句篇章阅读策略层面，继而是听、说、写等其他语言技能的发展。设计层递式阅读任务和练习能满足不同水平学生的学习需要，让学生获得探究学习的乐趣与成功的体验。教师可以通过设计层递式阅读任务和练习，如前置性导入预测活动、课中理解巩固活动、课后扩展活动，满足不同水平学生的学习需要，帮助其自主构建基本的思维图式，并进一步丰富思维图式。

在小学英语阅读教学中，教师要合理采用"KWL"阅读教学模式，纵览整个单元主题的教学内容，以学生发展为目标，以阅读教材为载体，以课堂教学为主渠道，以阅读教学效益为核心，挖掘学生的阅读潜能，融入生活体验，从而达到在有效培养学生的语言综合运用能力的同时，提升学生思维品质的教学目的。

参考文献

[1] BROWN G, YULE G. Discourse analysis [M]. Cambridge：Cambridge

University Press, 1983.

[2] FILLMORE C. Frames semantics [M] //The Linguistic Society of Korea (ed.). Linguistics in the Morning Calm. Seoul: Hanshin, 1982.

[3] OGLE D. KWL: A teaching model that develops active reading of expository text [J]. The reading teacher, 1986 (39).

[4] 黄宏远. KWL策略在小学英语阅读教学中的运用 [J]. 中小学外语教学（小学版），2016 (9).

[5] 姜丽. KWL表格在小学英语阅读课中的应用策略 [J]. 外语教学与研究，2016 (18).

[6] 卡罗尔. 语言心理学 [M]. 4版. 缪小春，等译. 上海：华东师范大学出版社，2007.

[7] 王蔷. 提高小学生英语阅读素养的理论与实践探索 [J]. 英语学习，2015 (5).

BYOD 学习环境下的小学英语阅读教学模式探究

广州市天河区体育东路小学　林少芳

英语阅读能力是学生英语综合能力中的重要一环，在英语阅读教学中开展有效的活动，促使学生成为自主的阅读者，在整个小学阶段的英语教学中有着重要的意义。

一、我国基础教育英语阅读课程设计与实施的现状

（1）小学阅读教学仅局限于教材和课堂，缺乏根据年龄特征及已有知识水平的英语分阶阅读系统，导致学生英语阅读的兴趣不高，阅读能力的发展受到制约。

（2）教师只注重语言表层信息的理解和操练，忽略培养学生运用所学语言完整表达某一话题的能力，导致学生仅获得碎片式的语言知识，使其阅读能力不能得到系统完整的发展。

（3）教师忽略对学生阅读过程的有效指导，导致学生进行阅读时未能完全理解阅读材料，不能养成良好的阅读习惯，直接影响着学生阅读能力的发展，与小学英语学科核心素养的要求相违背。

二、BYOD 教学模式的国内外研究现状

随着教育部对小学英语阅读教学现状的关注及研究力度的加大，笔者发现当前信息技术与英语教学的融合已经非常成熟，而在 BYOD（Bring your own device）学习环境下的小学英语阅读教学研究，则是突破小学英语阅读教学瓶颈的一种有效途径。笔者主要学习和研究了以下文献。

（1）李秋丽《信息技术与小学英语阅读教学有效整合模式及应用方法研究》。作者以建构主义理论作为基本的理论基础，探讨多媒体环境下信息技术与小学英语阅读教学的有效整合及应用方法。

（2）龚亚夫《构建英语教育的核心素养体系》。龚亚夫指出，我们的英

---

① 本文原载《新课程》2018 年第 1 期。

语教学应有三个目标,即语言交流目标、思维认知目标和社会文化目标。我们首先要改变教学理念和教学目标,然后改变教学内容,将这三个目标融合在一个教学活动中,才能实现核心素养的培养。

(3) 李卢一、郑燕林《美国中小学"自带设备"(BYOD)行动及启示》。BYOD是美国中小学近年兴起的一种新型教育信息服务模式,旨在鼓励师生在教与学的过程中个性化地利用自己的信息设备获取教学资源,实现教学交互,达到优化教学效果的目的。

三、BYOD教学环境与英语阅读教学相融合的课堂探索

笔者所在学校被教育部确认为第一批教育信息化试点学校,在学校项目的技术支持下,笔者尝试把BYOD学习环境与小学英语阅读教学相融合,尝试通过多元的阅读教学形式,提高阅读教学的深度、广度、温度、高度。

如在六年级下册Travel模块的复习课中,笔者根据孩子们即将小学毕业的真实情感,设计了一节My Graduation Trip的读写研讨课,取得了良好的教学效果,教学活动如下。

(1) 课前的资源收集整理。让学生根据兴趣爱好,上网搜索关于世界旅游的书刊、地图、宣传短片等,并选择一个自己最向往的旅游目的地,了解该国家的首都、国旗、地理位置等,并把资料下载到自己的学习终端。

(2) 分层阅读。课前把A、B、C三个层次的阅读文本放在学习平台上,让学生自主选择阅读。课中利用"一对一数字化学习"互动平台、任务驱动、微视频、统计与数据反馈等现代化教学手段,科学评估学习情况,调整教学活动,体现个性化学习、以学生为中心的课堂理念。

(3) 创新的输出形式。整节课以任务驱动为目的,让学生根据教师创设的问题提炼出短文的思维导图,把单元知识点与本节课所学知识内化成My Graduation Trip,形成文字并制作成iMovie作为输出形式,最后分享在班级共享圈。

(4) 掌握自主学习的方法。学生学习过程中对阅读材料的理解程度,会因原有的英语水平而有所差异,导致本节课在思维导图的归纳上有困难。因此,笔者在课中让学生通过电子词典、示范参考、个性化选择教学微视频等方式化解困难。各学习环节中学生通过策划路线、查阅世界地图、旅游书籍、电子词典和搭建思维导图等方法自行解决疑惑,不断在解决问题中提升自主学习的能力。

(5) 多元评价。学生在班级分享平台看到全班43位同学My Graduation

Trip 的 iMovie 作品，并参照教师的评价标准给予评价，相当于从不同角度听读、审阅了 43 篇相关的专题文本，极大地激起了学生对 Travel 主题阅读的兴趣，收到了良好的复习效果。

笔者在日常教学中不断地尝试信息化技术在小学英语阅读教学中的创新运用，让学生在多元的途径中感受英语阅读的乐趣，培养学生良好的学习利用信息手段去主动阅读、自主阅读、交流阅读的习惯，以读促学，提高学生英语综合运用能力。

基于思维导图的导学案在小学英语高年段写作教学中的策略研究[①]

广州市天河区侨乐小学 邝慧莹

一、问题的提出

《义务教育英语课程标准（2011年版）》要求学生在英语学习中掌握"听、说、读、写"四种语言技能。其中，"写"作为英语学习的重点之一，是对学生要求最高的一个环节，也是最能体现学生英语综合运用能力的环节。同时，受母语表达习惯和思维习惯干扰，英语写作也是学生难度最高的环节。因此，从小学开始，做好英语写作的教学工作，给予学生有针对性的引导，让学生学会语料的归纳、遣词用句的规律和写前逻辑的思考，为之后的学习打好基础，显得非常重要。

在现实的教学实践中，英语写作教学却是属薄弱环节。首先，写作部分在小学英语试卷中的占分比很低，不能真正地引起重视；其次，教学观念较为陈旧，学生的写前构思（pre-writing）缺乏系统性和渐进性的学法指导，也较少有对写作思维逻辑构建的引导。因此，造成学生英语写作水平状况不理想，出现不会构思、不会使用句型、堆砌句子等问题。

因此，笔者认为，在小学中高年级实施运用思维导图进行小学英语写作教学非常重要。

二、概念的界定

1. 思维导图

思维导图由英国教育学家托尼·博赞（Tony Buzan）创造，又名心智图，能把思维形象化，是运用发散性思维的有效的图形思维工具，也是思维整合和筛选的工具。若能把思维导图运用到指导写作过程中，设计相关的导学案，让学生发散思维，为写作储备充足的语言素材、必要的句型，补充框架所需要的选材，理顺写作逻辑并构建写作框架，不仅能使课堂教学更加高效，还能提高学生的英语写作能力。

---

① 本文原载《求知导刊》2019年第11期。

2. 导学案

导学案是经教师集体研究、个人备课、再集体研讨制定的，以新课程标准为指导、以素质教育要求为目标编写的，用于引导学生自主学习、主动参与、合作探究、优化发展的学习方案。

它以学生为本，以"三维目标"的达成为出发点和落脚点，配合教师科学的评价，是学生学会学习、学会创新、学会合作、自主发展的路线图。导学案实施的高级目标是培养学生的学习能力，为学生的终身学习奠定基础。导学案实施的基础目标是促进学生高效地掌握知识，为后续学习奠定文化基础。在导学案的实施过程中要两级目标并重。

3. 基于思维导图的小学英语导学案

英语导学案是把教师的教案与学生的学案有机结合，形成一种优化学与教的过程的方案。设计基于思维导图的导学案进行英语教学，目的是为学而教，以学定教，使学生在思维导图的引导下，能对学习主题从"学会"逐渐发展到"会学"。

三、基于思维导图的导学案的编写策略

我们设计的导学案以广州市教材为依据，每单元配套一个导学案。每个导学案都分为课前和课中两份。课前导学案以可视化图片、表格等形式，让学生在完成表格的同时，复习旧知，预习新知。然后，通过仿写句子，做好单元语言知识点的练习准备，并为写作做好语料上的准备。其后，通过回答问题，为后续的写作主题进行发散思考。最后，通过绘画等方式，为后续的学习步骤做好热身准备。

课中的导学案首先要完成一个阅读任务，通过听读，不断加强对课文的理解。在此基础上，再次精读并找出关键词，填写思维导图，组织和运用语料进行篇章复述，完成写作结构的内化。最后，借用思维导图帮助学生实现知识的迁移，搭建写作的支架，并完成写作（如图 1 所示）。

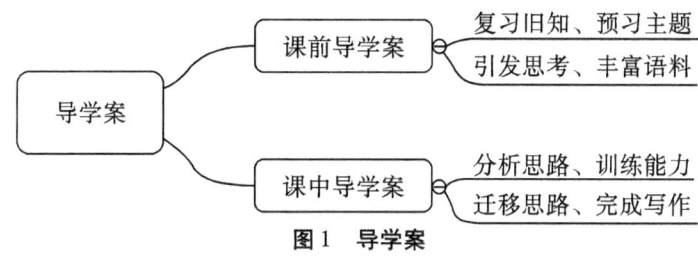

图 1　导学案

四、基于思维导图的导学案在英语写作教学中的应用

本文将以广州版英语五年级下册第一单元 My Favourite Season 为例，详

细阐述基于思维导图设计的导学案在教学中指导写作的具体操作和作用。

1. 复习旧知、预习主题

My Favourite Season 是小学英语（广州版）教材五年级下册第一单元的主题作文。教师布置课前导学案，让学生提前思考主题内容。学生需要联想一年四季相关的关键词并填写表格（见表1），分别从最喜欢季节的时间、天气、季节变化特点、可进行活动和其他可联想到的方面进行描述。由此，就可以在复习以往相关知识的同时，对主题进行预习。

表1　Try to write down the words as many as you can.

season	weather（天气）	activity（活动）	view（景色）	others（其他的）

2. 引发思考、丰富语料

在此前提下，课前导学案的第二个环节是列出问题"What's your favourite season? Why?"，让学生进一步思考和回答自己喜欢的季节及原因，为后续的写作做好主题的思考和语料上的准备。同时，学生还需按照自己的想法画一幅相关的画，为课堂的教学做好准备。

结合课堂的 pre-task 环节，教师可以先展示两三个学生在预习作业时的图画，并让其进行简单的描述。然后从学生的图画中挑选春、夏、秋、冬四季的各一幅进行展示，让他们在四人小组中挑选其中一幅进行讨论，最后在全班进行小组汇报展示（小组中的学生可各自汇报话题的一个方面）。与此同时，教师有意识地把学生的发言进行思维梳理，并板书在黑板上，逐步形成导图（如图2所示）。

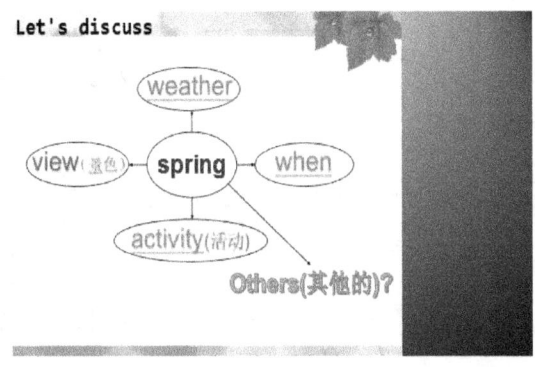

图2　思维导图1

这个过程，可以激活学生关于季节各方面的语料，也可以让学生复习相关方面的基础知识。

3. 分析思路、训练能力

阅读是写作的基础。在教学的过程中安排篇章阅读的环节，可以引导学生分析篇章的逻辑，并通过个人单独完成或者小组合作的方式完成篇章思维导图的建构。这有助于学生把该写作思路迁移到之后的自主写作当中，达到以读促写的目的。

具体到这节课，在课中导学案中，教师首先采用听力的形式，让学生通过听完整的篇章，对其有最基本的理解，并尝试抓取关键信息完成练习题。这个过程也训练了学生的听力能力。

Let's listen, then choose T or F.

(　　) The days get colder and colder in spring.

(　　) There are many beautiful things in spring.

(　　) I can play outdoors in spring.

(　　) Spring brings nice and dry air.

然后，教师通过带读，辅导学生的朗读技巧。在此基础上，让学生以四人小组为单位，先一起朗读，再每人仔细阅读篇章中自己负责的其中一段，找出关键词，填写学案导图中的一个方面，合四人之力，一起完成完整的篇章思维导图，最后进行小组口头汇报，根据导图的引导复述篇章（如图3所示）。

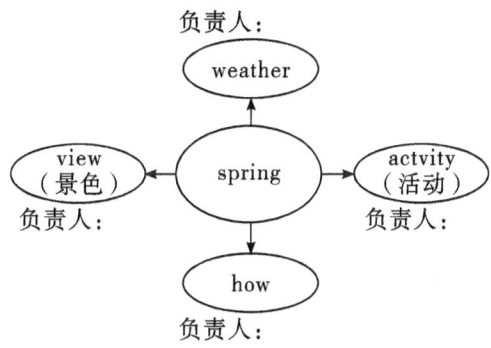

图3　思维导图2

在这个过程中，学生加深了对语篇的理解，也对语篇的思路进行了初步梳理；在汇报中，学生通过思考，根据思维导图，组织并运用语料进行描述，完成了对语篇写作结构的内化。

4. 迁移思路、完成写作

在完成语篇阅读练习的基础上，在导学案后续的环节中，教师布置空白的思维导图（如图4所示）。

Title:　　　　　　　　My Favourite Season
Beginning：_____

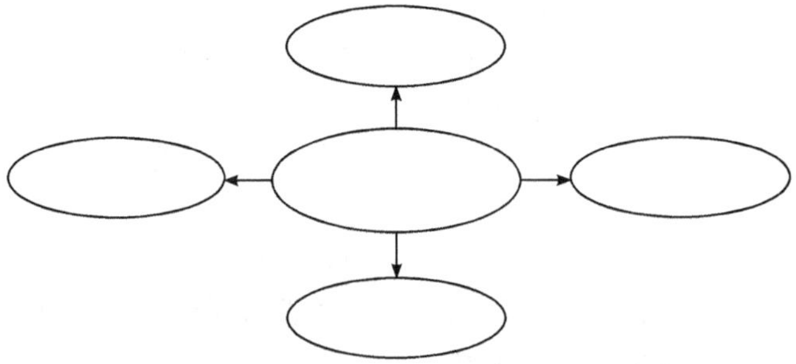

图4　空白思维导图

Ending：_____
Please write your passage here：

_____
_____

　　这个导图，在前面几个环节都已经出现，并已不断引导学生反复谈论、填写过，因此，学生是有充分的练习和准备的。这个环节中，学生要根据自己的实际情况，分别从自己最喜欢的季节及其在天气（weather）、景色（view）、活动（activity）和其他学生本人观察到或者感受到的季节特点等方面提炼关键词组，继而填写。在这个过程中，学生也完成了把阅读语篇思路迁移到写作的前期准备当中。

　　在此基础上，教师展示其中一位学生已填写完成的思维导图，引导全班运用课前预习中仿写过的句型和在语篇阅读中出现过的句型，对导图进行有顺序的、完整的口头描述。学生不但完成了该主题的口头习作，也再次加深了对写作思路和结构的理解。至此，教师完成了篇章写作的辅导。

5. 结论

　　这节课体现了运用基于思维导图的导学案引导写作的理念，达到了结合教材、以读促写、引导学生主动学习和层层推进训练写作思维的目的。同时，它也在模块整体教学中起到了复习、总结和启后的作用，对培养学生的思维能力和写作能力都起到了很好的引导作用。

五、结束语

　　基于教材，在小学英语写作教学中，教师有系统地运用思维导图设计导学案，既可以完成教学任务，训练学生的听、说、读、写的英语综合能力，又可以锻炼学生思维能力，培养他们主动学习的思路、方法和习惯。这无疑对学生的学习和发展都是大有裨益的。

在小学英语写话教学中运用思维导图的优化策略[①]

广州市天河区侨乐小学　邝慧莹　何洁聪

思维导图由英国教育学家托尼·博赞（Tony Buzan）创造，又名心智图，能把思维形象化，是运用发散性思维的有效的图形思维工具，也是思维整合和筛选的工具。在小学英语写话教学中运用思维导图，能训练学生的写前构思（pre-writing），进行学法指导，优化教学效果。然而，随着教学实践的不断深入，思维导图作为一种工具，其局限性也不断显现。

一、思维导图在小学英语写话教学中出现的问题

1. 束缚想象

小学生的英语写话容易出现思维混乱、文义不通、句子堆砌等问题。经过思维导图的引导，这些问题能够得到改进，习作逐渐变得思路通顺、层次分明。但是，思维导图也会限制部分学生特别是学优生的发展。这部分学生有能力就相关写作主题表达出自己的想法和观点，却受到思维导图的束缚，没有办法进一步拓宽思路。

2. 功能单一

写话是语言综合能力的体现。思维导图作为一种工具，不能同时满足英语写话的各种能力的培养需要。例如，思维导图能够教会学生谋篇布局，却不能对英语基础知识进行训练和巩固。对于相当一部分学生而言，即使学会了写作逻辑，但缺乏扎实的单词、句型、语法等基础知识的支撑，仍不能很好地完成英语写话。

3. 缺乏趣味

思维导图能够帮助学生把抽象的思维形象化、具体化，这符合小学生形象思维强于逻辑思维的特点，对英语写话的确能起到很好的辅助作用。但是，思维导图是相对模式化的，并不灵活生动，对于注意力集中时间较短的小学生，特别是三四年级的学生而言，这种图表缺乏趣味性，不容易长久地引起他们的学习兴趣。

[①] 本文原载《广东教育》2019年第10期。

二、思维导图在小学英语写话教学中的改进对策

1. 主动形成，分层教学

在英语写话教学课上，引导尤其重要。通过观察图片、自由讨论、阅读范文等方式，可以让学生感知、熟悉写作主题，归纳关键词，继而建构思维导图。学生只有在引导下主动思考、形成思维导图，而不是被动接受，才能真正达到内化写话思路、体现思考过程、培养写前思维能力、激发学习能动性的最终目的。

对于不同的学生，应该有分层的要求和目标。在思维导图构建的初始阶段，教师可引导全体学生运用熟悉的单词、句型，对导图中的每一个方面展开简单的描述。只要能完成这一步，就保证了学生对写话任务基本要求的落实。在此基础上，教师可以引导学生继续发散思维，尝试从其他方面细致描述写话主题。这一步操作，难度加大了，对知识储备和能力的要求也较高，并不是每一个学生都能够完成。因此，它的主要用意是促进学优生写话能力的进一步发展，与此同时，也可以培养和提升全体学生的思维能力。

在教学 Famous People 的时候，笔者首先展示了马云的头像，让学生提出自己感兴趣的问题。学生们问得最多的是："When was he born?" "Where was he born?" "What did he do when he was young?" "Is he the richest man in China?"。接着，笔者让学生从众多问题中提取关键词，于是，由 who、when、where、what、how 组成的关于描写人的导图框架基本形成。在此基础上，学生用一个简单句子回答一个关键疑问词，并把上述句子串联下来，形成了一篇小短文，基本完成了写话任务。为了更进一步地学习，笔者展示了一篇关于马云的英语材料，组织学生进一步讨论，并使用 first、then、and then、after that、at last 等连接词列举马云创业以来的标志性事件，引导学生对写话主题进行更详细的描述。最后，笔者提问 "Why did he do that? And how do you think of Ma Yun and his company?"，让学生在小组讨论中进行分析和思考。这是一个开放性的问题，学生根据自己的能力进行表达。

上述案例的教学过程中，重要的是教师通过不断的引导，帮助学生拓宽思维，并尝试表达。在此过程中，学优生能完全用英语进行表达固然是好的，这也有利于提高他们的水平。但对英语水平相对较低的学生，应该允许他们用中文来辅助表达，因为此次训练的主要目的是学会围绕写话主题进行充分的写前构思，为以后的学习打下基础。

2. 细化导图，兼容基础

英语写话是以英语基础知识为根基的综合能力的体现。思维导图除了能

让学生进行写前构思，也能引导学生对相关方面的句型、词组或单词进行梳理、归纳和复习。

在以节日为主题的写话训练课上，学生经过阅读范文和讨论，建构的思维导图包括 when、where、how、what 四个方面，而 what 又细分为 before 和 during 两个分支，during 还可以再细分为 do 和 eat 两个分支。于是，节日主题的写前构思基本完成。但是，对于相当一部分学生来说，仅仅有写前构思是不够的，他们还需要相关单词和句型的复习作为支持，才能完成写话任务。因此，教师可以让学生进行分组讨论，通过对关键词相应句型进行梳理和归纳，以达到复习的目的。之后，教师可以按照小组汇报的内容，对思维导图的板书进行填充。

在此基础上，教师通过进一步引导，让学生写出尽可能多的、可填充在导图句型中的短语和单词。这不但能使学生更为牢固地掌握基础知识，而且培养了他们学习的主动性。

3. 涂鸦绘画，引发兴趣

小学生的特点是形象思维强于抽象思维。思维导图虽然也使用图形，但相对模式化，使用的仍是抽象性的思维。为了更好地契合学生的年龄、心理特点，使形象思维和抽象思维进一步结合，在教学过程中，教师可以运用涂鸦绘画的手段，丰富思维导图的表现形式。

使用思维导图辅助写话的初学者，可以在教师的指导下涂画出写话主题所引发的想象，再根据所画内容，进一步写出单词或句子。这不但打破了传统思维导图的拘束，还可以激发学习兴趣，引导学生从形象思维过渡到抽象思维，为学生搭好脚手架，降低学习的难度。

在熟习了思维导图后，教师可以在课前预习中让学生按照自己的想法画一幅与写话主题相关的画。在课堂的 pre-task 环节，教师可展示两到三个学生在预习作业里的图画，并让其尝试用英语进行简单描述；然后让学生在学习小组内选择成员的一两幅图进行讨论；在全班 free-talk 环节组织学生进行小组汇报。在这个过程中，教师有意识地对学生发言中的思维进行梳理，并记录在黑板上，逐步形成思维导图，并在此基础上进行后续教学。

改进思维导图在小学英语写话教学中的运用方式，不但能训练学生的思维，而且复习了基础知识，增加了课堂教学的多样性和趣味性，体现了对不同水平的学生的分层指导，有利于学生写话能力的不断提升。

小学英语图画式写话教学的优化[①]

广东外语外贸大学从化实验小学　李未

随着信息化步伐的日益加速，信息技术引发了教育界的变革。信息技术将英语教学带入了一个全新的时代，交互性、共享性、多元性、非线性化、智能化、全球化这些特点，使信息化英语教学更加充实、饱满（冯霞，2013）。小学英语写话教学也因此不再受时空限制，小学生的兴趣更容易被更多渠道地激发出来，学习英语的持续性得以加强。

信息技术给小学英语写话教学提供了立体多面的学习资源和途径，能切实提高学生的学习效果；但只有充分发挥教师的主导作用，在恰当的小学英语写话教学模式指导下，学生才能在信息化环境下把英语语言学习和英语学科知识结合起来，促进语言水平的内化和提高。

一、小学英语图画式写话教学

小学英语图画式写话教学是指教师引导学生围绕他们喜爱的图片，展开想象，进行英语写话，同时进行英语听、说、读训练，促进其英语语言水平的内化和提高。

图画式写话能激发学生用英语表达的兴趣，促使学生理解英语单词、词组和句子的意思，通过让学生用英语描述图片内容提高学生的英语表达能力，直接建立英语与实际意义的联系，减少母语对英语学习的负迁移。

小学英语图画式写话，符合小学生的认知特点和学习发展的需要，注重引导学生积累语言知识，同时也发展了他们的语言技能，并促使学生学会用英语做事情，特别是用英语获取、处理和传递信息，表达简单的个人观点和感受，从而提升实际语言运用的能力。

二、小学英语图画式写话教学过程设计

为了实现小学英语图画式写话的教学目标，教师在小学英语写话教学过程中融入教育信息技术，运用信息技术实现情境创设、写作技巧展示、仿写展示等写话教学环节的实施，并在信息平台上实现自选图画、阅读作品、生

[①] 本文原载《广东教育（综合刊）》2019年第12期。

生互评和教师评价，打造出良好的信息化教学环境，这样能将英语写话的写前学习、写中内化和写后延伸的教学效果最大化。

小学英语图画式写话教学要通过图画式写话，引导学生关注英语句子的规范结构，巩固学生已学的语言知识，促进学生理解并综合运用英语。要结合图画与英语写话，结合写话与听、说、读等语言活动，发挥学生的主体能动性。教师要考虑：学生个人如何进行自主学习，学生小组如何进行合作学习，如何在课堂上组织学生进行探究学习并且设计有效的评价工具。根据这些考虑，设计小学英语图画式写话教学流程如图1所示。

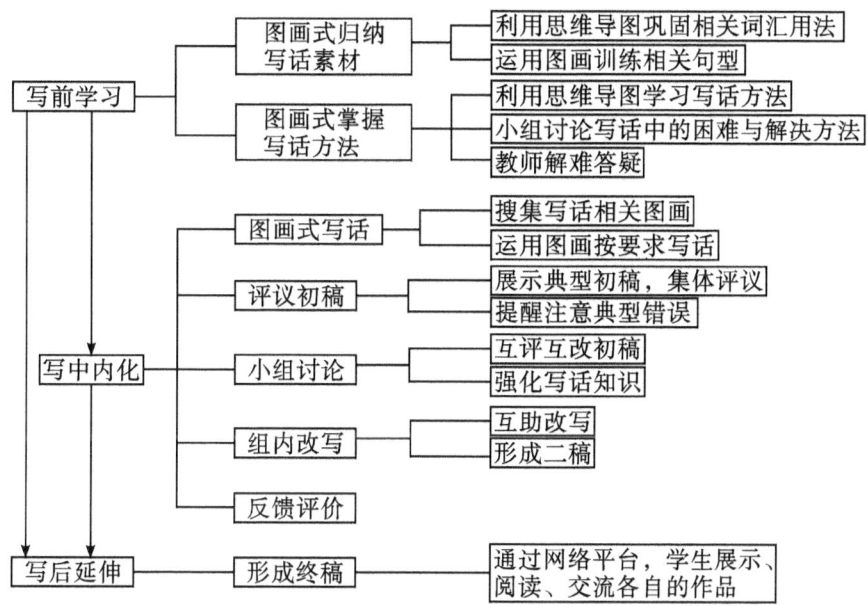

图1 图画式写话教学流程

1. 写前学习

在写前学习中，结合思维导图、图画引导学生掌握写话知识，为写话做好准备，包括在巩固本模块的知识时归纳写话相关知识点，以及通过教学空间运用自主学习或小组协作的方法学习写话。以2011年教育科学版六年级下册Module 5 的主题写话"Travel Abroad"——介绍你想去哪个国家游玩，做些什么活动并说说原因为例，具体介绍写前学习的各个环节。

（1）图画式归纳写话素材。在整体模块教学中，教师在学生学习本模块的语篇及对话文本中，有意识地引导学生理解重点句型架构，操练好相关句型，做好重点句型的书面训练。尤其要抓好话题相关词汇的记忆与运用。在写话前，引导学生利用思维导图巩固相关词汇的用法，运用图画训练学生掌握相关句型。

以"Travel Abroad"为题，让学生制作思维导图。促使学生归类整理国家国旗、著名城市、知名城市地标、特色物品等词汇以及各种游玩活动词组，帮助学生构建有效的词汇网络。接着，利用各式图画，让学生在完成补充完整句子、看图用关键词造句、看图说句等任务中，掌握一般将来时的句子、表示意愿的句子以及与话题相关的句子。通过图画帮助学生加深理解，激发学生积极参与语言操练的兴趣，为后续的写话做好铺垫。

（2）图画式掌握写话方法。在小学高年级的英语写话中，教师往往要指导学生思考围绕某一话题写话时要写哪几个要点、各要点的次序以及句子采用什么时态等写话方法，引导学生建构好写话框架。教师可布置学生完成以下图画式写话方法的学习任务：使用教材中或教材外同一主题的文本，让学生找出关键词或词组，明白本话题的写话要点，形成流程图等思维导图；使用教材中或教材外同一主题的文本的图画，让学生排序，了解各要点的次序；制作图音并茂、生动形象的教学视频让学生完成表格，全面认识本话题的写话方法；等等。在获得一定的写话知识的基础上，组织学生分小组开展协作学习，讨论写话中的困难与解决方法。在互相讨论中，学生的细微问题可以在宽容的状态下自由地提出来；小组讨论得不出结果时，也可以在班上提出来，由教师来解难答疑。

在指导学生写话 Travel Abroad 时，教师制作教学视频，以本 module 中的文本 I Can't Wait to See You 为例，引导学生制作出介绍自己理想中的国外游的流程图（如图2所示）。

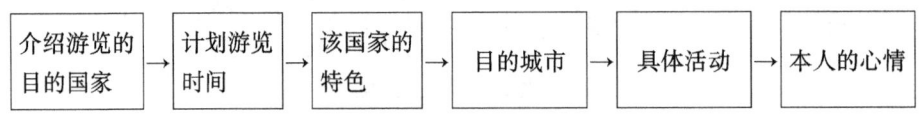

图2　介绍国外游流程

2. 写中内化

经过写前学习，学生巩固了写话的语言知识素材并明确了写话方法，接着要在写话中运用这些知识才能将其内化提升为能力。在写话过程中，学生进行多次批改与修改，在小组评议中修正自己的知识错误。

（1）完成写话任务。学生围绕写话的话题，利用教师在教学空间发布的资源或者在互联网中搜集相关的图片，用学习到的知识围绕图片尝试进行写话，形成初稿。信息化环境给学生提供了图文信息丰富的平台，这些信息使小学英语写话变得生动有趣、画面感十足，减轻了学生对用英语写话的焦虑感。

教师检查学生的写话初稿，这些作品中肯定有比较多的错误，学生也必定有一些疑问，这些错误与问题要通过课堂教学来好好地解决，同时也是写话知识的一次内化过程。

（2）评议初稿，集中难点。教师展示一两份学生的初稿，参照范文找出这些初稿中是否在符合任务要求、正确运用单词、单复数一致等方面存在问题。引导学生进行判断与思考，回顾相关的语言知识和本话题的写话知识，促使他们全面掌握本话题的写话知识。

例如，在六年级下册 Module 3 的主题写话"介绍一位历史名人"的课堂中，展示了一份学生的初稿：

Qi Baishi was (is) a great China (Chinese) painter. He was (is) famous. He paint (paints) flowers and animals well. He was born in January 1st, 1864, in Hunan. Lots of people love his drawing.

首先，引导学生找出错误的地方并改正。

其次，总结得出以下建议：①字数比较少。可以从这位名人的个人特征、性格、突出贡献等方面多介绍几句。②注意历史名人做的事情一定要用过去时介绍。③要用正确的顺序表达英语句子里的时间的地点。

最后，再次强化对表达各名人出生时间、地点及突出事迹的训练。

（3）小组讨论，解决疑问。组织学生分成小组，拿出各自的初稿，互相进行详细的修改，讨论错误原因，在遇到疑难时，寻找教师的帮助。堂上的讨论比课前的线上讨论更深入、细致，而且是在听了老师在课堂上强调与讲解后进行的二次互改，学生进一步深化了对本话题相关知识的掌握，提升了写话能力。同时，在互相评议中，学生由原来的教师反馈的接受者成了评议者，他们在深化对语言知识的认知的同时，增强了自主及合作学习的能力。

（4）组内改写，形成二稿。学生根据组员们的建议，根据对本次写作具体要求的清楚认识，对自己的初稿进行全面综合性的修改完善，形成二稿。在写作过程中，遇到问题可以在组内讨论或询问老师。

（5）反馈评价，把握导向。教师对学生上交的修改后的二稿进行评改与反馈，要求学生根据教师的意见重新修改，形成终稿。由于学生的语言水平有限，小组互议并不一定能解决学生初稿中的所有问题，教师深入细致的反馈对学生的写话水平的提高有着非常关键的引导和促进作用。

3. 写后延伸

教师将学生最后的终稿上传到教学空间，学生们自由浏览评价。还可以上传一些学生还没运用上的句型、语段或例文，供学生学习。通过组织年级的英语阅读与写作竞赛，鼓励学生多阅读英语课外书籍，制作阅读卡并且积累写话作品。

三、结语

信息化环境为小学英语写话教学提供了丰富的资源和广阔的平台，拓宽了学生学习英语写话的方式、时间和空间，也提高了学生学习英语写话的兴趣。在信息化环境下，小学英语图画式写话教学强调将英语写句练习与听、说、读等语言活动结合起来，在写话的教学过程中让学生熟练掌握词汇的运用和句法结构，促进学生对语言的内化，促进学生熟练掌握用英语表达自己；关注学生在写话中的思维过程，关注如何有效地纠正学生用汉语思维写英语句子的问题。教师在信息化环境下，充分运用信息资源，能大大提高学生对英语写话的兴趣与效率，引导学生实现对写话知识的学习、内化和能力的提升。

参考文献

[1] 冯霞. 信息化背景下大学英语教学资源优化应用策略研究 [J]. 辽宁教育行政学院学报，2013（6）：57-60.

[2] 金怡文. 信息化环境下高职英语写作翻转课堂教学设计 [J]. 教师，2016（6）：65-66.

[3] 刘苏景. 现代远程开放教育理念下以学生为主体的英语教学模式探讨 [J]. 重庆交通大学学报（社科版），2008（6）：126-133.

[4] 邵华，喻惠群. 基于泛在学习资源共享平台的大学英语"翻转课堂"教学模式设计研究 [J]. 山东外语教学，2015（3）：37-46.

[5] 汪子人. 过程教学法在数字化英语写作教学的应用 [J]. 辽宁科技学院学报，2011（2）：64-65.

[6] 王寰，张莹，刘涛敏. 从教学设计的角度思考英语信息化教学之路 [J]. 英语广场，2017（1）：135-136.

[7] 杨巍. 阅读与写作的交融性及其教学策略 [J]. 现代中小学教育，2015（4）：43-45.

[8] 张媛. Facebook 社交网络环境下英语教学模式建构研究 [J]. 扬州大学学报（高教研究版），2015（3）：89-93.

分散·融合
——小学高年级英语写话微课教学案例

广东外语外贸大学从化实验小学　李未

近年来，微课成为教育研究中的热门现象，默默地吸引了众多教师的注意。在提倡个性化、多元化学习方式的教育变革趋势中，微课因其"短、小、精、趣"的特点而迅速在国内外教学领域掀起热潮。

随着微课在英语教学中的广泛应用，微课对英语写话教学的促进作用也日益显露出来。2015学年的第一学期，笔者选择任教的五年级两个教学班中的一个班作为试验班，额外给试验班的学生布置了学习16课时英语写话微课的课后作业。经过一个学期的研究，发现科学地设计英语写话微课，能使学生的英语写话针对性更强、指导更到位。

一、在小学高年级英语写话教学中应用微课的意义

微课是指为使学习者的自主学习获得最佳效果，经过精心的信息化教学设计，以流媒体形式展示的围绕某个知识点或教学环节开展的简短、完整的教学活动（张一春，2013）。

目前，信息技术的普及为微课发展做好了技术准备。首先，学校拥有电脑室，足以提供一个教学班的学生使用。其次，试验班的学生都拥有电脑、平板电脑或智能手机等设备，每个学生在课后都能上网。每一个教学班都建立了班级QQ群、微信群，100%的家长都已经加入班级群。再者，互联网平台对小学高年级学生来说，既开放又易于使用。每个学生都早早学会了在网络上查找自己需要的资源。

小学生注意力集中时间相对较短，十分钟左右的微课能够避免疲劳和注意力分散。微课所含的教学知识点少而集中，方便小学生抓住学习重点，迅速掌握运用所学的内容。微课可以重复播放，方便小学生在不理解时能及时重复学习直至理解。微课使用方便，有利于小学生在轻松的氛围下自主地进行学习。

在写话教学前布置学生通过微课进行预习，促使学生思考、归纳与话题相关的信息（包括情境、任务、对话）以及必备的语言知识。在写话教学后布置学生通过微课进行复习，促使学生更深入地运用写话知识去完成更高层

次的任务。

二、在小学高年级英语写话教学中应用微课的策略——分散、融合

五年级上册的写话目标是能在图和提示词的帮助下就相关话题写连贯的几个句子。设计12课时微课，将这个目标分散到各个模块中去实现，引导学生利用分散的时间，围绕各个话题，融合所学知识进行写作。在第13至第16课时里，整合五年级上册的话题，融合各单元的重点句型和相关知识写好短文。

1. 家校互动，打造微课教学环境

学生要完成微课学习，必须得到家长在时间、硬件上的鼎力支持。在硬件配置上，家长要为学生准备可学习微课的电子设备，如智能手机、平板电脑、电脑或笔记本电脑以及网络。在时间上，家长要监督学生学习微课时，不玩娱乐游戏，保证学生不以学习微课为借口去上网。为了方便家长督促并不增加学生的作业负担，教师把英语写话微课的学习时间固定在周末。

为了让家长全力支持英语写话微课学习，首先，教师要向家长展示微课学习的好处。通过家长会现场演示、在微信公众号和班级群上发布微课视频，让家长了解微课的作用。其次，印发《关于微课学习——致家长的一封信》，将需要家长配合做的事情一一告知。让家长做好硬件上的准备，并明白要怎么协助学校。最后，及时与硬件不齐备的学生家长沟通，了解原因，解决问题。对于没有网络的学生，教师可以用U盘将微课拷贝下来，让学生在课后自主学习。对于个别家里条件比较欠缺，不便购置电子设备的学生，可以利用中午上课前或下午放学后等课余时间，在教室或电脑室通过多媒体教学平台观看微课。

2. 前置学习，储备话题相关资源

（1）话题引领，情景构建。围绕单元学习的话题，构建相应的贴合学生生活实际的情景，让学生回顾已学的语言知识。在整个学期的16课时微课里，按照书本里的各个话题设置，构建了如下情景（见表1）。

表1 情景构建

话题	课时	情景
hobbies（爱好）	第一课时	介绍家人和朋友的爱好，为他们置办礼物
	第二课时	听描述猜同学的名字，介绍同学的爱好
abilities（能力）	第三课时	小达人比拼，介绍自己的能力
	第四课时	评选功能最全的机器人，介绍它的能力

（续表1）

话题	课时	情景
daily life（日常生活）	第五课时	我爱我爸（妈），介绍父亲或母亲的日常生活
	第六课时	生活多美好，介绍自己家的周末活动
foods and drinks（食物和饮料）	第七课时	邀请朋友来家里吃三餐，介绍自己家里的三餐
	第八课时	续写小玲宴请中外小朋友的故事
foods we need（我们所需的食物）	第九课时	小小食物评论员，评论小明做的丰盛的一餐
	第十课时	向请客的 Aki 介绍自己喜欢的广州美食
weather（天气）	第十一课时	模拟从化旅游推介会，向游客介绍从化的四季和天气
	第十二课时	争做优秀的小小天气报告员
介绍一个人	第十三课时	在班干部评选中向同学介绍自己
	第十四课时	推荐一个理想的人选来解决地球遇到的古怪困难
介绍一个地方	第十五课时	写一份介绍放在火箭上向太空宣传广州
	第十六课时	推荐一个地方去度寒假

在贴近学生生活的情景任务中，激发学生的积极性，让学生有表达的动力；引导学生在完成情景任务中体验、探究语言的运用。

（2）回顾知识，助力语言。在英语课堂中，能给予学生回忆已学知识的时间不多。利用微课引导学生以思维导图、单词归类、单词接龙等方式，回忆相关的单词；以看图完成句子、写同义句、句型转换、连词成句、扩句等方式，回忆相关的句型；梳理与话题相关的语法，对比归纳；提供逻辑清晰的范文，指导学生掌握句与句之间的衔接与过渡，让学生在背诵范文中建立语篇意识。

经过微课的学习，学生对已学的语言知识掌握得更牢固，有助于学生准确表达自己的想法，在写话中减少犯错误的可能。

（3）激发联想，扩展知识。五年级学生的想象是丰富而又独特的，只要稍加引导，学生就能展开丰富的想象。通过提问，从不同的角度、不同的侧面去思考问题，打开创造性思维。可以让学生思考故事发展的后续，也可以让学生幻想出理想的天气、食物或偶像等，培养学生的联想力和创造力。比如，续写第八课的课文：第八课的课文内容是小玲为中外朋友在聚会时吃些什么而烦恼，最后听取了 Ben 的建议。引导学生思考在小玲的聚会上大家一起进餐的情境，再续写故事。不同的学生会设想出不同的情境和结局。

3. 复习巩固，提高学生的写话能力

在学生学会各个话题的写话后，整合整个学期的话题，拓展学生运用已学知识谈论不同话题的能力。在复习巩固的整合话题写话微课中，教师设计回顾各种句型容易出错的地方，引导学生对比记忆近义词句、反义词句和易混淆的词句等环节，引导学生复习巩固已学知识并综合、灵活地运用它们。

4. 多元评价，激励学生自主学习

为了让学生坚持学习微课，系统地培养英语写话能力，要及时进行多元化的评价。学生每学习一节微课，有家长签名作证的话就可以加一颗星星；如果在学习过程中做了优秀的笔记，还可以在班级微信群里展示，并加2～3颗星星。学期中和学期末统计星星数量，评选"微课学习之星"。"微课学习之星"能代表班里参加学校的英语竞赛。教师时不时公布"星星风云榜"，营造"你争我赶"的良性竞争氛围，激发学生自主学习的主观能动性。

三、在小学高年级英语写话教学中应用微课的成效

经过一个学期的英语写话微课的学习，这次研究行动的效果是令人欣喜的。试验班里的学生对英语写话的兴趣更浓厚了，更好地掌握了英语写话的策略。他们在课堂上、课后的写话作业以及英语测验上的表现与以往相比，都有了巨大的进步。

（1）2014学年第二学期期末与2015学年第一学期期末的调查结果对比。

①试验班学生对英语写话的态度见表2。

表2　试验班学生对英语写话的态度

单位：人

时间	喜欢	有时喜欢	不喜欢	害怕	没感觉
2015年6月	3	12	13	10	5
2015年12月	11	21	6	5	0

总体来看，越来越多的学生喜欢英语写话了。

②行政领导随堂听课时记录的学生举手发言的数据见表3。

表3　行政领导随堂听课时记录的学生举手发言数据

单位：次

时间	少于10个学生举手的次数	11～21个学生举手的次数	超过22个学生举手的次数
2015年5月	4	5	1
2015年11月	1	7	6

总体来看,举手发言的学生比以前多了很多。

(2) 课后的写话作业中,比起 2014 学年第二学期,2015 学年第一学期学生们的书写更整洁美观,正确率更高,写得更长并且开始表达自己的见解。

(3) 在期末测试中,写话的得分比上学期进步很多。

2014 学年第二学期与 2015 学年第一学期的期末测试中写作题的得分率对比如图 1 所示。

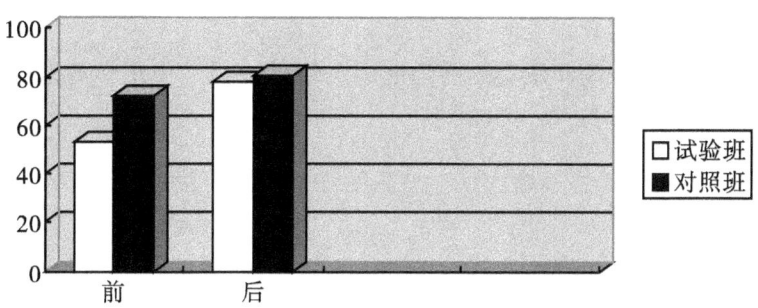

图 1　期末测试中写作题得分率

四、在小学高年级英语写话教学中应用微课要注意的问题

在研究中我们发现:英语写话微课欠缺互动性,时间较短。因此,在设计英语写话微课时,一定要集中内容,不要太过于追求形式丰富而分散了学生的关注点。在设计英语写话微课时,必须根据教材内容和学生的实际水平精心设计。固定时间通过微信或 QQ 等社交软件了解学生学习微课的情况,及早解决学生遇到的问题,回答学生的疑问,这样做能令学生的学习效果更好。

学生利用微课视频学习英语写话,在提高英语写话能力的同时,也提高了自主学习能力。密切联系所学话题而设计巧妙的英语写话教学微课视频,一定会极大地促进学生的英语学习,在英语教学中开辟出一片新的天地。

参考文献

[1] 李益华. 小学高年段英语写话训练常见问题及应对策略 [J]. 中小学英语教学与研究, 2014 (9): 29 - 33.

[2] 廖晓虹. 国内外微课教学比较探讨 [J]. 职业技术教育, 2014 (32): 88 - 90.

[3] 刘素. 微课在小学数学图形与几何知识教学中的应用 [J]. 教育信息技

术,2015(12):62-65.

[4] 王璐. 微课程背景下高中英语语法课堂设计研究[J]. 教学与管理,2015(11):106-108.

[5] 薛娟. 六年级英语语篇自主先学的微课设计研究[J]. 基础教育研究,2015(20):36-38.

[6] 张黎,王海杰. 基于微课的翻转课堂在英语教学中的应用[J]. 教学与管理,2015(6):104-107.

[7] 郑小军,张霞. 微课的六点质疑及回应[J]. 现代远程教育研究,2014(2):48-54.

[8] 朱成. 小学中高年级英语写话能力的培养[J]. 中小学英语教学与研究,2008(10):26-31.

基于小学英语高年级生活化课堂教学的读写能力提升[①]

广州市海珠区宝玉直实验小学　郭苑怡

英语教学需要生活化的教学指导，尤其是英语读写能力的培养。在生活中英语读写能力的高低是很重要的，无论是读书看报、笔友交流，还是职场往来、商业活动等，都需要有良好的英语读写能力作为支持。而读写能力的培养并不是一日之功，所以，我们要把握好小学高年级英语教学的机会，对学生实施生活化的读写教学启发，尽快让学生适应教学氛围，并且在不断地坚持中形成良好的英语读写能力。以下为笔者的部分个人看法。

一、英语教学与生活实践之间的必然联系

在我国的经济和科技等方面尚未得到有效发展的时期，曾有很多人对英语学习持否定态度，认为"学习英语没有用""将来走出校园没有多少情况能用到""学习英语就是为了考试"，等等。在这种"英语学习无用论"的思想下，不少人放弃了英语学习。但从我国近几年的发展来看，一方面，不断有国际友人到我国学习、生活，甚至落户；另一方面，我国的人民也会外出去往其他国家。在这种情形下，单靠肢体语言和国外友人交流是远远不够的。英语的听、说、读、写就这样在我们的生活、生产和学习中开始扮演着越来越重要的角色。所以，我们很希望在小学阶段，利用学生具有较强的可塑性，对其实施生活化的英语读写教学启发，促使他们爱上英语读写，并在长期的坚持下，获得属于自己的学习收获。

二、结合生活化教学思想实施英语读写教学启发的措施

（一）以课堂生活中的小事作引，激发读写兴趣

生活中每时每刻都在发生着故事，所以每时每刻也都不缺少故事。英语课堂上，我们每日与学生相对，课堂上发生的一些小故事、小插曲，也都是教师和学生生活中的一部分。教师可以结合这些小故事对学生实施启发，从而激发他们阅读和思考的兴趣，活跃英语课堂气氛，更使之与英语学科的读

[①] 本文原载《校园英语》2019年第41期。

写练习紧密结合起来。比如，某位学生上课不认真听讲，教师在讲台上讲课，靠近窗边的学生观看操场上体育课的活动情景比较入迷，对此，我们可以如此实施启发，"××同学，操场上有什么新鲜奇特的事物吸引了你呢？你来和大家说一说！"听到教师如此"训斥"，很多学生往往会自知羞耻而低下头去。然后，我们可以再补充说，"老师不是想要训斥你，只是老师真的很好奇，所以，老师给你布置的一个作业就是写一篇今天操场美景的观后感，记住用英语写哦！"如此，课堂生活中的一个小事，就成了我们锻炼学生写作能力的引导点。学生为了写出一篇这样的作文，必然会重新阅读一些有关的景物、人物介绍短文。因此，名义上是布置了英语写作任务，但实际上是让英语的读写结合在了一起，有利于促进学生读写能力的有效提升。

（二）用心布置校内、校外环境，以生活情境感染学生

用心去布置校内和校外环境，给学生打造一种强烈的英语读写学习氛围，让这样的氛围、情境去感染学生、熏陶学生，在潜移默化中转变他们的学习意识，使其由学习无用思想转变为学习有用观念，由低效学习英语读写转变为高效学习英语读写，如此，才是提升高年级学生英语读写能力的有效途径。比如，开辟出班级的一角，设计"英语读书角"，鼓励学生将自己购买的英语图书分享出来，建立一个小小的英语读书角落，学生可以从这里借阅英语图书，但要记得按时归还。其次，还可以设计年级内的英语写作交流室，定期组织一些英语趣味性主题写作比赛，设置奖品和奖项，鼓励和吸引学生积极参与。再次，还可以通过设计英语主题板报、英语校内报刊等活动鼓励学生进行多角度阅读。此外，在学校内和学校外的墙壁、走廊等地方，还可以张贴一些警示、提示、宣传标语，比如，"No pains, no gains."（没有付出，就没有回报。），"Failure is the mother of success."（失败是成功之母。），"A friend in need is a friend indeed."（患难见真情。），等等。这些都有助于提升学生的读写能力。

（三）促使读写结合，将学习习惯作为生活中的一部分

习惯对一个人的影响是非常巨大的，巨大到足以改变一个人。好的习惯会让人逐渐走向成功，与此相反，坏的习惯则会毁灭一个人。所以，为了培养学生良好的英语阅读和写作习惯，应使读写成为学生每日生活的一部分。我们可以给学生制订一个英语阅读计划，然后每日督促、检验学生的英语阅读学习效果。此外，对于英语写作，笔者认为，可以从撰写英语日记或者是对小动物、花草树木的观察日志等入手。如此，当英语读写学习已经逐渐演变为高年级学生的日常习惯时，学生的英语学习便会更加顺畅。

综上，高年级的小学生较之低年级的小学生，在理解和接受能力上已经

成长了很多，但有的孩子依旧未能生成良好的英语读写能力。究其原因，其中非常重要的一点就是英语教学与生活实际的脱节。基于此，本文简述了几点教学实施对策，希望可以让生活化的英语教学观念深入人心，改变"英语学习无用论"的观念，提升学生的读写能力。

参考文献

[1] 李坡. 小学英语生活化教学尝试 [J]. 读与写（教育教学刊），2019，16（6）：183.

[2] 李松. 生活化的小学英语教学情境创设初探 [J]. 中国农村教育，2019（17）：66.

[3] 刘强生. 让小学英语教学充满生活化气息 [J]. 内蒙古教育，2019（12）：89–90.

评价研究

让多元化的评价方式在小学英语教学里闪亮[①]

广州市海珠区江海小学　邝健云

一、引言

"太好啦，又测验啦！这次我一定能进步！""我只差一点就能上升一级啦！这次我要努力！""有志者事竟成，考不好下次再来！反正我口语也不错！""学习不只是为了分数，老师还夸我在课堂的表现有进步。"能在一次测验前听到来自学生如此激动人心的话，相信每个教师都会觉得感动不已。可是有多少学生能真正有这样的想法和信心呢？

从这简单的几句话可以看出，评价的结果具有对学生学习行为和教师教学行为两方面的反馈作用。一方面，评价能反映学生学习的成就和潜能，让学生了解自己的学习状况，既有助于学生自主学习能动性的发展，又有助于学生自信心和正确的自我认识的建立。多元化的评价方式包括从努力程度、学习态度、交流能力、参与积极性和合作精神等方面立体化地肯定学生，使之充分获得学习上的满足感。另一方面，评价又可以正确反映教师的教学质量及课堂的效率，以利于教师根据反馈的教学信息及时调整教学策略。因此，在教学过程中，多元化的评价方式深深影响着教学行为，不能忽视评价方式在教学中的积极作用。

多元化的评价方式，既是一种以多样的形式，全面、系统地来评价学生的方式，也是一种在教学中根据不同的课堂环节、课堂类型、教学方法等灵活变换评价形式的方式。本文探讨的就是如何让多元化的评价方式在英语教学中闪亮，发挥其激励的功能，如何把评价结合到英语教学中去，让学生在既有竞争但又愉快的环境下学习英语。

[①] 本文原载《求知导刊》2018 年第 114 期。

二、多元化评价的主要意义

1. 新课标下，多元化教学评价的必要性

现代教学理论针对评价策略是这样论述的：有效的课堂教学，在一系列或明或隐、或大或小的评价活动的基础上展开。因此，以学生为中心的课堂教学评价，既是促进学生发展的有效措施，也是提高课堂教学质量的保障机制。我们在课程改革过程中，不难发现，教育评价改革呈现出这样的特征：评价宗旨从注重共性转向肯定个性，评价内容从知识考核转向能力考核，评价方法从终结评价转向过程评价。

根据新课程标准编写的教材，更具灵活性和开放性，对英语教师也提出了更高的要求。比如说：一方面，新课程标准注重语言的交际功能，强调在交际活动中学习英语，听说在先，读写跟上，这就要求英语课堂教学更多地使用交际教学法；另一方面，围绕英语核心素养，课堂活动的设计变得多样化，学生在英语课堂不应是"哑巴式"地学习英语，教师应激发学生学习英语的兴趣，营造活跃的课堂语境气氛，从而改变以往学生能写不能说、能听不能讲的状况。故此，在新课程标准下，教学设计和教学课堂的多样化、丰富化，促进了课堂评价的多元化。

2. 多元化教学评价的重要性

一方面，我们主张在课堂中实施形成性评价，形成性评价不仅是教师评价学生，还要有学生的自我评价和合作评价两方面。具体而言，在形成性评价中，教师要逐步转变角色，从"司令"的角色逐渐转变为与学生合作、共同完成评价的角色。在多元化的形成性评价中，学生对评价内容、评价形式有选择权和自主权，这不仅有利于学生轻松掌握英语知识，还有利于发挥其创造力和实践能力，从而培养良好的学习素养和创新思维。多元化的评价方式是形成性评价多样性的体现。因此，形成性评价的多样性原则决定了评价方式的多元化。

另一方面，多元化的评价方式能培养学生的学习兴趣，让学生在课堂中体验成功的喜悦。一般说来，小学生的注意力具有不稳定性和短暂性的特点，而且小学生的注意转移较难，无意注意占有优势。因此，小学生的学习活动在很大程度上具有情绪化倾向，当小学生对学习有浓厚的兴趣和强烈的求知欲时，不仅能产生一定的情感迁移，而且会使注意力更集中和持久，学习和交际能力快速提高。多元化的评价方式能激发学生的学习欲望，让教学事半功倍。

三、实施多元的评价方式

1. 评价方式巧设计

根据学生的兴趣,设计能引起学生兴趣的评价方式,并变换多种评价形式。例如,在低年段英语教学中,在一次课堂竞赛活动中,笔者设计了"鲨鱼吃人"的游戏,竞赛一方为鲨鱼,另一方为人,鲨鱼要想办法吃人,人要避免被鲨鱼吃。平时,笔者会分组评分,会根据教学的内容设计评价方式。例如:在学习食物的单元里,笔者把各组名设计为水果单词——apple 组、banana 组、grape 组等;在学习动物的单元里,就将其设计为动物的名字。胜出的一组能把代表的单词留在课室,直到下一次竞赛。从心理学上讲,获得成功的满足感可以转化为学习的动力,从而活跃了课堂的学习气氛。但要注意调控好课堂纪律,可以把纪律纳入课堂评价,这样既可以活跃课堂气氛,也不至于失控。

有人曾说:"世上没什么比成功更能激起成功。"因此,在教学中多运用表扬性、鼓励性强的语言,能让学生更加自信,从而调动学生的积极性,使学生真正成为学习活动的主体。比如说,根据学生表现的好坏,可以运用程度不一的表扬性话语,即使批评也应使用善意性的语言。无论是在课堂上回答问题,还是单元性考查,又或者期末考试都应及时准确地做出评价和反馈,让学生感受拥有知识的成功感和乐趣,从而愉快地学习。

2. 评价方法巧结合

一方面,可以把评价的语言与课本的知识点结合。在课堂评价的过程中,笔者发现学生对评价的语言很敏感,学生很在意教师对自己的评价。例如,笔者在教广州市版小学英语四年级第二册 Unit 11 时,用新学的单词 boring/interesting/fun 来评价学生,还用了新句子 "What do you think of…?" 来让学生互相评价。这样,既能让学生有效地学习新句子,也让学生无意中运用了新知识。这要求教师首先放开思想,熟悉教材,有重组知识点的能力。

另一方面,笔者把评价的方法和教学内容进行巧妙的结合,进而增加学生对语言的运用机会。如以所学的颜色单词来命名六个组,当进行评价时,笔者就会经常提到这六个单词,学生在无意中就得到了听的练习。学生自评时,他们也大量地运用了这几个单词,就在评价过程中,学生对新单词都有了充分的操练。评价与课文的情景巧妙地结合起来,学生很快就掌握了句子的用法,省去了许多单调的念读操练,学生也不会感到枯燥。

四、建立完整的评价制度

（1）设计与学生生活接近的评价主题，并长期实行。课内课外评价、学校家长评价相结合，点线面全面评价学生。不记录课堂评价结果，其激励作用可能只停留于那堂课。有效地记录课堂评价结果，结合学生的其他方面，如作业评价、小测评价、测验成绩等建立完整的评价制度及评价的级别。当学生到达一定级别，给予一定的肯定和鼓励。

（2）设计与学生生活接近的评价主题，并长期实行。单纯地记录评价结果比较枯燥，学生对身边熟悉的事情比较感兴趣。例如，笔者把班里的学生分成四个组，将其比喻成四个公司，课堂上或课堂外的评价结果就作为公司的业绩，每个人都有小银行，看谁赚的钱最多，看哪个公司业绩最好，表现好的，可以担任"经理"（组长）或"总裁"（科代表）。

（3）多元化的评价方式还包括课外评价。营造校园英语的学习氛围，开展英语广播、猜谜、表演或自荐英语小主持等活动来丰富课外英语活动，让学生更积极地运用口语，然后用教师—学生、学生—学生等评价方法来给予肯定。教师可布置兴趣作业，进行单词比赛、英语演讲比赛、手抄报等学科竞赛来进行课外学习及其他技能的评价。此外，教师还可以根据实际的情况来设计多元化的课外评价方式，如直接与学生进行口语交谈。

布置任务型的家庭评价表，如让家长填写有任务的联系表，并做出评价（见表1）。

表1 家长联系表

周次	星期					
	周一			周二		
	听录音时间	读书时间	家长签名评价	听录音时间	读书时间	家长签名评价
1						
2						

把各项评价的比分分配好，以便以后进行综合整理。

每学期结束前，教师结合课内、课外、学校、家长、教师、学生、知识、技能等项的评价结果综合评价学生（见表2）。每项评价都有各自的标准。

表 2　学生综合评价

学生	课堂表现	兴趣作业	学科竞赛	测验成绩	家长好评	作业评价	总分

实施多元化的评价时，应给予及时的鼓励，可设立一些奖项，如前面提到的小组"公司"，可以设置优秀员工奖、最佳业绩奖、优秀管理人员奖、进步奖等，当然这可以与学校的奖项相结合。

五、结语

综上所述，多元化的评价方式，不仅能全面评价学生，让教师在获得教学反馈后及时调整教学策略，从而大大提高英语课堂效率，还能通过营造了多样化的评价形式，调动学生学习的主观能动性。笔者通过巧妙设计多种评价方式，巧妙结合各种评价方法，并以不同的主题为切入点，建立了课内课外评价、学校家长评价相结合的评价制度，并长期施行，为学生创设轻松有趣、乐而有度的学习氛围，并让学生逐渐养成了良好的学习习惯，夯实了其人文底蕴和学习素养，真正实现了从"要我学英语"到"我要学英语"的转变。多元化的评价方式是符合课程改革需要的评价方式，让它在英语教学中闪亮吧！

参考文献

[1] 胡小鹏. 形成性评价在英语教学中的运用研究［J］. 新课程（教师），2010（4）.

[2] 夏涵清. 形成性评价在新课标中的实践［C］//江苏省教育学会2006年年会论文集（英语专辑），2006.

有效评价为英语教学添彩[1]

梅州市大埔县大埔小学　郭爱玲

课堂评价是对学生学习过程的评价,目的在于掌握学生的学习情况,激发学生的学习热情,促进学生的全面发展。恰当的课堂评价语言是学生学习的"兴奋剂",它能使学困生看到希望,使优秀生得以发展。那如何让有效评价为英语教学添彩呢?下面结合一些英语课堂教学中的实例来谈一谈自己在评价方式方面的探索与体会。

一、有效性的称赞让课堂评价饱含激励

德国教育家第斯多惠曾说过:"教学的艺术不在于传授本领,而在于激励、唤醒和鼓舞。"对不同知识水平的学生,我们应把握不同的称赞尺度。同一个班的学生无论是知识水平还是性格特点都存在着差异,若用同一评价标准,对于一部分学生来说,称赞过于频繁则会失去因称赞带来的激励意义,但是对另外一部分学生来说,则会因为称赞标准过高无法实现而失去促进作用,这两种情况都会使称赞毫无效力。一节课内,能力较强的学生能背诵对话应该值得称赞,能力较差的学生能记忆单词、举手回答问题也同样值得称赞。因为这个我们看来小小的任务却是某些学生付出努力才能完成的结果。我们可以从语言方面对学生的课堂表现进行评价,可以使用丰富的语言表达出对学生的不同评价。例如:对表现得不够好的学生,鼓励他"OK! Keep going!"(不错,继续加油!);对于表现一般的学生,对他说"Good! You are right!"(好!你答对了!);对于表现出色的学生动情地对他说"You are excellent!"(太棒了,答得真好!)。当学生得到一般的评价时,他会更积极地参与课堂活动,争取得到更好的评价;当学生听到更好的语言评价时,内心肯定比吃了蜜还甜。

二、巧用肢体语言,让课堂评价富有人情味

【案例描述】在一堂四年级的英语课中,教师让学生用新学的词组"long/short hair"造句。在几个学生做了相类的回答(I/Mr...have/has long/short hair.)后,终于有一个学生有了不一样的说法:"All the boys have short

---

[1] 本文原载《现代教师教学研究》2015年第5期。

hair. Mike is a boy. He has short hair."。教师听了之后露出了喜悦的笑容，但是她只是激动地说了句："Yes. Sit down, please."。在后面用另外的新单词造句时，得到的回答也大多跟前面的类似。

【反思】教师让学生用新单词造句，当学生说出自己所想的句子时，教师给出的评价不是 Yes，就是 Good，形式单一。在一位学生做了精彩发言后，教师给出的评价竟然还是一样，这不禁让人失望。如果在那位学生的精彩发言后，教师能给予不一样的评价，比如说，"Woo, you're so clever."，并走过去给他一个拥抱，或者跟他握握手说"I agree with you."，这样不仅能使这位学生体验到成功的喜悦，还能激励别的学生向他学习，他们就会进行创造性的思考。教师在给学生做出评价的时候，如果能巧用肢体语言，让自己的评价语变得富有人情味，那么学生们也一定能得到激励并会越来越喜欢上英语课。

三、实行小组合作，让课堂评价落到实处

【案例描述】某教师在三年级的一堂关于动物类的词汇课上，为了巩固教学重点，安排了猜拳读单词活动。教师将全班分为两队。请每队各派一名学生上来猜拳，谁赢了，就能为自己的队赢得一次读单词、拿奖品的机会。一时间，教室里满是"某某，加油"的声音，好不热闹。猜拳决出胜负后，赢的一队获得了读单词的机会。可当教师拿出动物的单词卡时，获胜的那队却没几个人会读。齐读所有单词时只有一半左右的学生会读。

【反思】活跃的课堂气氛、刺激的奖品，这些似乎是符合活动教学的理念，也就是我们所要追求的新课堂教学方式。那么，这堂课成功吗？这堂英语课实际上变成了娱乐课，课堂评价过分注重形式的趣味性，使评价成了流于表面的课堂摆设。

在巩固词汇环节中，教师如果能采用分组教学策略，以小组为单位开展学习活动，每个小组选出一名小组长，组长负责检查作业、管理课堂纪律等，教师在教学中根据每组成员在课堂活动中的表现打分等，每节课的优胜组组员得到一张评五星学生的小红花，那么，为了成为优胜小组，各组内均会自觉出现优辅差、提醒帮助等良好行为。这样的小组评价法培养了学生的团队精神，让学生学会合作，学会以集体的力量去竞争。这样的评价便落实到了课堂教学之中，从而提高了课堂教学效果。

通过多年的教学实践，笔者深深地感受到有效评价是提高英语教学实效性的催化剂，饱含激励、富有情味、落到实处的课堂评价可以使学生们更好地认识自己做得好的方面以及不足的方面，也可以帮助教师反思自己的教学过程，提高课堂效果，可以为英语教学添彩。

其他

浅谈小学英语教学中学生兴趣的培养

英德市第七小学　邱掌娣

常言说得好:"兴趣是最好的老师。"孔子也曾说:"知之者不如好之者,好之者不如乐之者。"这里的"乐"指的是"兴趣"。从心理学的角度来说,儿童富有好奇心,听觉灵敏,善于模仿,心理障碍少,他们对一种新语言往往会产生强烈浓厚的学习兴趣。所以,人们认为儿童时期是学习语言的最佳时期。从另一个角度来说,儿童的注意力又较易分散,唯有对感兴趣的东西才能保持集中、持久的注意力。因此,一个成功的英语教师必须要在教学中有意识地培养学生对英语的持久兴趣,激励学生保持较佳的学习状态,使他们对英语乐学、善学、会学,学而忘我,乐此不疲。

只有学生对英语产生了浓厚的兴趣,才会有极大的学习欲望,因此培养学习兴趣就成了学好英语的前提。如何在教学中培养学习兴趣呢?下面笔者结合自己的教学实践谈谈一些看法。

一、注重情感教学,激发学习欲望

1. 建立融洽和谐的师生关系

教师的教态和表情是学生情绪的调节器,教师的一言一行时刻感染着学生。教师要用自己的言行、表情传递给学生亲切、鼓励、信任、尊重的情感信息,使学生形成不怕出错,敢于发言的良好学习心理,点燃学习兴趣的火花。因此,要使学生学好英语,就必须关心爱护学生,与学生建立融洽的、和谐的师生关系。古人云:"亲其师而信其道。"可以说,师生关系的好坏直接影响到学生学习兴趣的高低。每个学生也都希望得到教师的平等对待和公正评价,这样他才会对这位教师产生好感,有兴趣,才能以健康的心理投入学习中去。了解学生,尊重学生,做学生的贴心人。教师应及时了解学生的难处,掌握其心理,对有困难的学生给予热情的帮助。一个能尊重学生、体贴学生的教师,学生同样也会尊重他、喜欢他。这样才能形成良性的师生关系,这也是教好英语、学好英语的基础。

和谐是指师生之间的情感联系,爱是其中的核心要素。爱需要教师对学生倾注热情，对其各方面给予关注，对于学习有困难的学生尤应如此。爱是将教学中存在的师生的"我"与"你"的关系，变成了"我们"的关系。和谐的师生关系，是促进学生学习的强劲动力。

融洽的师生关系对教学十分重要。朱小蔓曾说："离开感情层面，不能铸造人的精神世界。"教育是充满情感和爱的事业，教师应多与学生进行情感方面的交流，做学生的知心朋友，甚至与学生建立起母女般、父子般或姐妹兄弟般的融洽的师生关系，让学生觉得教师是最值得信任的人，跟教师无话不说、无事不谈，达到师生关系的最佳状态。例如：笔者经常和学生一起玩跳绳、打羽毛球，和他们进行心灵的沟通，让他们写字条，和笔者倾诉内心的想法。

2. 课堂形式多样化

语言交际是一种充满创造性的心智活动，注重课堂形式的多样化，多设计一些能启迪学生思维、激发学生学习热情的任务型活动，可以提高学生的综合语言运用能力。

（1）卡片。初学英语字母时，让学生自己动手制作字母卡或创造性地制作字母人，学生会很有兴趣地完成学习任务。再如：三年级的学生可以在学完"What's your name？""How old are you？""Where are you from？"句型之后，自己动手制作英文名片或校卡。下面是部分学生的作品（如图1、图2所示）。

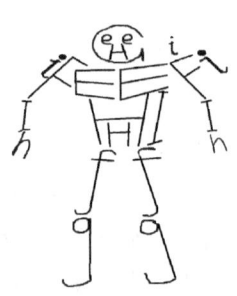 

图1　学生制作的字母人　　　　　图2　学生制作的卡片

（2）辩论。六年级下册英语有一篇小故事《龟兔赛跑》。教师可提问学生"What ideas do you get from the conversation? Which animal do you like better? Why?"，大家就会七嘴八舌地说"The turtle is…""The hare is…""I like…better, because…"，然后教师综合学生的意见，进行归纳总结。

（3）竞赛。学生好胜心和集体荣誉感很强，通过竞赛的方式可以促使学生主动参与活动。例如，在教完新单词后，可先分组朗读单词，比一比谁读得准且流利，再比一比谁最会组词，又比一比谁最会造句，分别给说对的学生加分，在规定的时间内所得分数最多的组为优胜。又如采取传话游戏、猜词、对话表演、背诵句子比赛、默写单词大比拼等形式，让每个人都参与到活动中去。

（4）写作。写作可以提高学生的语篇组织能力，有利于学生对自己的语言错误和语言方面的不足有更清楚的认识，同时也可以丰富学生的想象力。例如，在教完 Book 6 Unit 9 What will the weather be like? 后，可设计如下天气预报，让学生写作（见表1）。

表1 天气预报

City	Today	Tomorrow	The day after tomorrow
Beijing			
Shanghai			
Chengdu			
Guangzhou			
Kunming			
Tibet			
Hong Kong			

（5）绘画。例如，在教完 There be 句型后，可设计如下任务：让学生设计自己的家"My Dream House"。可以画平面图，也可以剪贴纸，也可以制作模型。

（6）表格。例如，在教完 Family and Work 后可布置如下任务：让学生建立一个家庭档案（见表2）。

表2 家庭档案

Family member	Name	Age	Job	Hobbies

（7）对话。例如，在学完开心英语 Book 6 Unit 7 What's the matter? 的单元会话后，让学生根据生活实际自编医生和病人的对话。下面是一组学生编的对话。

Doctor：Good morning!

Lucy：Good morning!

Doctor：What's the matter with you?

Lucy：I have a bad cold and a bad fever.

Doctor: You should take some medicine, drink a lot of water and take a good rest.
Lucy: OK! Thank you! Good-bye!
Doctor: Bye!

3. 开展内容广泛、形式多样的英语课外活动

课堂之外根据学生的年龄特点和兴趣爱好，积极开展各种任务型的课外活动有助于学生增长知识、开阔视野、展现才能。在教学实践中结合学生实际可组织英文歌曲、英文书法、英文手抄报、英文课本剧、英语晚会、英语课外调查等多种活动。

苏霍姆林斯基说过："兴趣的源泉在于运用。"为增强学生学习英语的兴趣，给学生更多地运用英语进行交际的机会，教师可以设计和组织多种难易适度的课外活动。通过活动可以让学生把学过的知识运用于实际中，使学生认识到自我，取得不同程度的成就感，增强其自信心，增添了学习英语的兴趣和乐趣，变"要我学"为"我要学"，进而长久保持其对英语学习的兴趣。

教师可以经常性地编辑英语学习园地或办英语板报，解决疑难问题，分析常见错误，辨析词语用法等，还可适当刊登一些游戏方法、英语小诗歌、谜语、典故、趣闻、学生日记等；可以成立英语课外活动小组，开展学习课外材料、演唱英语歌曲、表演英语会话或短剧等小组活动；结合实际组织英语竞赛，如英文书写竞赛、朗诵比赛、单词听写竞赛、单词接龙比赛、智力比赛等。让学生在这些活动中互相帮助、互相感染，进而共同提高水平，长久保持学习英语的兴趣。

二、利用趣味活动，激发学习兴趣

1. TPR 活动

TPR 是美国加州圣约瑟大学心理学教授詹姆士·阿歇尔（James Asher）于 20 世纪 60 年代，根据心理学理论提出的外语教学法，英文为 Total Physical Response（TPR，全身反应法），也叫领悟法（Comprehension Approach）。所谓全身反应法是一种把语言和行为联系在一起的语言教学法，即通过全身各部分的活动来学习语言，亦即"在做中学"（learning by doing）。学生通过听指令迅速做出相应的动作，亲身体验行为，逐渐领会语言内涵，以提高教学效果。在教学实践中如何提高学生的听力水平，提高学习英语的兴趣呢？笔者运用了全身反应法。实践证明，全身反应法是行之有效的训练学生听力的外语教学法之一。下面笔者结合教材谈谈全身反应法在教学中的运用。

（1）运用全身反应法激发学习兴趣。兴趣是学习的导师，兴趣是学习的内在动力。英语课程标准强调从学生的学习兴趣出发，倡导体验、实践、参与、合作与交流的学习方法。心理学家指出，学习者对直观形象的事物感兴趣，特别是亲身体验去感受语言最能吸引其注意力，并激发兴趣。全身反应法的一系列活动能激发学习兴趣，使学生集中注意力学习语言。例如：学习 Body 一课时，在教完新单词 head、shoulder、knee、toe、eye、ear、mouth、nose 后，第二部分以歌曲形式巩固所学的新知识。学生在已经理解歌词大意的情况下，一边听录音一边跟教师指出相应的身体部位，有些还小声哼唱。学习单词本来就枯燥无味，但是通过这样循环反复操练的 TPR 活动，孩子们更加理解单词了，也会唱这首歌曲了。因此，学生既能巩固所学知识，又能体验学习的成功与乐趣，增强其自信心，提高了英语学习兴趣。

（2）运用全身反应法创设情境，融于情境，提高教学效果。英语新课标倡导实践参与、体验成功的教学途径。在课堂教学中，运用全身反应法设置较真实的学习情境，让学生积极参与活动，并在活动中扮演某一角色，努力实践语言交流，不仅能提高听力理解能力，而且能通过生动形象的表演来记忆所学的语言。如教学现在进行时"What are you doing?"时，为了便于理解现在进行时态中的现在分词 singing、talking、dancing、swimming、laughing，笔者设计了这样的情景：播放课件图片（在唱歌、在谈话、在跳舞、在游泳、在大笑的图片），请两位表演能力较强的学生到讲台做模拟表演（唱歌、谈话、跳舞、游泳、大笑）；同时，笔者提出问题："What are they doing?"（他们在干什么？）。再做第二次时，教师从旁解说"They're singing/talking/dancing/swimming/laughing."。接着让学生快速反应做动作，教师说"singing/talking/dancing/swimming/laughing"，学生快速反应做相应的动作。笔者还用了小组比赛的形式让学生能尽快熟悉语言并记忆语言，表扬表演好的小组。这样，学习热情提高了，语言也逐渐掌握了。语言教学渗入了 TPR 活动，语言就变得亲切可感，如置身其中。又如：在教 teacher、worker、farmer、doctor、nurse、driver 几个表示职业名称的单词时，笔者先示范动作，让学生猜测职业，再一边做动作一边说："I am a teacher/worker/farmer/doctor/nurse/driver."。待学生理解语言后，让全体参与活动。通过活动，学生记忆深刻，给学生增添了许多乐趣，充分体会到学习的愉快，从而达到提高教学效果的目的。

（3）运用全身反应法"吸引"学生，及时调整课堂气氛。在课堂教学中，有时候会出现课堂气氛沉闷、学生注意力分散、学习疲劳的现象。教师如何使学生再投入学习中呢？过去的观念是：你不愿意学习，我来强制你学习。现在的观念是：你不愿意学习，我来吸引你学习。因此，教师要吸引学生的注意力，让孩子们自觉参与到学习中。笔者常常运用全身反应法来吸引学生，营造宽松、民主、和谐的教学氛围。例如，下面的TPR活动可以使学生重新投入学习中。

①简单的指令和动作："Touch your…/Show me…/Point to…"。

②常用动词操练（哑剧表演）："Eat an apple./Drink some tea./Go to the door."。

③介词辨别："Put your pencil on the floor./Put your book under the chair."。

④角色扮演："Act like a teacher./Act like a monkey."。

⑤常识问题："If London is the capital of England, put up your hand./If a dog has four legs, clap four times."。

全身反应法作为一种简单、操作性强、生动直观的教学方法，适用于基础教育阶段语言的学习，它不是孤立地运用于教学中，而是与游戏、歌曲、演示、韵文、歌谣等形式共同发挥作用，还可借助多媒体辅助手段。教师在教学实践中，要根据教材内容，因地制宜、因人而异地合理运用全身反应法。在教学中，只有将全身反应法与其他教学方法有机地结合起来，才能达到事半功倍的效果。

2. 文艺科与英语科相结合，促进学科之间的联系

（1）让音乐走进英语课堂，提高学习效率。音乐活动可以发展儿童的想象力，可以锻炼他们的注意力、观察力、记忆力，陶冶儿童的审美情趣，还可以调动学生的学习情绪，激起学生的学习兴趣，在课堂起始阶段创造轻松、愉快的气氛。

在英语课堂中，英语歌曲作为一种调节剂，对活跃课堂气氛、突破某些教学难点、提高学生学习英语的兴趣，起着非同一般的作用。小学生自制力差，若想让他们全神贯注地倾听一节课，那是不现实的。于是笔者平时特意搜集一些小学英语歌曲，把它们放在一个文件夹里。在每节课前，笔者把与本课或者本单元内容相关的歌曲播放一首，学生们对歌曲的演唱欲很强，感情上很投入，注意力非常集中。学生们既欣赏了音乐，又复习了所学的重点单词及句式，可谓受益匪浅。再如，在学习某些单词时，学生们掌握较快，但保持率不高，很快就忘记了，这时笔者就通过歌曲来巩固。例如，在教开心英语版三年级上册 Animals 时，因为这个单元涉及一些动物名称，如 kangaroo（袋鼠）、camel（骆驼）、zebra（斑马）、lion（狮子）、giraffe（长颈鹿）、elephant（大象）、tiger（老虎）、panda（熊猫）、monkey（猴子）

等,并且不太好记,于是笔者把这些单词编成一首动物儿歌:"动物园里动物多,我为大家唱儿歌:tiger, tiger 是大王,tiger, tiger 真威武;panda, panda 真可爱,胖乎乎来惹人爱;lion, lion 吼声大,吓得游人远离它;monkey, monkey 真顽皮,吃下香蕉乱扔皮;camel, camel 不简单,camel 背上两座山;giraffe, giraffe 脖子长,要和小树比谁高;kangaroo, kangaroo 跳得快,kangaroo 胸前有口袋;elephant, elephant 鼻子长,卷起树木往里藏。"学生们非常爱上笔者的英语课,只要学生看见笔者就会问:"老师,咱们再上节英语课,好吗?"真正实现了变"要我学"为"我要学"。

(2)充分利用简笔画或绘画技术,让英语课堂更加生动。图画比语言文字生动、直观,更具有真实感,富于童真童趣,可以极大地激发新生的兴趣。比如,在教开心英语版三年级下册 Where are my socks? 时,next to、in front of、behind、between、across from、under 等方位介词(介词短语)比较多,教师可以快速地画出展现方位的漫画,图文结合,学生很快就记住了这些难以掌握的介词,然后再结合漫画,让学生分组练习说这些物品的方位处所。如学生问答"Where is the cat?""It is under the table."。最后还在图中改变物品的单复数进行练习,学生不但掌握了单词,也掌握了句型,还在与同学的对话中,练习了口语表达,进而也体验了成功的快乐,培养了学生团队合作的意识。当然,这样的课堂对教师提出了更高的要求,要求教师必须具备娴熟的绘画技巧。

三、利用信息技术激发学习兴趣

1. 多媒体技术的出现和迅猛发展给小学英语教学提供了崭新的教学手段和可无限开发的教学资源

多媒体信息技术的使用使难懂的知识变得有趣、易学,因此大大调动了学生的积极性,刺激了学生兴趣的发展,唤起了学生的求知欲,使学生在轻松愉快的教学气氛中积极投入每节课的学习。为了培养学生的学习兴趣,激发求知欲望,笔者常把信息技术融进英语课,使每一节课变成一种妙趣横生的学习活动,寓情趣于知识教学之中,激起学生浓厚的学习兴趣。例如:在教授 We love animals 时,先通过课件播放"动物运动会"里的小动物运动员出场的情景,并展示小动物的英文名称,让学生置身于"小动物运动会"的场景中,愉快地认识、记忆这些小动物的英文名称。

在教授三年级上册 I Like Fruit! 时,使用课件展示会说话的水果向小伙伴介绍自己的英文名称的场景。当学生看到平时自己爱吃的水果讲起话来,并介绍自己的英文名称时,非常感兴趣,愉快地跟"水果小朋友"做游戏——出示只有水果的一部分的图片并猜出水果的名称,把水果图片和相对应的单词连一连,等等。学生在这样的课堂上轻松、愉快地学会了这些水果的单词。

在教学 Sounds and Words 语音时,利用 CAI 课件展示单词图片,幻灯片不断变换字母和单词,让学生快速读出单词的发音。学生通过观察和记忆,既培养了观察能力,又有效地启发了思维。学生在兴致勃勃地完成活动的过程中不知不觉也操练巩固了本堂课所要掌握的语言。

2. 多媒体让教学节奏加快,让学习效率得到了提高

多媒体课件在英语教学中的应用,为英语教学带来了质的飞跃,它通过利用计算机对文字、图像、声音、动画等信息进行处理,形成声、像、图、文并茂的教学系统,进行视、听、触、想等多种方式的形象化教学,打破了传统的教学模式,既符合学生的认知规律,又促进了学生思维的多向发展。有了多媒体,教师可以结合教材、挖掘教材制作课件,从多角度、多方位设计各种游戏、竞赛、问题,发展学生横向比较、类比联想等思维,使学生在理解和掌握所学内容的基础上,还能就自己所学的各种知识,结合英语去创造、去探索,培养创新思维,增强创新能力。

总之,多媒体在英语教学中的确有无法比拟的优越性,多媒体设备的应用给教学吹来了一股新鲜、灵动的风,它犹如英语教学活动的"催化剂",能激活课堂、激活教材、激活师生,使课堂教学高潮迭起、节奏明快、层层推进;又可创造轻松、愉快的学习氛围,为学生创设一个充满情趣的语境,让学生在宽松的氛围中实现视、听、说共同发展,真正感受英语的魅力,使他们学在课堂、乐在课堂。笔者深信只要我们能真正恰如其分地把多媒体教学运用于教学实际中,我们的教学一定会变得更加轻松。

四、注重全程评价,激发参与激情

1. 注重形成性评价,重视终结性评价

形成性评价是指在教学活动过程中,为诊断活动效果、调节活动过程、保证目标实现而进行的过渡性评价。小学生的自信心主要来自外界的评价。及时对学生的参与态度和参与效果进行适度的鼓励性评价,有利于保护并提高学生主动参与教学的积极性。

我们每一次的课堂评价都意在培养学生的学习兴趣,激发学习热情,使他们不断进步,发展学习能力。所以坚持不懈地在每个课堂进行评价是提高学生成绩的有效做法。在每个课时、每个单元里,学生都能随时感到自己的成长、自己的进步。学生的成长过程使笔者由衷感到评价可以开启学生愉快学习英语的大门,也是一项愉快的教育活动。课堂评价使学生认识了自己,从评价中找到了学习的乐趣,让孩子们学英语的新鲜感和热情时常得到支持。的确,对我们教师而言,如何更好地实施课堂评价,不得不引起我们的深思。

让每个学生参与课堂是制订课堂评价标准的核心任务,为了更好地激发学生参与课堂的兴趣及积极性,笔者制订了评价内容、标准及评价表(见表3)。

表3 课堂评价

学习内容	语言知识、文化意识				语言技能			情感态度	
	口头作业	活动手册	课文内容	手工制作	课堂表演	课外运用	参与活动	听课状况	课堂参与

注:评价实施等级制。

由于学生的表现欲较强,再加之同学间、小组间都有了竞争,学习兴趣自然比较浓厚,因此,评价标准与公平性也十分重要。教师必须在课堂上做出及时的、全面的、公正的评判。比如小剪纸画、小贴人、小红花、小五星、OK手势、笑脸等,给予肯定,以资鼓励。小学生好动,好表现自己,爱说、爱唱、爱表演,无论是优生,还是后进生,都想为自己、为自己的小组争荣誉,在竞争中,他们学会了主动去学习。

教师要有一双善于发现的眼睛,善于"捕捉",及时评价。在教学中,教师要有一颗宽容的心、一双锐利的眼睛,懂得学生是发展中的人,更多地看到学生的可取之出。

正如威廉·詹姆士所说的:"人类最殷切的要求是渴望被肯定。"美国心理学家桑代克说:"赏与罚的效果不一样,赏比罚更有利。"中国也有句俗话:"数子十过,不如讲子一长。"这就告诉我们,在任何时候奖赏的效果都高于惩罚。学生受到了教师的肯定,也就获得了成就感。

德国教育家第斯多惠说过:"教学的艺术不在于传授本领,而在于激励、唤醒和鼓舞。"要正确、全面地对学生进行评价,尤其要注意帮助学生的特长发展,帮助学生树立成功的信念,使学生从成功走向成功。我们要善于发现学生的长处,以学生的特长带动其自身短处的发展,以长带短,而非以长补短。每个人都是多面性的,各个学生都有自己擅长的方面,如果教师在对学生做评价时能针对他们的长处加以肯定和鼓励,那会帮助学生竖立起强大的自信心。

终结性评价是在一个学习阶段结束时对学生学习结果的评价,主要是检测学生语言综合运用能力发展的程度,包括语言技能、语言知识、情感态度、学习策略和文化意识五个方面,较好地反映了教学的效果。在实际操作中，通常采用口试、听力和笔试等形式对学生进行评价。小学英语教学的任务之一是"激发和培养学生学习英语的兴趣，使学生树立自信心，掌握一定的英语基础知识和听、说、读、写技能"。本着尽量利用现有资源、便于操作、尽量真实地体现学生的学习过程、尽可能地发挥学生的主体作用等原则，合理地调整形成性评价和终结性评价的关系，将有利于达到上述目标，有利于增强学生的自信心，有利于实现学生的选择性和创造性以及答案的开放性和多样性。

2. 教师要形成一套完整、合理的评价体系

《义务教育英语课程标准（2011年版）》强调，小学英语教学应建立能激励学生学习兴趣和自主学习能力发展的评价体系，并提出英语课程的评价体系要注重体现学生在评价中的主体地位，而且要以形成性评价为主，即以对学生在学习过程中的进展情况进行评价为主。教师要采用科学、合理的评价方法、评价形式和评价手段，要不断学习和了解国内外语言评价的理论与实践研究成果，钻研语言评价技术与手段，更要积极尝试、实验新的评价方法。

综上所述，兴趣是推动学生的内存动力。教师要因时、因地、因人创设多种能激发学生学习兴趣的教学情景，以增强英语课堂教学效果，提高学生的英语水平。学生语言能力的高低在很大程度上受制于英语学习兴趣的程度。所以，作为英语教师，一方面，要向学生传授语言知识并使他们掌握技能；另一方面，更要重视培养和保持学生对这门学科的兴趣，以获得事半功倍的效果。这样才能真正把新课程标准提出的要求落到实处。

参考文献

[1] 陈静波．《义务教育英语课程标准（2011年版）》案例式解读：小学英语［M］．北京：教育科学出版社，2012．

[2] 杜申诺娃，王小庆．好用的英语教学游戏：最新中小学英语教学游戏分类精选［M］．上海：华东师范大学出版社，2010．

[3] 黄远振．新课程英语教与学［M］．福州：福建教育出版社，2003．

[4] 苏霍姆林斯基．给教师的建议：上册［M］．杜殿坤，编译．北京：教育科学出版社，1980．

[5] 苏霍姆林斯基．给教师的建议：下册［M］．杜殿坤，编译．北京：教育科学出版社，1981．

[6] 王蔷．英语教学法教程［M］．2版．北京：高等教育出版社．2006．

[7] 肖川．《义务教育英语课程标准（2011年版）》解读［M］．武汉：湖北教育出版社，2012．

基于BYOD的小学英语深度学习探究[①]

广州市天河区体育东路小学　林少芳

英语学科核心素养由两部分组成：其一是必备品格，包括文化品格和思维品质；其二是关键能力，包括语言能力和学习能力。现今的英语课堂仍较普遍存在以下学习状态：机械地进行单词及句型训练；课堂问答简单化，缺乏思考空间；阅读教学任务浅显枯燥；交流对话过于形式化，偏离实际生活；团队合作流于形式。为改变现状，提高学生的英语学科素养，我校课题组以小学英语阅读教学为切入点，尝试探索BYOD学习环境下的小学英语深度课堂教学模式。

一、小学英语深度学习与BYOD相融合的意义

BYOD是指"Bring Your Own Device"，即在教与学的过程中师生个性化地利用自己的信息设备获取教学资源，实现教学交互，达到优化教学效果的目的。BYOD环境下的学习模式打破了上课时间、空间的限制，学生可利用相关平台的阅读资源，通过文字阅读、有声阅读等形式进行英语阅读训练，并进行交流、分享，有利于促成传统的以教师为中心的教学结构和过程模式的变革。

二、英语深度学习与BYOD教学环境相融合的探索

（一）BYOD学习环境下的英语多模态课堂

视听动触多模态教学法，旨在通过视觉、听觉、触觉、嗅觉和味觉的感官，把动、静态资源融入教学过程中，给学生以多感官的、充盈的全方位学习体验，激发学生多层次的联想。传统的英语故事教学常将完整的故事进行碎片化处理，让学生难以从整体上把握。笔者尝试通过BYOD的学习环境，提高故事教学的有效性。

例如，在教授三年级下册《外研社丽声拼读故事会》绘本中的Pen Fun篇时，笔者让学生通过平台对故事内容进行视、听、读、说等系列学习后，借助电子词典、跟读再读等工具全面理解故事，教师通过相关练习检测学生对故事的掌握情况，并根据即时数据分析进行有针对性的教学，以有效加强

[①] 本文系广州教育科学规划2017年度能效专项课题"小学英语阅读与BYOD智慧校园的整合教学研究"（课题编号1201771186）的研究成果之一，原载《广东教育》2019年第9期。

"教"的精准度，减轻"学"的难度。平台帮助学生了解西方文化，发展批判性思维，实现知识传授与道德教育相结合，拓宽了教学的深度和广度。课后，教师还可将 BYOD 学习环境中的课外阅读故事，分年龄和英语水平推送给不同的学生，让学生根据自己的兴趣和认知能力进行选择，并达成不同的认知目标。本节课的基本教学流程如图 1 所示。

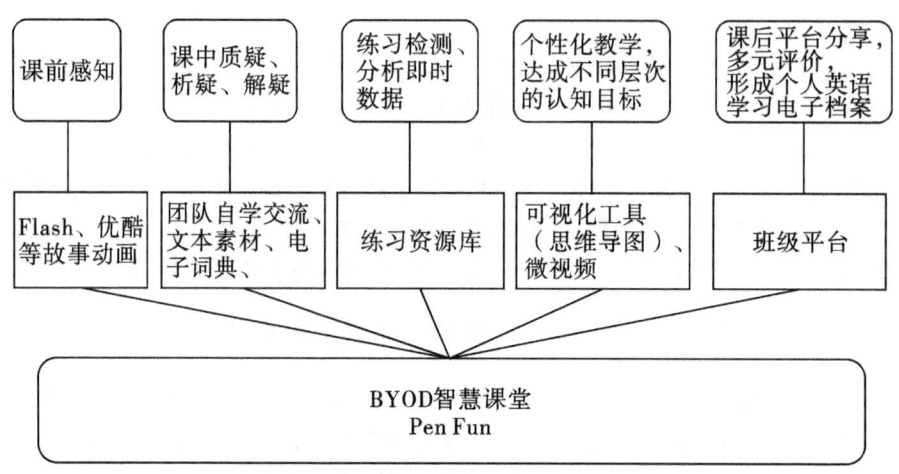

图 1 基本教学流程

（二）BYOD 学习环境下的英语个性化课堂

在大班制教学模式中，如何较好地实现分层教学，实现个性化学习？课题组尝试把小学英语课堂的个性化学习融入 BYOD 学习环境中：通过平台让学生不受上课时间、空间的限制，进行交流、分享；借助不同的英语学习 App，还原真实的语境，实施"一对一"教学；创造更多的情景，调动学生的积极性，让学生有机会选择不同层次的学习活动等。

例如，在教授三年级下册 Family 一课时，笔者利用 BYOD 学习环境，把本节课的重点分成必达目标以及挑战目标，通过集体学习活动检测学生对主要知识点的掌握情况，并根据即时数据分析进行学情诊断。完成基础目标的学生可在学习终端选择自己感兴趣的材料进行挑战学习，未完成的学生则在教师以及学习终端的帮助下继续巩固学习基本内容。该方法较好地实现了分层次的个性化学习。

（三）BYOD 学习环境下的英语生成课堂

为了丰富英语课堂的生成，课题组在日常英语教学的"听、说、读、写"环节后增添一个"创"的环节。英语与信息技术的融合课 Traveling，文本为根据六年级下学期"Module 3 Travel Abroad"主题选择的一篇短文。本课以谈论毕业旅游为主线，通过"情境感知—词句运用—拓展整理"几个教学环节对整个模块的知识点进行整合运用。

（1）任务驱动，用技术激发学习动力。课前，安排学生到图书馆借阅关于世界旅游的相关书刊和地图，选择一个自己最向往的旅游目的地，了解该国家的首都、国旗、地理位置，上传相关的图片到自己的学习终端平台上，并完成学习任务单（见表1）。

表1　My Plan of Graduation Trip

Think about these	My ideas
Where will you go?	
Why do you choose there?	
How will you go?	
What things can you do to make your trip come true?	
the good manners when traveling	

（2）善用工具，在解决问题中提高学习能力。学生通过视、听、朗读、小组交流等方式理解文本，提炼出思维导图后，把本模块的知识点与本节课所学知识转化成名为"My Graduation Trip"的习作，制作成iMovie，并分享在班级共享圈。此过程中，学生可能会遇到阅读材料难以理解、思维导图难以归纳等困难，可借助电子词典、思维导图App、教学微视频等工具来化解，这样既能梳理短文的主要内容，还能提升自学能力。

（3）通过多角度的评价，培养孩子良好的思维品质。课后，在分享平台，学生可以观看不同国家的素材，有利于扩大本话题的阅读量。在这个过程中，学生不但锻炼了创作能力，还学习了如何从不同角度去欣赏和评价同一主题的不同作品。

三、实施效果

（一）学生方面

以Travel模块教学为例，我们对六（1）班的40名学生和六（2）班的42名学生进行了调查，其中，六（1）班采用传统教学，六（2）班采用BYOD学习环境深度学习教学。从数据分析可见，在BYOD环境下的英语深度学习研究中，学生的学习兴趣更高，主动探究意识增强，知识掌握情况、信息素养、表达与交流能力等都有不同程度的发展。该模式有助于培养学生良好的英语学科素养和终身发展的核心素养。

（二）教师方面

BYOD教学环境下，教师不再局限于传统的一课一授，而能立足学科核心，借助技术和平台，改变教学方式，更新教学理念。教师的课程实施能力、教学创新设计能力、信息技术创新运用能力均有不同程度的提升。

课题引航，研训促发展
——浅谈小学英语科组建设[①]

广州市海珠区江海小学　邝健云

我校英语科组在2010—2013年只有三位成员，现如今科组已有五位英语教师。根据校情及科组建设的需要，我们以"课题引航，研训促发展"为目标，加强研训，提高实效，形成了激情洋溢、开拓创新、以生为本、扎实高效的科组教学风格。在科组成员的努力下，我们在2017年被评为"第十届广州市优秀科组"。本文将介绍我校英语教研组如何以Phonics课题引航，实现研训结合，促进了师生的共同成长。

一、重视理论学习，更新教育观念，确立课题研究

本人梳理了自己的教学经验并结合校情、学情，于2014年申报广州市海珠区教育科学"十二五"规划个人课题"Phonics融入小学英语词汇教学的研究"，科组里的教师均是课题组成员，现在这个课题已进入结题阶段。这一课题的立项，明确了科组教研的方向和主要内容，自此，课题引航，理念先行，成了科组所有教师的共识。

二、课题带动教研，提高教研实效，形成科组特色

在课题的带动下，科组教师积极围绕Phonics课题进行研究，探讨如何在小学中低年级渗透Phonics教学。我们的初衷只是想帮助孩子更有效地记忆单词，就这样我们开启了Phonics教学尝试。在我们坚持了一段时间后，发现它对提高孩子拼写和记忆单词的能力是有帮助的。这就成为我们继续研究Phonics的动力。在对Phonics理论层面的进一步的研究和梳理之后，我们就决定从二年级开始，每周抽一节英语课的时间进行系统完整的Phonics教学，总体分成六个阶段来完成。

（1）准备阶段：一年级到二年级上学期（二年级开始，每周抽一节英语课的时间进行系统完整的Phonics教学）。

[①] 本文原载《东方教育》2018年第155期。

（2）起步阶段：二年级上学期。

（3）加速阶段：二年级下学期（这个阶段就要增加书写的练习，为三年级做铺垫）。

（4）攻坚阶段：三年级上学期。

（5）提升阶段：三年级下学期。

（6）超越阶段：四年级到六年级。

三、以生为本，开展特色学科活动，促进学生发展

（一）丰富教材，初步形成具有 Phonics 英语特色的课堂

Phonics 课堂需要大量的课外资源，学校给予最大的支持，给每个教师都订购了 Phonics 教材及教具。在每一节的 Phonics 课堂，我们都参考这些教材，围绕阶段目标，选取合适的资源，并结合本校学情，适当整合广州英语教材。

此外，科组教师经过近几年的教学实践，收集、总结并制作了较为系统的 Phonics 教学课件及各种资源。有了这样丰富的教材和素材作蓝本，课堂教学实效大大提高了。好弓要有好箭，除了有好的教学资源，我们在课堂活动上也花了不少心思，有趣味性的课堂才能激发学生的能动性。

下面分享一下我校英语课堂上的一些 Phonics 活动。

（1）课前组织课代表进行字母发音的复习，课间或者课堂上组织学生玩 Sight words 的游戏。

（2）在日常的 Phonics 教学中，我们大量运用了节奏明快的歌曲、生动活泼的视频，我们也收集了各种发音歌曲并教给学生。除了歌曲，我们还在课前或者课余时间观看 Alphablocks 的 Phonics 小故事，在课中学习 Phonics Kids 的小诗，等等。

（3）我们参考甚至自编朗朗上口的歌谣，如在教字母 a 在闭音节中的发音时，我们自编了"This is a cat. The cat is fat."等小诗。

（4）我们在课堂中经常使用一些精彩有趣的 Phonics 练习游戏，如小组听音找字母，听单词拍手数音节，听单词找头音、尾音，切分音节，快速拼读等活动。

丰富的教学资源和课堂活动，使二年级 Phonics 课堂受到了学生及家长的一致好评。

（二）设计并推动特色作业，丰富教具，巩固课堂学习

（1）我们在教室里张贴大大小小的 Phonics 拼读练习挂图以便学生在课

间做巩固练习。

（2）根据 Phonics 的教学目标，科组教师还设计了二年级 Phonics 作业纸，巩固课堂上学习的 Phonics 和 Sight words。例如，听辨词首的单辅音并圈出单词，听辨词尾的单辅音并圈出单词。

（3）为提高学生学习 Phonics 的兴趣，教师利用课余时间与学生共同制作 Phonics 教具，如利用废弃的台历制作拼读练习卡，利用卡纸制作拉条练习卡等，师生动手制作的教具激发了学生学习 Phonics 的能动性。

作为校本英语课程研发的雏形，我们边研究、边使用、边改进，希望形成具有我校科组特色的英语特色课程。

（三）开展 Phonics 绘本课外阅读

近年来，我科组开展了与课外阅读相关的活动，形成了良好的英语阅读氛围。为了支持英语科组的课题研究，学校在图书馆配置了 648 册英文读物、大量的 Phonics 绘本及英语故事，由英语教师安排学生阅读，或者由教师统一借阅后把英文读物摆放在课室的图书角，利用午会、晨读时间，定时、定量组织孩子阅读。另外，我们还配备了一些视频录像、CD、视唱等，教师们则利用课室的多媒体平台不定时播放给学生看，创设环境让学生们主动学唱英文歌。

（四）开展学生活动

为提高学生运用语言的能力，科组每学年都开展不同形式的英语活动。如二年级创编童话剧，表演短剧、歌谣；高年级开展英文流行歌曲比赛等。除此之外，科组每年均举办英语学科竞赛活动，其中在中低年段结合 Phonics 特色课程进行词汇竞赛，提高学生学习英语的兴趣，为提高英语成绩打下扎实的基础。除了校内竞赛，科组教师还鼓励学生参加校外各类型英语竞赛。

四、研训结硕果，师生共成长

功夫不负有心人，我科组于 2017 年被评为"第十届广州市优秀科组"。师生近几年均在学科竞赛、课堂教学评比、论文等方面获得了不少进步和荣誉。在课题的引领下，自 2011 年起，每学期我校都围绕 Phonics 开展课例研讨活动，并在区教研员的指导下，课堂教学取得了较大进步。近几年，科组教师都承担开展海珠区的 Phonics 研讨课的任务。

在教研员、科研专家的指导下，在学校领导的支持下，在学校教师团队的协作下，以及在同行的不吝赐教下，我校英语科在教学研究上取得了进步，孩子们在英语学习兴趣和自信方面也提高了。今后，我们将继续开展实效研训，以课题引航，带动师生共同发展，把学校英语科组推向更广阔的天地！

迎接新时代　践行新使命
——谈德育教育与小学英语教学的有效融合[①]

梅州市大埔县大埔小学　郭爱玲

德育是素质教育的重要组成部分，是学校教育的一个永恒主题。作为英语教师，如果我们能在教授知识的同时，利用学生喜闻乐见的形式，寓德育于其中，相信在潜移默化下教育效果将事半功倍。下面就从当前的时代背景出发，对新时代下的小学德育教育与英语教学的有效融合进行研究和探讨。

一、挖掘词汇，于文本学习中渗透爱国主义教育

爱国主义教育是德育的重要内容。在小学英语教学中，教师要以某些过程或知识点为依托展开潜移默化的熏陶教育，实现教育无痕渗透、无痕育人的功能。在 PEP 小学英语教材中，很多英语词汇都蕴含着爱国主义元素，教师要善于挖掘这些元素，在教学中对学生渗透爱国主义教育。

例如，在教单词"China"和"Chinese"时，教师不仅要对这两个单词的音、形、意和拼读进行教学，还要挖掘出"China"这一词汇背后的德育元素。教学中，教师可以借助英语词典让学生明确"China"这一词汇在英语中有"瓷器"和"中国"两种意思。中国和瓷器怎么会联系在一起呢？在小学生产生这样的疑问之后，教师再适当地讲解，让他们明确中国的瓷器从古代起就闻名于世界了，于是外国人就把瓷器当成了中国的代名词，这样，就使学生产生了强烈的民族自豪感。这时，教师再出示钱学森、田家炳等人物的图片，让学生进行"He is… He is from China." "We are from China, and we are all Chinese."的句型练习。在学生进行句型练习的时候，教师适当地向学生讲解钱学森、田家炳等人物的伟大事迹，这样，学生就会产生自己是中国人的自豪情感，从而渗透爱国主义教育。最后，可以问学生"Do you like our country?"，并出示一个关于中国风光的视频，让学生在欣赏祖国大好河山的时候，爱国之情油然而生，进一步培养了孩子们热爱祖国的情感。

在小学英语教学中，像这样可以渗透爱国主义教育的教学点还有很多。

[①] 本文原载《学习周报》2019 年第 34 期。

教学中，若教师善于挖掘这些爱国主义元素，并在教学中进行无痕渗透，就能收到事半功倍的教学效果。

二、创设情境，于语言运用中渗透文明礼仪教育

讲文明、守礼仪是一个人道德修养的外在表现和做人的基本要求。在英语教学中，渗透文明礼仪教育可以扩大学生接触外国文化的范围，提高他们跨文化交际的能力。因此，教师要善于通过教学促进学生文明礼仪的形成，要善于为学生创设交流语境，让学生在英语语言交流的过程中使用文明礼貌用语，这样才能让文明礼仪教育落到实处。小学英语教学的内容多贴近于生活，有很多文明礼貌用语。在教学中，教师要善于为学生创设交流的语境，让学生在具体的交流语境中使用这些文明礼貌用语。

如在教"Thank you."这一最为常用的礼貌用语时，教师应侧重于学生这一良好习惯的养成。要告诉孩子们，得到别人的帮助时要说"Thank you."，接受别人的赞美时要说"Thank you."，收到礼物时要说"Thank you."。同理，如果碰到长辈，应主动问好："Good morning！""Good afternoon！""Good night！"。鼓励学生在日常生活中多用"Sorry.""Please.""Excuse me.""Thank you."等常用语，并对经常使用这些用语的学生进行表扬。这样就使学生在学习英语知识的同时，培养了文明礼貌的美德。

三、拓展延伸，于生活文化中渗透社会公德教育

在英语课堂教学中，渗透社会公德教育依靠的是日积月累、潜移默化。任何形式的硬灌、勉强，都不能起到积极的促进作用，相反有可能产生消极效应，使学生产生反感。课堂上，教师要做个"有心人"，关注学生的发展，找准机会，适时、适度地进行德育教育，让学生在自然渗透中受到情感的熏陶，从而将其内化为自己的道德意识。如在教 Public Sign 时向学生介绍几个公共标志用语，并用"Don't..."进行了解释。在教学中如果用看图交际的教学方法，会让教学内容枯燥、形式单一，导致学生在学习过程中缺少情感的熏陶。因此，笔者将这一课与"小学生日常行为规范"相联系，同时在课前让学生收集他们所看过的标志用语。学生们表现出极大的热情，他们纷纷利用课余时间收集标语，还在小纸条上记下来。在课堂上，学生们争先恐后地说出自己记下的标语，遇到不认识的单词都写在黑板上，一起学习。一节课结束后，学生们不仅学会了书本上的6句话，还将"No littering.""No parking.""Don't touch.""Keep off the grass.""Be quiet."等十多句标志用语都说得很熟练，甚至学生们一起为班级制定了班级规则"Don't run in the classroom."等。有时他们走过这些标志用语牌时，都会兴致勃勃地将其读出来。这是对社会公德教育资源的有效挖掘，将英语的工具性、交际性、生活化等功能系统地组织成一条教育链，达到知识的学以致用、以德育教，促进学生英语学习的良好发展。

四、营造氛围，于课堂活动中渗透亲情、友情教育

现在的孩子大多数是独生子女，在家中是"小皇帝""小公主"，长辈百般呵护，有求必应，自私心较为严重，往往不懂关心别人、不懂感恩。教师在日常教学活动中，可以结合实际，有目的、有计划地加以引导和提醒。例如：在教 Teachers' Day 这一单元时，正逢教师节，教师可引导学生动手制作贺卡送给任课教师，并写上祝福语"Happy Teacher's Day!"；在母亲节、父亲节时，可制作贺卡并写上"I love you, Mum/Dad!"。这样做不但培养了学生的动手能力，更让学生得到了良好的道德情感熏陶。

迎接新时代，践行新使命，德育教育与英语教学的互动，重在有效融合。以上，仅仅从如何在英语教学中渗透爱国主义教育、文明礼仪教育、社会公德教育和亲情、友情教育进行了阐述。德育包含很多内容，需要教师在教学中不断摸索，从而让英语教学更具人文情怀。

第二部分　有效教学设计

二年级

二年级上册（上海教育出版社·深圳）
The circle of life 教学设计

深圳市龙华区龙华中心小学　黄衍琴

一、教学内容分析

本节课内容选自义务教育教科书小学英语学科（上海教育出版社）二年级上册（深圳版）Module 4　The world around us Unit 11　In the forest（Period 3），这个单元的话题是"In the forest"，通过介绍森林里的动物，掌握"Look at…"的句型和简单描述动物外观特点、食性等的表达方法，为学生今后进一步描述周边世界里的其他事物奠定基础。本课共包括五个部分：Let's talk 中突出重点句式"Look at me."，同时包含旧知"I'm a…""I'm…（形容词）""I like…"；Let's learn 重点学习本课核心词汇 fox、hippo、meat、grass；Let's sing 为动物关联歌曲，同时涉及句式"I like doing…"；Let's act 将核心句式运用为第三人称"Look at the…"，且涉及所有格表达；Letters 主要学习 u、v、w 三个字母的发音。本节课为第三课时，内容是 Let's act（Wild Animals），主要是学习使用第三人称描述动物、动物的特征及习性。

二、学生情况分析

小学二年级的学生经过一年的英语学习，对英语已经有初步的感知，他们活泼好动，充满好奇心，具有强烈的表现欲望，善于模仿，敢于表现自我。因此，笔者采取情境教学法，创设与自然相关的故事情境，引导学生进行角色扮演，大胆开展英语对话；以形式多样的活动和小游戏启迪学生思维，培养学生团结协作的精神。二年级已经学习过许多动物单词，如 chick、duck、cow、pig、panda、bear、tiger、monkey，已学关联句式"I'm a…""I'm…（形容词）""I like…""I can…"。

三、教学目标

（一）语言知识目标

能用第三人称单数形式描述动物的特征和习性，如"Look at the hippo.""It is strong.""It's grey.""It can swim.""It likes grass.""It's so cute."。

（二）语言技能目标

1. 能积极运用所学的英语进行表达和交流，并能了解部分常见动物的特征、习性等。

2. 能结合情境，用第三人称单数进行描述动物，进行简单的交流或汇报。

（三）学习策略目标

能在小组合作中互相学习、促进，共同完成课堂的学习活动。

（四）情感态度目标

1. 能自信演绎、乐于表达，勇敢使用英语展示自我。

2. 明白人与动物和谐共处的重要性，从小培养他们爱护动物的意识。

（五）文化意识目标

1. 让学生了解野生动物，学会保护环境，爱护大自然。

2. 了解每种动物的独特性，感受自然界的多样性，认识到人类、自然和动物都处于食物链中，尊重每个生物，保持生态平衡，地球才能生生不息。

四、教学重点

1. 学生对核心词汇能说会用，能在情境中熟练运用。

2. 学生能运用重点句型"It's…""It can…""It likes…"等描述动物。

五、教学难点

学生能根据所学内容进行语言输出，完成汇报。

六、教学策略

本节课中，先引出 Danny 和 Eddie 两个熟悉的人物，围绕两个人物进入森林中找寻食物链的任务展开。同时带领孩子们走进森林的情境，以第三人称单数形式介绍动植物，并引导学生对植物、动物进行归纳。通过介绍、归纳植物、食植性动物和食肉动物的相关情况，让学生逐渐了解森林中动物、植物之间存在的联系。然后，通过总结森林里的动物、植物之间的关系，更进一步讲解归纳食物链，并推导出人类处于食物链顶端，从而揭示人、动物、植物三者间的关系。最后，呼吁大家要保护自然，让生态处于平衡的状态。

七、教学准备

电脑、投影机、图片、课件、音频、视频等。

八、教学特色

本课时利用高小兰名师工作室 RLPR 教学模式，基于英语核心素养的教学观，创设情境引出植物、食植性动物、食肉动物，并引导孩子用第三人称单数形式介绍这些动植物，在介绍过程中要注重螺旋式上升。在森林中，植物与动物环环相扣，层层递进，引导学生学会观察归纳和发散思维，培养学生的思维品质，并揭示食物链规律，号召学生要尊重每一个生物，保持自然的平衡。

九、教学过程

Step 1　Raise concern

1. 歌曲导入（Sing a song），播放《马达加斯加3》的插曲 *I Like to Move It* 的视频。

【设计意图】通过观看视频，师生一起唱歌跳舞，活跃课堂气氛，迅速引起学生的关注，吸引学生的注意力，并以歌曲中的动物自然过渡到森林中的动物。

2. 小组问答（Pair work），两人一组，一问一答，复习前两节课所学习的主要句型。

S1：Look at the lion. What colour is it?

S2：It's orange.

【设计意图】通过学生间的问答，引入第三人称单数形式，为后面的学习内容做铺垫。

【设计原则】趣味性原则、复现性原则、交际性原则。

Step 2　Link

1. 观看电影《狮子王》片段 The Circle of Life，学生通过观看视频，直观形象地了解食物链。

【设计意图】创设森林中存在食物链的情境，并让学生初步感知食物链的概念，引导学生去寻找森林中的食物链。

2. 描述森林中的植物（Describe plants in the forest）。教师先示范运用第三人称单数形式描述森林中的植物，然后带领学生描述植物，并引导学生认识、说出更多的植物。

Look at the _____ . It's _____ . It's _____ .

【设计意图】学生初步运用第三人称单数形式描述植物，并初步认识食物链中的植物。

3. 描述食植性动物（Describe plant-eating animals）。展示食植性动物，比如河马、长颈鹿，并通过用语篇、填空、节奏唱歌等方式巩固所学内容，并引导学生归纳食植性动物的情况，从而理解食植性动物的概念，鼓励学生发散思维，说出更多的食植性动物。

Look at the _____ . It's _____ . It's _____ . It can _____ . It likes _____ .

【设计意图】引导学生描述食植性动物的特征、能力以及喜欢的食物，通过了解食植动物从而理解食植性动物与植物之间的关系，并认识到食植性动物是食物链中不可缺少的一部分。

4. 描述森林中的食肉性动物（Describe meat-eating animals）。展示食肉性动物，比如老虎和豹子。然后通过播放豹子捕食动物的视频，让学生直观感知食肉性动物的概念，并鼓励学生发散思维，说出更多的食肉性动物。

Look at the _____ . It's _____ . It's _____ . It can _____ . It likes _____ .

【设计意图】引导学生描述食肉性动物的特征、能力以及喜欢的食物，通过这些特征认识食肉性动物，懂得食肉性动物的概念，并且能举一反三地描述出更多的食肉性动物，从而了解食肉性动物、食植性动物和植物之间的关系，对森林中的食物链有进一步的理解。

【设计原则】趣味性原则、复现性原则、递进性原则。

Step 3　Prepare to report

小组制作动物海报（Make a poster of wild animals in groups）。四人一小组，选择最喜欢的动物画出来，并用本节课所学的句型写一写，描述动物的特征。做好海报后，小组内通过口语练习所写的动物。

【设计意图】学生小组合作完成海报，进一步从书写方面巩固知识，为接下来的小组汇报做铺垫，同时培养小组分工合作的团队能力。

【设计原则】合作性原则、练习性原则、目的性原则。

Step 4　Report

小组展示汇报海报（Show and describe the poster）。邀请若干小组进行海报的展示，并进行口头汇报。

【设计意图】小组展示并口头汇报海报，既总结了本节课所学的知识，同时也为学生提供了展示的平台，增强了他们的口语表达能力和学习英语的自信心。

【设计原则】练习性原则、合作性原则、目的性原则。

Step 5　Conclusion

1. 总结讲解森林中的生物链（Analyse the circle of life in the forest）。总结本节课中森林中所见到的植物、食植性动物和食肉性动物，厘清它们之间的关系，并再一次强调食物链。

【设计意图】复习本节课的重点内容，全面分析森林中的食物链金字塔。

2. 问答思考（Ask and answer）。通过总结板书问学生"Who is on the

top of the pyramid？"。

【设计意图】通过问题引导学生去思考谁处于食物链金字塔的顶端，培养学生的学科素养和发散性思维，并通过问题的解答号召学生要尊重每一种生物，保持自然的平衡，如此地球才能生生不息。

【设计原则】复现性原则、总结性原则。

Step 6　Homework

阅读食物链相关的书籍，进一步了解食物链。

【设计意图】把课堂的内容延伸到课后，让学生进一步了解食物链，提高学生的科学素养。

【设计原则】拓展性原则。

十、板书设计

板书设计如图 1 所示。

Unit 11　In the Forest（第3页）

Look at the _____.

It's _____.

It's _____.

It can _____.

It likes _____.

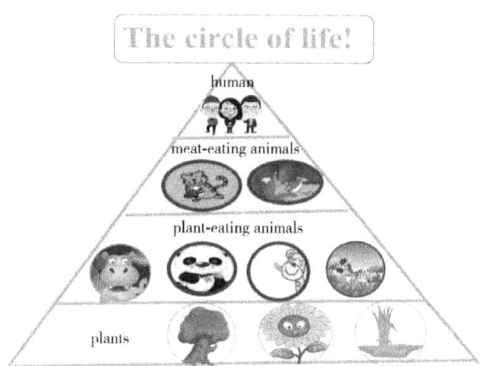

图 1　板书设计

三年级

三年级上册（PEP 版）Unit 6 Happy birthday（Let's talk）教学设计

广州市海珠区宝玉直实验小学　郭苑怡

一、教学内容分析

本节课内容选自义务教育教科书小学英语学科（教育科学出版社）三年级上册（PEP 版）Unit 6 Happy birthday 中的 Let's talk 板块。话题涉及数字和生日活动，内容是 Sam 和妈妈去买蛋糕的情景。

二、学生情况分析

学生在第一课时就已经学习过数字"1—5"的英文单词，相当一部分学生对数字已经有了初步的听说能力。而对话中的"Sure.""OK.""Here you are."等句型，学生在之前的单元也都学习过，这就降低了学生学习对话的难度，所以整篇对话的重点在学习"How many…"句型上。

三、教学目标

（一）语言知识目标

1. "二会"掌握本课单词 one、two、three、four、five、six、seven、eight、nine、ten、plate。

2. 学习理解运用句型"How many…?"以及回答。

（二）语言技能目标

1. 学生能理解课文，流利朗读课文。

2. 正确理解和使用本课的重点句型。

（三）学习策略目标

从实际生活经验出发，在体验中学习，在教师的点拨下进一步加深对所学知识的理解，掌握学习内容并能用新、旧知识的关联进行交流。

（四）情感态度目标

1. 心存感恩，乐于分享。

2. 自信表现自己的能力即能积极运用英语进行交流。

（五）文化意识目标

1. 初步了解关于中外生日的文化。

2. 生日快乐，不忘母恩。

四、教学重点

能听懂、会说"How many...?"，能回答。

五、教学难点

句型在实际情景中运用。

六、教学策略

1. 利用PPT、图片、实物等资源辅助教学，让学生掌握单词及句型的运用。

2. 联系实际生活，利用听读的方式对学生进行语言输入，使所学内容生活化、情境化。

七、教学准备

图片、课件。

八、教学特色

本课创设了Ben生日，孩子们为他准备礼物的情境，把情境贯穿于整个教学过程。

九、教学过程

Step 1　Raise concern

1. Greeting。

2. Sing a song：*Numbers*。

【设计意图】简单的问候拉近了师生间的距离，激发了学生说英语的热情。说一说，调动学生的情绪，让学生快速进入英语学习氛围中。

【设计原则】趣味性原则、目的性原则、针对性原则、复现性原则。

Step 2　Learn

1. Learn and review the numbers 1–10.

2. Play number games.

3. Learn the sentence of "How many...?".

4. Listen and number.

5. Present the dialogue.

【设计意图】

1. 通过有趣的数字游戏学习并掌握数字1—10的认读。

2. 通过猜物品数量的游戏、听数量排顺序等活动让学生学习了解、掌握句型"How many...?"。

【设计原则】趣味性原则、目的性原则、针对性原则、复现性原则。

Step 3　Practice

1．Practise reading the dialogue.

2．Read in role.

3．Act out the dialogue.

【设计意图】通过分角色读、看图背诵、表演等形式把情境用于实际运用中。

【设计原则】趣味性原则、目的性原则、针对性原则、复现性原则。

Step 4　Report

Make a new dialogue.

【设计意图】通过购买礼物的任务达到语言输出的实际运用。

【设计原则】趣味性原则、目的性原则、针对性原则、复现性原则。

Step 5　Homework

1．抄写课文单词。

2．自编新的对话。

十、板书设计

Unit 6　Happy birthday（Let's talk）

one	four	seven	ten	How many…?
two	five	eight		
three	six	nine		

三年级上册（PEP版）Unit 4 We love animals（Let's talk）教学设计

梅州市梅县区第一职业学校附属小学　陈蓝蓝

一、教学内容分析

本节课内容选自新人教版三年级上册（三年级起点）Unit 4 We love animals 中的 Let's talk 板块。话题涉及动物名称，内容是看手势猜动物。

二、学生情况分析

小学三年级的孩子们刚接触英语，在经过半个学期的英语学习以后，已经具备了基础的听、说、读能力。儿童的特性使他们活泼好动，对新事物有着强烈的好奇心，探索知识的欲望很强烈，并且有着很强的表现欲。本节课内容涉及动物单词，能充分吸引孩子的注意力，所以要掌握本课时的内容不难。

三、教学目标

（一）语言知识目标

1. "三会"掌握本课单词：monkey、dog、duck、panda、cat、rabbit。

2. —What's this?　—It's a…

（二）语言技能目标

1. 学生能理解课文，流利朗读课文。

2. 正确理解和使用本课的重点句型。

（三）学习策略目标

从实际生活经验出发，在体验中学习，在教师的点拨下进一步加深对所学知识的理解，掌握学习内容并能用新、旧知识的关联进行交流。

（四）情感态度目标

1. 了解动物的单词及其基本特征。

2. 自信表现自己的能力，能积极运用英语进行交流。

（五）文化意识目标

了解各种动物的特征，培养学生保护动物的良好品质。

四、教学重点

"三会"掌握本课单词和短语。

五、教学难点

panda、cat、rabbit 三个单词中的字母 a 都含有相同的音 [æ]，提示学生找共同点，使学生简单了解一些语音知识。

六、教学策略

1. 利用 PPT、图片、思维导图等资源辅助教学，让学生掌握单词及句型的运用。

2. 联系实际生活，利用听读的方式对学生进行语言输入，使所学内容生活化、情境化。

七、教学准备

1. monkey、dog、duck、panda、cat、rabbit 的图片和相应的单词卡片。

2. monkey、dog、duck、panda、cat、rabbit 的面具或头饰。

3. 与教材相配套的教学录音带。

4. Let's talk 部分对话中人物的面具。

八、教学特色

在本节课中，使用了创设情境教学法，通过教师直观的教学方式，让学生在接近生活的真实语言环境中感知学习内容。

九、教学过程

Step 1 Raise concern

1. 学生口语会话展示。教师可提示学生适时加入新句型"I have a..."。

2. 让学生戴上面具表演第一课时 Let's talk 部分的对话。

3. "猜猜看"游戏。

教师用简笔画的方法在黑板上画某种动物身体的某个部位，边画边问："What is this?"。如教师在黑板上画猴子的头、耳朵后问"What is this?"，学生随意想象，猜图说"A panda?""A monkey?"……教师再继续画一两笔，让学生接着猜，并以小组为单位进行讨论，最后由一名学生代表说出一个答案。教师将图画完，带领学生一起说"Look! It's a monkey."，猜对的小组赢得一分。

【设计意图】课前热身，引起兴趣。

【设计原则】趣味性原则、目的性原则、针对性原则、复现性原则。

Step 2 Learn

1. 继续调动学生的学习兴趣，接着刚才的"猜猜看"游戏。教师将所学的动物单词 monkey、dog、duck、panda、cat、rabbit 的图片提前贴在一块小黑板上，或提前贴在教室的黑板上，并在每幅动物图片上用纸张或其他物品遮盖好，只露出动物的尾巴，让学生猜猜看"What is this?"，导入单词的学习。

2. 教师将遮盖物取下，学生自然地发出感叹"Wow!""Great!"，随后教师请学生读单词（学生在第一课时已经初步学习了单词）。此时教师不要急于纠正学生的发音，而让学生相互说说、评评，让学生间相互纠正单词的发音。

3. 教师出示单词卡片，请学生在将单词读出后将卡片贴在黑板上，并要求贴在相对应的图片底下，使单词的音、形、义三者得到结合。

4. 打开教材第41页，全体学生听录音并跟读单词。要求每读一个单词，手指一个单词。跟读单词时力求模仿录音中的语音语调。

5. 将学生分为六个小组，让能力强的或有意愿的学生申报担任组长，带领小组组员继续学习单词，巩固对 monkey、dog、duck、panda、cat、rabbit 的认读。小组活动时应有评比，评比各组活动r情况，如学习氛围、小组纪律状况、有无大声喊叫、有无打闹等。教师还可为各小组命名，组名可为新单词，即 monkey、dog、duck、panda、cat、rabbit。

6. 小组反馈。让小组组员齐读单词，也可让每人读一个单词，检查单词的掌握情况。教师可继续评比，方法为：读对一个单词加一分。

【设计意图】承上启下，进入新课情境创设；引起兴趣学习新词，检查掌握情况。

【设计原则】趣味性原则、目的性原则、针对性原则、情境性原则、整体性原则。

Step 3　Practice

教师请五名"小老师"到讲台前带读单词。这既是对能力强的学生的表彰，也是多方面调动学习兴趣的体现。让每名"小老师"带读一个单词。

【设计意图】展示、提高学习的信心，熟读单词，掌握发音。

【设计原则】目的性原则、针对性原则、整体性原则、运用性原则。

Step 4　Report

游戏：小组对抗赛。

六个小组开展对抗比赛，各小组挑选一名组员上讲台前抽取单词卡片，大声认读，本组的其他组员快速做出此种动物的动作或模仿它的叫声，正确的加分。以此类推，直到六个小组都轮流过一次。

【设计意图】用游戏的方式汇报学习情况，在玩中学。

【设计原则】趣味性原则、目的性原则、针对性原则、交际性原则。

十、板书设计

Unit 4　We love animals

Let's talk

What is this?
It's a dog.
It's a duck.
It's a bear.

四年级

四年级上册（教育科学出版社·广州）Module 1—Module 3 Revision（My dream house）教学设计

广州市海珠区宝玉直实验小学　郭苑怡

一、教学内容分析

本节课内容选自义务教育教科书小学英语学科（教育科学出版社）四年级上册（广州版）Module 1—Module 3。话题是谈论自己的理想居所。

二、学生情况分析

本课的教学对象是四年级第一学期的学生，学生在 Module 1—Module 3 的学习中已经掌握了"There be…"的肯定句、一般疑问句及其回答和"What's in the…?"句型。同时掌握了使用方位介词描述物品位置，也学习了如何运用"There be…"句型描述自己的家的场室和学校的场室。能运用"I like to…"（在场所中喜欢做什么）的句型。掌握简单的句子描述自己的居所和学校。

三、教学目标

（一）语言知识目标

1. 复习、巩固有关屋子的场室名称。

2. 复习方位介词（介词短语）：on、in、under、beside、behind、next to、in front of、between。

3. 运用 3 个模块的句型完成阅读理解。

（二）语言技能目标

1. 能熟练运用已学的居所单词。

2. 能熟练运用 Module 1—Module 3 的句型。

3. 能运用已学句型进行交际和完成任务。

4. 能通过小组合作，仿照例子，描述自己的梦想家园并写下来。

（三）学习策略目标

从实际生活经验出发，在体验中学习，在教师的点拨下进一步加深对所学知识的理解，掌握学习内容并能用新、旧知识的关联进行交流。

（四）情感态度目标

1. 热爱自己的家。

2. 自信表现自己的能力即能积极运用英语进行交流。

（五）文化意识目标

了解世界不同地方的房屋特点。

四、教学重点

1. 能运用已学句型进行交际。

2. 能通过小组合作，仿照例子，描述自己的梦想家园并写下来。

五、教学难点

句型在实际情景中的运用。

六、教学策略

1. 利用课件、图片、实物等资源辅助教学，让学生掌握单词及句型的运用。

2. 联系实际生活，利用听读的方式对学生进行语言输入，使所学内容生活化、情境化。

七、教学准备

课件、图片。

八、教学特色

本课自编多个文本供学生阅读，拓展其知识面。

九、教学过程

Step 1　Raise concern

1. Greeting.

2. Say out the phrases loudly.

【设计意图】用简单的问候拉近师生间的距离，激发学生说英语的热情。说一说，调动学生的情绪，让学生快速进入英语学习氛围中。

【设计原则】趣味性原则、目的性原则、针对性原则、复现性原则。

Step 2　Learn

1. Guess the riddle of school to review.

2. Chant.

A. Chant after the teacher.

B. Chant without rooms.

【设计意图】通过有趣的小诗复习居所单词，并仿照例子编小诗。

Step 3　Practice

1. Picture show.（Houses in the World）

2. Fill in the blanks.（Houses in Snow Village）

3. Pupils' speeches.（My Dream House）

A. Listening comprehension：Kitty's House.

B. Passage reading：My Dream House.

4. Choose one dream house to describe in pairs.

【设计意图】通过4个文段的阅读，完成相关的练习，让学生掌握如何描述自己理想的居所。

Step 4　Report

1. Mind map.（My Dream House）

Ask some questions to finish the mind map of my dream house.

2. Help children use the mind map to write their own dream houses.

3. Share writings with group mates.

4. Culture：Funny houses in the world.

【设计意图】通过构建自己的理想居所的思维导图，完成写作。

Step 5　Homework

Introduce your dream house.

十、板书设计

Module 1—Module 3　Revision

My dream house

Welcome to my dream house.

It's...

There...

I like to...

四年级上册（上海教育出版社·深圳）
Unit 6 My parents 教学设计

深圳市龙华区龙华中心小学 周泽乔

一、教学内容分析

本单元 My Parents 属于义务教育教科书小学英语学科（上海教育出版社）四年级上册（深圳版）Module 2 My family，my friends and me 中的第三个话题。在本单元学习之前，学生已经具备了从外貌、特征、能力、喜好等方面对自己的父母进行语言描述的能力，但本单元是学生第一次接触各种职业的单词，以及问答职业的表述。在本单元中，学生将会学习运用"What does your father/mother do？He's/She's a…""What do your parents do？"来询问和介绍父母的职业，并要学会单复数问句的使用区别。在本课时，也就是本单元第三课时中，学生还将深入学习和了解消防员的职业特点，培养防火意识。在前两个课时的学习中，我们已经结合四年级之前学过的内容"Who is he/she？He's/She's…""What can he/she do？He/She can…"，将本单元内容加以充实，使新、旧知识得以结合，提高知识的复现率。我们也已经尽可能地利用生动有趣的图片和简单易懂的语言情境进行了职业单词和句型的重点操练学习。预计通过本课学习，学生能在进一步了解消防员的职业特点和树立防火意识的基础上，简单描述自己父母的职业特点，并树立自己的职业理想。

二、学生情况分析

经过三年多的学习，大部分学生对英语仍然保持着浓厚的兴趣，从四年级开始就要进入简单的语法和初步的阅读阶段，教师应该充分培养学生的听说读写能力，重视阅读能力和写作能力的同步培养，重视英语作为语言的交际功能，面向全体学生，激发学生的学习兴趣。教师在以活动为课堂教学的主要形式的同时，要充分发挥任务型教学在高年级的优化使用，设计丰富多彩的教学活动，有效地完成教学任务。同时注意学生中存在的两极分化现象，教学内容注意由简到难，循序渐进。四年级的学生已经积累了一定的语言知识，也已具备围绕某一主题写三到五句话的写作能力。就本模块的内容而言，学生能在描述自己父母的外表、能力、喜好等的基础上发展到能表述自己父母的职业特点，甚至谈论自己未来的职业梦想，因此，四年级的学生具有语言学习和交流的欲望，也愿意与同伴分享学习的快乐。

三、教学目标

（一）语言知识目标

1. 能在语境中正确使用核心词汇（词组）fire station、fire engine、kid、be afraid of、help people 和核心句型"Are you afraid of fire?""Yes, I do./No, I don't.""Don't play with fire."。

2. 能了解消防员的职业特点，进而说说自己父母的职业特点和自己的职业梦想。

（二）语言技能目标

1. 通过对文本学习，了解消防员职业的特点。

2. 能使用句型"He's/She's a…""He/She works in…""He/She can…""He/She is…"介绍父母或者其他家庭成员的职业。

3. 通过学习参观消防站的情景会话，进行角色表演和情境再编。

（三）学习策略目标

1. 通过听音频，展示图片、视频，运用肢体语言等方式，感知并学习语音、短语以及句型。

2. 学生能根据板书拓展表述自己父母的职业特点，培养学生的信息归纳意识和口语表达能力。

（四）情感态度目标

通过本课学习，学生能体会到消防员职业的重要性，培养学生热爱和尊重自己父母和其他人职业的高尚品质。鼓励学生从小树立正确的理想和目标，从而激励他们更加热爱学习，热爱生活，关爱家人和朋友。

（五）文化意识目标

初步了解消防员的职业特点，培养防火意识，了解火警电话等其他常识。

四、教学重点

1. 学生对核心词汇和句型能说会用，能在对应的情境中熟练运用。

2. 学生能用英语正确表达自己父母的职业特点。

五、教学难点

1. 学生能理解和补充场景对话文本框架，并分角色扮演。

2. 学生能在创设场景中补充对话文本框架。

3. 学生能根据父母的职业特征补充完成赞美诗框架。

六、教学策略

根据"小学英语 RLPR 话题教学模式"，通过设置情境，环环相扣，层层递进，引导学生用英语表达自己父母的职业特征并进行汇报展示。

七、教学准备

电脑、投影机、图片、课件、音频、视频等。

八、教学特色

本课围绕广东省教育科学"十二五"规划课题——"小学英语 RLPR 话题教学模式研究"进行设计，意图体现"RLPR 话题教学模式"的四个环节：引起关注（Raise concern）—学习新知（新授课）/链接（复习课）（Learn/Link）—准备发表（Prepare to report）—发表汇报（Report），从而促进学生综合语言运用能力的提高。

九、教学过程

Step 1　Raise concern

1. 歌曲导入（Sing a song：*What Do You Want to Be*?）。

【设计意图】通过唱跳歌曲，活跃课堂气氛，迅速引起学生的关注。

2. 玩"眼疾口快"游戏。

课件快速闪现前面学过的职业图片，学生看到图片尽快说出职业单词。

【设计意图】提升学习兴趣，复习职业单词，引出自由谈话环节。

3. 自由谈话（Free talk）。

T：What does your father do?

S1：He's a…

T：What does your mother do?

S2：She's a…

T：How about Jill's mother?

S3：She's a doctor.

T：How about Jill's father?

S4：He's a fireman.

T：Good. Do you know something about fireman?

Ss：Fireman works in a fire station./Fireman is great./Fireman can help people./…（学生根据自己对消防员的了解回答）

T：You're so great. Today we are going to talk more about fireman.

【设计意图】从自由谈话自然过渡到 Fireman 学习主题，为后面的学习做铺垫。

【设计原则】趣味性原则、针对性原则、复现性原则、目的性原则。

Step 2　Learn

1. 创设情境，Miss Fang 收到 Jill's father 的微信邀请，带孩子们参观消防局，引出故事。

T：Yesterday, Miss Fang received a message from Jill's father, Mr Xu. Now, let's listen to the message："Hello, this is Jill's father. Fire station's Open Day is coming. Come and visit. Welcome！"

T：So, it's a good news, right? Miss Fang will take the children to visit the fire station. Let's go with them. But before we go, Mr Xu wants us to watch a video about the fire station together.

教师播放消防站的科普视频，学生认真观看。

【设计意图】通过 Miss Fang 收到 Mr Xu 关于消防局开放日的邀请，自然而然地带领学生进入学习情境。

2. 引出文本，Miss Fang 和孩子们参观 Jill's father 所在的消防局，学习课文。

在播放课本视频前提出两个问题：

T：Before we go into the fire station, I have two questions for you.

（1）What can we see in the fire station?

（2）What can Jill's father do?

看完视频后，学生尝试回答以上两个问题。

T：So, what can we see in the fire station?

教师提问后，学生如果不能回答，教师则点击声效，播放一辆消防车的声音。

引导学生回答看视频前提出的第一个问题：

S1：We can see a fire engine.

出示图片。

T：How is the fire engine?

S2：It's big. It's red.

在有学生说出 big 后，教师顺势用肢体语言引导学习词组：so big。

T：What can the big red fire engine do?

播放一段 fire engine 去救火的视频，再请学生回答。

S：It can put out fire.

学习 put out fire 短语。

再播放一段熊熊火焰的视频。

T：Look at the fire. Are you afraid of fire?（当教师说到 afraid 时，要用肢体语言来解释它的意思，因为这个是新单词，要帮助学生理解它的意思）

Ss：Yes.（根据常识推理，大部分学生会回答害怕火，要是有个别回答

No，教师则及时回应"You are brave！"）

T：Yes，most of us are afraid of fire. How about Jill's father？Is he afraid of fire？

S3：No，he isn't.（学生根据课文视频回答，或者可以说出自己的看法并解释原因）

引导学生回答看视频前提出的第二个问题：

T：So，my boys and girls. Till now，can you answer me：What can Jill's father do？

Ss：He can put out fire. He can help people.

重点操练"put out fire""help people"两个短语。

T and Ss（教师和学生一起总结）：So，Jill's father is great/brave/super/…

T：Look at these pictures.（课件出示4幅图）What does Jill's father want to tell us？Can you guess？

学生猜测并学习"Don't play with…"句型。

Ss：Don't play with fire/matches/firework/gas.

T：Yes，fire is dangerous. We should protect ourselves. But if there is a fire，what should we do？

S4：Call 119.

播放一个拨打119火灾电话的视频加深学生印象。

T：So，boys and girls. From this trip to the fire station，I know more about the fire station and fireman's work. How about you？

Ss：Me too./I think so./…

T：Now let's say thank you to Mr Xu.

Ss：Thank you，Mr Xu.

【设计意图】教学活动层层递进，环环相扣，在语境中一步步推进情节的发展。教授在消防局中可以看到的和学习到的知识，基于教材，又高于教材。在教材的基础上补充文本，让学生对消防局有更深刻的认识，提升了学生的思维品质。

【设计原则】情境性原则、学习策略指导性原则、针对性原则、复现性原则、目的性原则。

Step 3　Practice

1. 复述故事（Retell the story）。利用板书，带着学生根据重点词组梳理一遍刚刚课文中提炼出来的消防员的特征，并尝试用简单的句子来表达。

T: So, today we follow Miss Fang to the fire station. Now can you retell our trip with your own words?

Ss: ...

【设计意图】引导学生将学习过程中提炼出来的信息进行整合，用完整的句子表达出来，提高了学生的口语表达能力和思维能力。

2. 读 Jill 写给她爸爸的赞美信。

T: Jill's father is brave. He is great. Jill is proud of him. Look, she writes a letter to show her love for her father. Let's see.

教师播放一封带有抒情背景音乐的赞美信。

My father is a fireman. He works in a fire station. He can help people. He can put out fire. He is brave. He is great. I love him.

【设计意图】通过一封赞美信，把消防员的职业特点总结出来。又通过声情并茂的抒情朗读，让学生对消防员这个职业产生崇拜感，为下文学生写自己父母的职业特点和表达提供语言支架。

3. 写赞美信，写一封信表达你对你的父母和对他们职业的尊重和爱。

T: From Jill's letter, we know Jill loves his father. She also likes her father's job. Now let's write a letter to show our love for our parents and their jobs, too.

给学生一人发一张卡片，教师播放背景音乐，学生根据 Jill 写的格式，填写自己写给爸爸或妈妈的赞美信。

【设计意图】培养学生热爱和尊重自己父母和其他人职业的高尚品质，激励他们更加热爱生活和关爱家人。

【设计原则】目的性原则、情境性原则、针对性原则、学习策略指导性则、运用性原则、交际性原则。

Step 4　Report

1. 小组交流自己写的赞美信。

2. 选小组代表上台展示自己的信。

【设计意图】鼓励学生运用所学语言，谈论自己喜爱的名人。给学生提供运用语言的机会。

【设计原则】情境性原则、运用性原则。

Step 5　Homework

1. 将课堂上学习的和消防员相关的知识讲给家长听。（必做）

2. 把自己的赞美信卡片送给家长。（必做）

3. 思考一下自己的理想职业是什么，并查找你喜欢的职业的相关信息。（选做）

【设计意图】让学生把课堂的内容延伸到课后。

【设计原则】复现性原则、运用性原则、交际性原则。

十、板书设计

板书设计如图 1 所示。

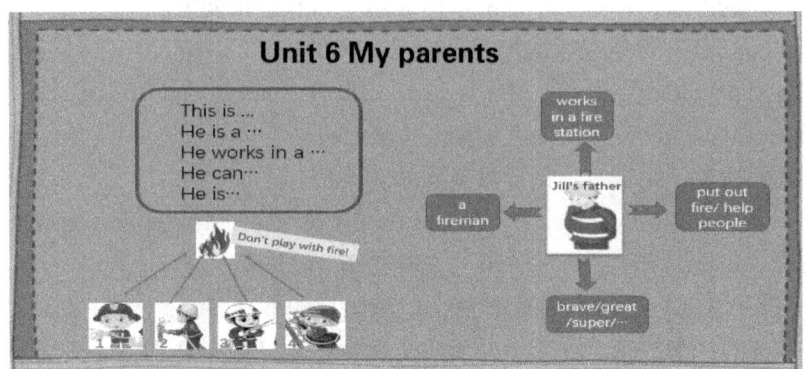

图 1　板书设计

四年级上册（PEP版）Unit 6 Meet my family! (Let's count) 教学设计

英德市第七小学 邱掌娣

一、教学内容分析

本节课内容选自义务教育教科书小学英语学科（人民教育出版社）四年级上册（PEP版）Unit 6 Meet my family! 中的 Let's talk & Let's count。本课时以 Amy 和 Chen Jie 谈论家庭成员为主线，拓展话题：如何用英语 "How many…are there in/on/under/near/behind…?" 询问物体数量。设置情境：首先，Amy 来到 Chen Jie 的家看相册，各自谈论家庭成员，然后她们来到 Chen Jie's uncle 家摘苹果，Amy 发现 uncle 家院子的景色很漂亮，于是用句型 "How many…are there in/on/under/near/behind…?" 谈论所见的物体。通过模拟真实场景，使学生身临其境，在情境中培养运用英语的语言习惯。

二、学生情况分析

本单元的话题是 family 和 jobs，主要是让学生谈论家庭成员和职业，表达热爱家庭的观念。本单元由 A、B、C 三个部分构成，本课时着重介绍 Amy 和 Chen Jie 的家庭。

三、教学目标

（一）语言知识目标

1. 能听、说、认读单词 people、but、little、puppy 和句型 "—How many people are there in your family? —Three." "My family has six people."。

2. 能掌握字母 i、y、u 的短音发音规则。

（二）语言技能目标

1. 能在情景中运用句型 "How many people are there in your family?" 询问并回答家中有几位家庭成员，能适当运用句型 "My family has…people."。

2. 学生能在教师的帮助下理解对话大意，可以正确运用语音语调。

（三）情感态度目标

1. 能体会并表达对家庭和生活的热爱。

2. 培养孩子在小组活动中的合作精神。

（四）学习策略目标

1. 自然拼读法和划分音节记忆法策略。

2. 归纳旧知识，联系新知识，以旧带新的策略。

3. 小组合作探究的策略。

（五）文化意识目标

能体会西方家庭将宠物视作家庭成员的文化背景。

四、教学重点

掌握本课的重点词汇与句子，能熟练地在真实情境和语境中使用句型"How many…are there…?"询问家庭情况或其他物体。

五、教学难点

单词 there、little 的发音；puppy、baby 中 y 的发音/i/及句子"My family has…people."。

六、教学策略

1. 利用 PPT、图片、思维导图等资源辅助教学，让学生掌握单词及句型的运用。

2. 联系实际生活，利用听读的方式对学生进行语言输入，使所学内容生活化、情境化。

七、教学准备

PPT 课件、单词卡、自备家庭成员图片、情境图片。

八、教学特色

本课时以 Amy 和 Chen Jie 为中心人物，以学会用英语谈论家庭以及相关事物为目标，以一个完整的情景故事讲述本课时的内容纲要，故事内容情节合理，层层递进，自然渗透德育教育；RLPR 的教学模式贯穿始终，教学环节紧扣主题，育人目标鲜明有趣；练习作业设计梯度分明，听说读写练全面提升。

九、教学过程

Step 1　Raise concern

1. Sing the song *Finger Family* together.

2. Look，ask and answer.

【设计意图】

1. 通过唱歌，会说歌曲 *Finger Family* 中的人物称呼，如 Daddy Finger 等。

2. 展示 PPT 图片，复习单词 parents、baby brother、people 和句型"This is my family.""He is…""She is…"。

3. 奖励机制（评价表）：爬楼梯，即分两大组 PK 完成学习任务。关注学生的学习过程，及时鼓励、表扬孩子的进步。

解释：学习如爬楼梯，一步一个脚印，脚踏实地。

【设计原则】趣味性原则、目的性原则、针对性原则、复现性原则。

Step 2　Learn

1. Look at the PPT and guess the topic of the conversation.

2. Listen to the conversation once.

3. Watch the video once.

4. Learn the new words: people, but, little, puppy.

【设计意图】

1. Show the pictures and ask the students.

2. The group which is right can go up one step.

3. Read the conversation together twice.

4. 使用自然拼读法和划分音节策略。Let students say the sound of a letter in every word.

奖励：学得好的小组可以上一到三步楼梯。

【设计原则】趣味性原则、目的性原则、针对性原则、情境性原则、整体性原则。

Step 3　Practice

1. Read it in groups.

2. Follow the teacher to read the key sentences several times.

3. Answer the questions according to the conversation.

4. Choose the right sentences.

5. True or false.

【设计意图】

1. 小组分角色展读会话，并重点朗读新单词but、little、puppy。

2. 通过玩"the turning game"巩固单词。

3. Make a family tree, put the right pictures on the blackboard as follows. (如图1所示)

图1　Family Tree

奖励：完成好的小组可以上一到三步楼梯。

【设计原则】目的性原则、针对性原则、整体性原则、运用性原则。

Step 4　Report

1. Watch the video about the key sentences.

2. Role-play：Amy and Chen Jie go to Chen Jie's uncle's home to pick apples，and they see many things outdoors.

3. Make a dialogue in your group.

Amy：How many apples/flowers/birds/ants/…are there on the tree/in the garden/in the house/on the floor/…?

Chen Jie：There're….

4. Make a survey about your classroom. How many…are there in our classroom?（见表1）

表1　A survey

Things	lights	fans	books	chairs	desks	pictures	computers
How many?							

5. End the class：sing the song *I Love My Family*.

【设计意图】

1. 创设情景运用句型"How many…are there…?"询问物体数量。

2. 学生分组进行角色扮演，并能用正确的语音语调说英语。

3. 口语交际：完成调查表，巩固新知。

4. 学生看着视频一边唱一边做简单的手语，细细体会热爱家庭的情感，感知新单词 daughter、son。

奖励：完成的小组可以上一到三步楼梯。检查两个组爬楼梯的情况，并做小结：学习就像爬楼梯，脚踏实地，坚持不懈就会成功。

【设计原则】趣味性原则、目的性原则、针对性原则、交际性原则。

Step 5　Homework

1. 朗读提高：模仿语音语调朗读会话或进行英语趣味配音活动。

2. 口语交际：学生之间用英语介绍家庭成员情况，并画一画自己的家谱。

3. 写作练笔：用学过的词句介绍自己家庭成员的情况。

【设计意图】复习巩固课堂知识，并拓展课堂内容，提高口语和写作能力。

【设计原则】整体性原则、目的性原则、针对性原则、运用性原则。

十、板书设计

Unit 6　Meet my family!

Let's talk & Let's count

people　　but

little　　　puppy

—How many people are there in your family?

—Three./My family has six people.

四年级下册（教育科学出版社·广州）
Unit 6　What do you usually do on Sunday?（Our daily life）教学设计

广州市海珠区宝玉直实验小学　郭苑怡

一、教学内容分析

本节课的教学内容选自义务教育教科书小学英语学科（教育科学出版社）四年级下册（广州版）Module 3　Unit 6　What do you usually do on Sunday? 中的 Period 3（Our daily life），主要是复习本模块的核心句型："What day is it today?" "What's your favourite day?" "Why do you like…?" "What do you usually do on…?" "I usually…on…"等。

二、学生情况分析

本课的教学对象是四年级的学生，学生在前面的模块已经学习了描述人、时间及日常生活的简单表达。掌握了本模块的核心句型"What day is it today?" "What's your favourite day?" "Why do you like…?" "What do you usually do on…?" "I usually…on…"等。

三、教学目标

（一）语言知识目标

1. 复习、巩固有关活动的动词短语。
2. 运用本单元的句型进行实际交流。
3. 运用本单元的句型完成阅读理解。

（二）语言技能目标

1. 能熟练运用已学的动词短语。
2. 能熟练运用本单元的句型。
3. 能运用已学句型进行交际和完成任务。
4. 能通过小组合作，仿照例子，描述自己的日常生活。

（三）学习策略目标

1. 通过游戏、竞赛等方法进行复习，提高学习注意力。
2. 通过情景设置和任务完成，提高学习效果。
3. 大量的交流沟通，锻炼口语表达能力。
4. 联合生活实际，运用所学知识进行交际。

（四）情感态度目标

培养学生热爱生活的意识，懂得与人交往。通过让学生多次在小组中实践和体验，让学生积极参与课堂活动，培养他们的互助合作精神。

（五）文化意识目标

不同人对生活态度的理解。

四、教学重点

1．能运用已学句型进行交际。

2．能通过小组合作，仿照例子，描述自己的日常生活。

五、教学难点

仿照例子，描述自己的日常生活。

六、教学策略

1．通过游戏、竞赛等方法进行复习，提高学习注意力。

2．通过情景设置和任务完成，提高学习效果。

3．大量的交流沟通，锻炼口语表达能力。

4．联系生活实际，运用所学知识进行交际。

七、教学准备

课件、图片。

八、教学特色

本课自编多个文本供学生阅读，拓展其知识面。

九、教学过程

Step 1　Raise concern

1．Say out the phrases loudly.

2．Say out more phrases about activities.

【设计意图】说一说，调动学生的情绪，让学生快速进入英语学习氛围中。通过说更多有关活动的短语唤起学生对旧知识的记忆。

【设计原则】趣味性原则、目的性原则、针对性原则、复现性原则。

Step 2　Learn

1．Children ask questions about the teacher.

2．Introduce their daily life and talk about their daily life.

【设计意图】通过向教师提问共同归纳出本课谈论日常生活的句型。

Step 3　Practice

1．Listening comprehension：A Happy Sunday.　（Write down the correct answers）

2．Choose one of the persons to talk about.

3. Passage reading: My Friends' Daily Life.

4. Read 3 passages and finish the exercises.

【设计意图】通过听说读写的练习巩固本模块句型。

Step 4　Report

1. Help children use the key words to write their own passages.

2. Share their writings.

3. Sing a song.

【设计意图】通过提示词完成自己的日常生活描述，提高学生连贯写话的能力。

Step 5　Homework

1. Introduce your daily life.

2. Finish the exercise.

十、板书设计

Module 3　Unit 6　Period 3　Our daily life

I like/love…

My favourite day is…

On…I (always, usually, often, sometimes, never) …

四年级下册（PEP版）Unit 5 My clothes（Let's do）教学设计

广州市天河区体育东路小学 林少芳

一、教学内容分析

本课时是义务教育教科书小学英语学科（人民教育出版社）四年级下册（PEP版）Unit 5 My clothes 的第二课时，是一节词句运用课。学生能听、说、认读5个有关衣服的单词 clothes、hat、skirt、pants、dress，并能在语境中正确运用这5个衣服类单词。本课设计以 Amy 即将参加夏令营并和好朋友 Sarah 一起选择合适的衣物为线索，把本节课相对孤立的语言知识点串联起来，最后以小组讨论自己喜欢的夏令营衣物为语言输出任务。

二、学生情况分析

学生在二年级初步接触过衣物话题，对本节课的人物及学习内容有一定的基础，因此对本节课的语言运用不会有太大的障碍，但要把语言知识点融入现实生活的话题中并生成对话，可能会有困难。

三、教学目标

（一）语言知识目标

1. 能听、说、认读5个有关衣服的单词：clothes、hat、skirt、dress、pants。

2. 能熟练运用句型 "I like that green skirt/those pants."。

3. 能理解运用以下短语：put on your shirt、take off your hat、hang up your dress、wash your skirt、put away your skirt。

（二）语言技能目标

1. 在图片的帮助下听指令并做出相对应的动作。

2. 能表达自己对某件衣服的喜好及原因。

（三）学习策略目标

1. 学会借助图片、游戏理解词意，能在情景中理解语言，并学习新知识。

2. 通过解决问题，完成任务，锻炼与发展学生的思维能力。

3. 能自主探究，并在与同桌的合作中完成学习任务，积极运用所学英语进行表达和交流。

（四）情感态度目标

养成及时整理个人物品和自己的事情自己完成的良好生活习惯。

（五）文化意识目标

通过学习服饰主题，建立大方朴素的审美观。

四、教学重点

熟练掌握 5 个有关衣服的单词并根据指令做出相应的动作，理解 that 和 those 的区别。

五、教学难点

听懂指令 put on your shirt、take off your hat、hang up your dress、wash your skirt、put away your skirt 并做出相应的动作。

六、教学策略

1. 借助图片、游戏帮助学生理解词意，学习新知识。

2. 指导学生解决问题，完成任务，锻炼与发展学生的思维能力。

3. 培养学生自主探究的习惯，并在与同桌的合作中完成学习任务，积极运用所学英语进行表达和交流。

七、教学准备

单词卡片、网络资源、自制课件、学生练习纸。

八、教学特色

话题学习的主题鲜明、情境性强，单词教学部分形式多样，注重学法的指导。

九、教学过程

Step 1　Raise concern

1. 歌曲导入（Sing a song and review colour words.）

2. 感知本节课的学习目标。"Amy and Sarah are going to the summer camp.""They are talking what clothes to wear."通过游戏引导表达自己喜欢或不喜欢的颜色句型"I like…/I don't like…"

【设计意图】通过儿歌滚动复习旧知颜色单词，感知本节课情景主线，明确语用目的；利用情景把语言知识用主线 Amy 购买衣服的一系列活动串联起来，小组交流讨论自己喜爱的衣物。

【设计原则】趣味性原则、复现性原则、情境性原则。

Step 2　Learn

1. 围绕微课整体理解文本内容

（1）看微课尝试说出各种衣物的新单词。通过自然拼读、以旧引新、字母组合发音等形式学习和记忆新单词。

（2）再学微课并回答问题"What clothes does Amy like?"。

（3）同桌之间练习对话。that/those 的区别是本节课的重点，结合图片，运用观察对比进行突破。

（4）通过听、做动作学习短语：put on the shirt、take off the hat。

【设计意图】通过导入情境，呈现 Amy 房间的图片，在感知对话内容的同时学习新单词；结合自然拼读法学习并熟练掌握新单词、词组、句型；通过朗读板书巩固新单词。

【设计原则】趣味性原则、复现性原则、情境性原则。

2. 听指令做动作。

Mum said：Hang up the dress.
　　　　　　Put away pants.
　　　　　　Wash the skirt.

【设计意图】此环节是本节课的难点，需要学生同时使用新的词组和单词进行"听做"活动。主要通过视频感知短语，"看、听、说、做"熟悉短语，游戏复习巩固短语。

【设计原则】情境性原则、针对性原则、趣味性原则。

Step 3　Practice

小组合作编对话。

1. 师生示范：①如何运用新知识询问组员喜欢的衣物；②如何选择并表达自己参加夏令营时喜欢的衣物。

2. 小组操练，做好上台汇报的准备。

【设计意图】通过参与、讨论、体验等环节综合运用本节课所学的知识内容，并为接下来的汇报环节做准备。

【设计原则】整体性原则、运用性原则、交际性原则。

Step 4　Report

1. 小组上台展示自编对话，其他组的学生根据教师给的评价标准进行评价。

2. 家庭作业：

（1）回忆有关组员参加夏令营的衣物的句子，并向家人汇报。（必做）

（2）坚持为家人、朋友做一些力所能及的事情。（选做）

【设计意图】通过有目的性的展示实践，对学生的掌握情况进行反馈，让学生对照评价标准理解好的作品应该具备的各项因素。对本课时学习的知识进行总结、回顾。

【设计原则】整体性原则、运用性原则、个性化原则。

十、板书设计

板书设计如图 1 所示。

图 1　板书设计

五年级

五年级上册（教育科学出版社·广州）
Module 4 Foods and drinks
（Let's review）教学设计

广州市天河区高塘石小学 邓晓颖

一、教学内容分析

本模块话题是食品饮料（Foods and drinks）。本课为义务教育教科书小学英语学科（教育科学出版社）五年级上册（广州版）Module 4 Foods and drinks 中的第四课时，是对本模块知识的复习巩固。学生能结合自己的生活经验，将课文内容重组和复习巩固；将语言知识和技能迁移到不同的语境中，用本单元的知识和技能创编对话。学生能够结合自己的生活经验，知道西餐有前菜、主菜和甜点之分，用本课的知识和技能制订合理的饮食菜单。本课时通过自然拼读、词语联想、单词归类等多种策略复习巩固食物和饮料的词汇，联系生活实际，创设贴近生活实际的语言学习语境，帮助学生将语言知识和技能迁移到不同的语境中，灵活运用语言。

二、学生情况分析

五年级学生对英语有着浓厚的兴趣，他们活泼开朗、思维活跃，喜欢通过竞赛、游戏的学习方式和在完成学习任务中获得成功感与自豪感。本课时通过直观图片呈现、真实生活情境的模拟体验，结合思维导图的知识框架梳理，按话题任务的难易程度依次设置任务关卡；让学生在情境中感知、复现巩固知识，激发和保持学习兴趣的同时，发展思维品质和提高语言综合运用能力。

三、教学目标

（一）语言知识目标

1. 复习巩固本模块相关的食物和饮料的词汇。

固体食物类：rice、dumpling、noodle、bread、sandwich、hamburger、chips、egg、meat、chocolate cake。

液体食物类：drink、coffee、tea、milk、juice、soup。

蔬菜类：vegetable、tomato、potato。

器具和数量词组：cup、bottle、glass、can、a cup of、a bottle of。

新词学习：coupons、different、barbecued chicken、spaghetti、kimbab、salad、pizza、porridge。

2. 学会描述自己喜欢的食物，谈论自己和家人的饮食喜好和饮食菜单："What do you like to have? I like to have…/What should we have for lunch/dinner?" "For starter we can have…/For the main course…/For dessert…"。

（二）语言技能目标

1. 能听、说、读、写有关食物和饮料的词汇，能在情景中理解、正确运用句型描述和谈论自己和家人的饮食喜好和一日三餐的菜单。

2. 能正确理解阅读文本的内容，熟练上口。在理解文本材料的基础上，根据实际情况，创编模拟点餐的情境对话，并表演出来。

3. 能根据自己和家人的饮食喜好设计一份晚餐菜单，学以致用，模仿例文进行写话。

（三）学习策略目标

1. 采用单词归类联想、图片闪现、头脑风暴等形式，组织开展小组竞赛来滚动复习巩固食物和饮料的单词词组，让学生连贯说话。并引导学生利用知识概念图或思维导图梳理本单元的语言知识，再次形成整体的语言认知。

2. 创设情境任务，让学生体验模拟顾客和收银员的情境进行对话，复习点餐、报价和应答常用语。该任务是让学生在游戏、竞赛、情境中复习巩固本单元的语言知识。

（四）情感态度目标

理解和尊重中西（英美）方人士的饮食习惯差异以及不同人的饮食习惯差异。

（五）文化意识目标

通过了解中西方饮食文化的差异，感受不同人的饮食习惯的差异。

四、教学重点

1. 学会谈论自己和家人的饮食喜好和表述饮食菜单。

2. 学会在创设情境中设计、编排对话，制订日常生活用餐的菜单。

五、教学难点

1. 单词 coupons、different、barbecued chicken、spaghetti、kimbab、salad、

pizza、porridge 的正确发音和意思理解。

2. 描述自己的饮食爱好和日常生活点餐的菜单（前菜、主食和甜品），正确表述和运用以下句型："I like to have…/I enjoy foods like…" "For starter/For the main course/For dessert we can have…"。

六、教学策略

1. 利用教学课件、图片、思维导图等资源辅助教学，让学生掌握单词及句型的运用。

2. 联系实际生活，利用听读、创编、会演的方式对学生进行语言输入，使所学内容在情境中运用得更加生活化、情境化。

七、教学准备

导学案、前置性作业、食物和饮料的图片、模拟钱币、优惠券和自制教学课件等。

八、教学特色

本节课例是基于广东省教育科学"十二五"规划课题"小学英语 RLPR 教学模式研究"而设计的，是一节单元复习巩固课，通过创设较为真实的情境 "Let's go out for lunch."，完成帮助他人设计午餐，去餐馆就餐点餐时完成任务获得优惠券，邀请朋友一起共进午餐等真实任务情景的驱动。并通过组织形式多样的情景任务，让学生在情景中理解、感知语言，在情境中进行听、说、读、写的强化训练。通过不同形式的任务形式推进从而达成本课时的目标。在复习课的模式中，小学英语 RLPR 教学模式中的"L"可以理解为"link"（链接）。在单元主题的语境推动下，拓展做进一步的延伸，从价钱、点餐到菜单的形成；设计层次性活动，让学生的学习能力得到螺旋式上升。

九、教学过程

Step 1　Raise concern

1. 自由交谈、导入课题（Free-talk & lead into the topic）。

【设计意图】从教师自身实际出发，引起学生的注意和好奇，激发学习兴趣。

【设计原则】趣味性原则、复现性原则。

2. 游戏复现词汇（Let's review & play）：通过玩游戏的方式复习有关食物的单词，并学习一些新单词。

【设计意图】通过自然拼读、词语联想、单词归类等多种策略复习巩固有关食物的词汇，以旧带新，活跃课堂气氛。

【设计原则】趣味性原则、复现性原则。

3．同桌对话（Pair talk）

P1：What do you like to have?

P2：I like to have…/I enjoy foods like…

【设计意图】引出本课的学习内容，同伴交流对话，复习询问饮食喜好的表达。

【设计原则】趣味性原则、复现性原则。

Step 2　Learn

1．情境导入（Lead-in）：引入《爸爸去哪儿3》的情境，模拟5个小伙伴中午去餐厅吃饭的情景，设置闯关任务。如果能帮助他们顺利完成3个任务，可以得到3张用餐优惠券。

【设计意图】通过创设情境，设置任务，达到目的语言有意义的操练。

【设计原则】趣味性原则、目的性原则、针对性原则、情境性原则、整体性原则。

2．任务一（Task 1）：分类中西方食物（Let's look & choose）。

【设计意图】让学生通过归类中西方食物，为后续做铺垫。

【设计原则】趣味性原则、目的性原则、针对性原则。

3．任务二（Task 2）：听录音找出五个小伙伴各自喜欢的食物（Let's listen & find）。

（1）预测文本材料（Let's think & guess）。

（2）听录音感知文本（Let's listen, link & fill）。

【设计意图】交流讨论，根据他们的饮食爱好，预测5个小伙伴各自会喜欢什么食物。根据录音仔细聆听对话内容，初步感知文本内容，连线填写食物单词。

【设计原则】趣味性原则、目的性原则、情境性原则、整体性原则。

4．任务三（Task 3）：阅读菜单，找出他们各自喜欢的食物（Let's read & circle）。

【设计意图】阅读文本信息，学会在文中寻读找出他们各自喜欢的食物，圈出来进行信息核对。

Step 3　Practice

1．角色扮演、小组讨论完成思维导图（Let's act, discuss & write）。

【设计意图】通过扮演角色，进一步深入理解文本内容。再通过小组讨论，进行信息归纳，共同构建完成菜单的思维导图，初步体验"在演中学"，为口头输出做好铺垫。

【设计原则】趣味性原则、目的性原则、情境性原则、整体性原则。

2. 设计午餐菜单（Let's make a new lunch menu）。

3. 模拟点餐，编排对话。教师提供3～4张相关生活情景的图片，学生4人为一组，模拟小朋友和售货员之间的对话场景，运用更丰富的句子创编对话。

A：What do you want to drink/eat for lunch…?

B：I think I will have…

C：Can I have…?

A：Sure. For starter we can have…For the main course…/For dessert we can have….

A：Can I please have…and…?

D：Here you are. The…is…, the…is…. That will be…, please.

A：Thanks very much.

【设计意图】小组合作，用所得到的优惠券和相关的生活情景图片，约朋友中午一起外出吃饭，设计一份午餐菜单。4人一组编排对话，鼓励学生有自己的创意，鼓励学生将语境从课文内容向真实生活迁移，给学生创设丰富的语境，让学生学会在不同的语境中运用语言，获得"用英语做事"的能力。

Step 4　Report

1. 分小组表演点餐并创编对话（Let's act & show）。

2. 设计一份晚餐菜单。（Let's make a new dinner menu.）

【设计意图】分小组表演创编对话，让学生自由发挥想象力和创造力，学以致用，整体输出，培养学生综合运用语言的能力。根据自己和家人的饮食喜好，为自己的家人设计一份晚餐菜单，并在班上交流和分享。模仿例文，将写作运用于日常交际中。

【设计原则】趣味性原则、目的性原则、情境性原则、整体性原则。

Step 5　Sum-up & Homework

1. 小组继续创编对话，课后进行汇报表演。

2. 为自己的家人设计一份午餐或是晚餐菜单，完成话题写话任务 My

Lunch/Dinner Menu 并口头讲述给家人听。

十、板书设计

板书设计如图 1 所示。

Module 4　Foods and drinks

What do you want to have for breakfast/lunch/dinner?

I like to have…/I enjoy foods like…/I think I will have…

For starter we can have…/For the main course…/For dessert we can have…

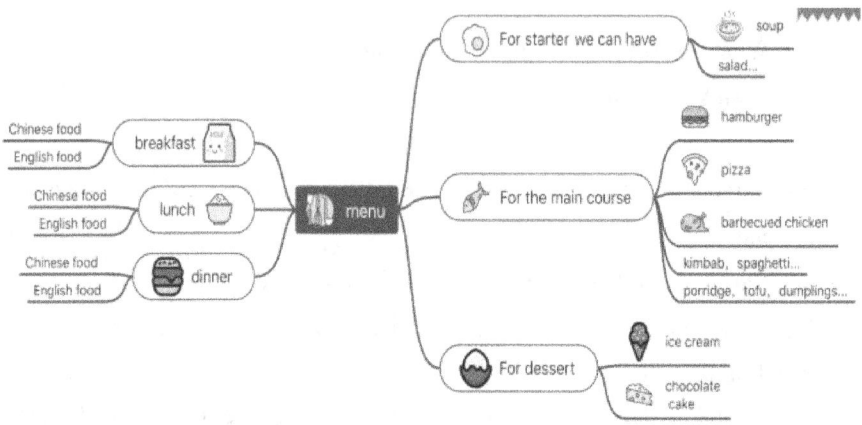

图 1　板书设计

五年级上册（教育科学出版社·广州）
Unit 10　Different tastes（Period 3）教学设计

广州市天河区侨乐小学　邝慧莹

一、教学内容分析

本单元的话题是"Food we need"，本节课是义务教育教科书小学英语学科（教育科学出版社）五年级上册（广州版）Module 5　Foods we need Unit 10　Different Tastes 的第三课时。Unit 10 的语言重点是中西方、中国不同省份的饮食差异所引出的单词和句型，内容十分贴近学生的现实生活。本课时主要学习任务是引导学生利用 fun with language 中的听力和阅读题构建思维导图，并在思维导图的引导下学习阅读和写作。本课教学将充分利用学生已有的知识和体验，结合已学过的食物饮料和描述饮食的单词、句型等知识，将新旧知识整合在一起，丰富本课的教学内容，提高学生应用语言的能力，培养学生学习英语的语言能力、思维品质、文化品格和学习能力的学科核心素养。

二、学生情况分析

五年级的学生已经具备一定的英语知识和能力，且探究知识欲望强烈，思维活跃，有自己的见解。在日常教学中有渗透和锻炼学生的单词和句型的理解运用能力，也有运用导图训练学生分析篇章和发散思维的习惯。在语言知识储备上，他们具备描述食物和描述自己对食物的喜好的能力。

三、教学目标

（一）语言知识目标

1. 理解和掌握"三会"单词：celebration、Brazil、Iceland。

2. 理解并运用句型："What do you like to eat/drink？Why？""I like to eat/drink…Because I think it's…"。

3. 运用本单元的语言知识进行阅读与写作。

（二）语言技能目标

1. 能通过思维导图引导，复述 Unit 10 的课文。

2. 能理解并运用本课所学的句型："What do you like to eat/drink？

Why?" "I like to eat/drink… Because I think it's…"。

3. 能根据口头对话收集的信息完成思维导图的构建。

4. 能根据思维导图的引导，进行阅读和写作。

（三）学习策略目标

1. 能运用思维导图进行单词归类和单词发散、分析篇章以及收集写作信息。

2. 能联系实际生活，帮助学生深入理解本单元的主题。

3. 能在英语写作中运用所学的知识。

（四）情感态度目标

1. 通过本节课的学习，能积极参与课堂教学活动，积极思考，与他人开展交流，增强学习英语的兴趣和思维能力。

2. 通过完成课堂的学习任务，懂得尊重他人的饮食习惯和文化。

（五）文化意识目标

通过谈论朋友们对食物的不同喜好，懂得尊重他人的饮食习惯，进而懂得尊重不同国家的饮食文化。

四、教学重点

1. 在场景中理解并运用句型："What do you like to eat/drink？Why？""I like to eat/drink… Because I think it's…"。

2. 能巩固旧知，运用新知。

五、教学难点

将语言知识运用于学习任务中，完成阅读和写作任务。

六、教学策略

1. 利用思维导图，引导学生养成单词归类和单词发散、分析篇章和收集信息等思维意识。

2. 联系实际生活，利用听读的方式对学生进行语言输入，使所学内容生活化、情境化。

3. 通过写作引导，让学生学习写作的方法和结构。

七、教学准备

课件、海报、学具等。

八、教学特色

本课围绕广东省教育科学"十二五"规划课题——"小学英语RLPR话题教学模式研究"进行设计，意图体现"小学英语RLPR话题教学模式"的四个环节：引起关注（Raise concern）—学习新知（Learn）—练习实践（Practice）—发表汇报（Report），从而促进学生综合语言运用能力的提高。结合本课题组的研究方向——运用思维导图进行小学英语写作教学的行动研究，根据课标及单元整合模块教学的要求，整合学生学过的旧知识，新旧结合，培养学生单词分类发散、篇章阅读理解和写作的思维能力和语言应用能力，从而培养学生学习英语的语言能力、思维品质、文化品格和学习能力的学科核心素养。

九、教学过程

Step 1　Raise concern

1. Let's retell Unit 10.

2. Free talk：

Where are you from?

What do you like to eat?

Why?

3. Brain storming.

【设计意图】通过复习第十课课文和单词的归类为后续的学习做好知识的准备；而话题谈论能活跃气氛，发散思维，也为之后的学习任务做好铺垫。

【设计原则】目的性原则、复现性原则、思维性原则。

Step 2　Learn

1. Let's watch：a video about different foods for birthday in different countries.

2. Let's read.

（1）Personal reading.

Q：How many countries are mentioned in the passage?

（2）（the whole class）Read together：reading practice.

（3）Group reading：finish the mind map together.

（4）Brain storming：

Why do the Chinese eat noodles for birthday?

Why do the Chinese people eat red eggs for birthday?

Why do the people in the USA and the UK make cakes for birthday?

【设计意图】以视频导入引起话题，然后引导学生分个人、小组阅读、提取信息逐步建立导图，从而达到指导阅读的目的。并在其中渗透朗读指导，也通过谈论不同国家的生日食物训练学生的发散性思维。

【设计原则】情境性原则、运用性原则、思维性原则。

3. Let's listen：Listen and match, then check the answers by using the sentences：…likes…because he/she thinks it's…

【设计意图】通过不同人喜欢不同食物的话题，前后呼应；在完成听力练习训练听力能力的同时，也在随后的汇报答案中让学生练习主要句型，为后续的学习任务做好准备。

【设计原则】思维性原则、目的性原则。

Step 3　Practice

1. Lead in the topic：someone's（one of the classmates）birthday is coming, let's prepare it.

【设计意图】引出某位学生的生日、举办生日会要理解不同朋友的食物喜好的话题，承接了上一个学习环节的同时，又一次激发了学生的兴趣。

2. Brain storming：How to write the beginning of the passage.

【设计意图】引导学生通过改写，以学习运用前面阅读环节中篇章的好词好句。

3. Do the project：Invite some friends, ask their ideas by using the sentences：" Where are you from? What do you like to eat? Why?" Then write down their answers to finish the table.

【设计意图】引导即将过生日的学生做示范：运用前面听力环节中练习过的句型进行采访，在收集信息的同时构建写作的思维导图。

4. Finish the table by yourself.

【设计意图】根据示范，每个学生都要运用句型，完成自己的写作信息导图。

【设计原则】情境性原则、趣味性原则、运用性原则、思维性原则。

Step 4　Report

1. Share the table with the class.

2. Let's write.

3. Cultural infiltration：Respect different food cultures.

【设计意图】引导学生口头生成习作，并在充分的口头练习的基础上，进行写作。

【设计原则】运用性原则、思维性原则。

Step 5　Homework

Finish the writing.

【设计意图】在实践中进一步运用所学知识，在真实情景中运用。

十、板书设计

板书设计见表1。

表1　Unit 10　Different tastes

Name	Where are you from?	What do you like to eat?	Why do you like to eat?	Others

五年级上册（教育科学出版社·广州）
Unit 5　Where is Ben? 教学设计

广州市海珠区红棉小学　王育辉

一、教学内容分析

本节课内容选自义务教育教科书小学英语学科（教育科学出版社）五年级上册（广州版）Module 3　Daily Life Unit 5　Where is Ben? 的 Let's talk 板块，本课是 Unit 5 的第一课时。话题涉及校园生活和课余活动，主要教学内容是 Xiaoling 课后在校园里帮 Ms White 寻找 Ben 的过程。

二、学生情况分析

小学五年级的孩子们在经过四年的英语学习以后，已经具备了基础的听、说、读、写能力，也已基本养成了良好的英语听、说、读、写习惯。儿童的特性使得他们活泼好动，对新事物有着强烈的好奇心，探索知识的欲望很强烈，并且有着很强的表现欲。在语言知识储备上，他们已掌握了部分动词词组和方位介词，对本节课的理解并不困难。

三、教学目标

（一）语言知识目标

1. "四会"掌握本课单词和短语：life、maybe、find、look for、weekday、ice cream。

2. 句型："Does Ben often go swimming?" "Yes, he does./No, he doesn't."。

3. 学会运用动词词组、方位介词与频度副词的搭配来描述他人的课余生活，如："Ben never goes swimming on weekdays."。

（二）语言技能目标

1. 学生能理解课文，流利朗读课文。

2. 正确理解和使用本课的重点句型。

（三）情感态度目标

1. 了解他人的日常生活，培养良好的生活习惯。

2. 在小组合作中，能积极运用英语进行交流。

（四）学习策略目标

从实际生活经验出发，在体验中学习，在教师的点拨下进一步加深对所学知识的理解，掌握所学习的内容并能用新旧知识的关联进行交流。

（五）文化意识目标

了解他人的日常生活，培养良好的生活习惯。

四、教学重点

1. "四会"掌握本课单词和短语。

2. 学会运用频度副词和一般现在时第三人称单数形式来谈论他人的课余生活。

五、教学难点

在实际生活情境中运用频度副词以及第三人称单数来谈论他人的课余生活。

六、教学策略

1. 利用 PPT、图片、思维导图等资源辅助教学，让学生掌握单词及句型的运用。

2. 联系实际生活，利用听读的方式对学生进行语言输入，使所学内容生活化、情境化。

七、教学准备

多媒体电脑、自制课件、学生工作表。

八、教学特色

教学设计由易到难，层层推进，师生在和谐愉快的学习氛围中完成学习任务。

九、教学过程

Step 1　Raise concern

Free talk：谈论图片中的场所及相应场所的对应活动。

【设计意图】通过图片中熟悉的校园场所及相应活动，激发学生的学习欲望，唤起学生对旧知识的回忆，为新知识的学习做铺垫。

【设计原则】趣味性原则、目的性原则和复现性原则。

Step 2　Learn

1. 通过 Xiaoling 去不同场所寻找 Ben，学习单词 maybe，并理解 find、look for 的意思。

【设计意图】通过创设不同情境，激发学生的思维，提高说的欲望，从而引出句型"Maybe... Does Ben often...in/at...?""Yes, he does./No, he doesn't."。

2. 观看课文视频，进行图文配对。

【设计意图】学生根据课文内容进行图文配对，考察对课文主要意思的理解，难度不大，提高学生回答问题的参与度。

3. 跟教师朗读课文，进一步理解课文。

【设计意图】通过整体感知课文，初步理解课文大意和难点。

【设计原则】趣味性原则、目的性原则、情境性原则和整体性原则。

Step 3　Practice

1. 分小组朗读课文。

【设计意图】再次整体感知、熟悉课文，为改编对话做铺垫。

2. 借助课文思维导图（mind map），复述对话。

【设计意图】观察导图提示以达到知识的迁移，达到学以致用的目的。

3. 用填空的形式总结课文。

【设计意图】通过把对话课文改编成短文形式来重构课文，加深孩子对整篇课文的理解。

4. 根据课文内容，改编对话。

【设计意图】提高综合运用英语的能力和小组合作精神，提升英语核心素养的思维品质和学习能力及沟通合作能力。

【设计原则】趣味性原则、情境性原则、整体性原则和运用性原则。

Step 4　Report

1. 教师以一种可能的情况示范完成工作表（worksheet），然后小组讨论完成一份工作表。

【设计意图】通过教师示范和提示，以及小组合作，使学生们学会正确书写和使用第三人称单数做主语的句子，同时也培养学生发展合理的想象力。

2. 向全班展示汇报 Ben 的日常生活。

【设计意图】通过展示自己的成果，使所学内容生活化、情景化，并在课堂中使学生体验学习英语的乐趣，体验运用语言的成就感。

【设计原则】趣味性原则、针对性原则、情境性原则和运用性原则。

Step 5　Homework

1. 听、读、背课文，抄写本课单词。

2. 完成表格，根据表格内容向同学或者父母介绍 Ben 的日常生活。

【设计意图】复习巩固课堂知识，并把课堂的内容延伸到课后，提高说与写的水平。

【设计原则】针对性原则和运用性原则。

十、板书设计

Unit 5　Where is Ben?

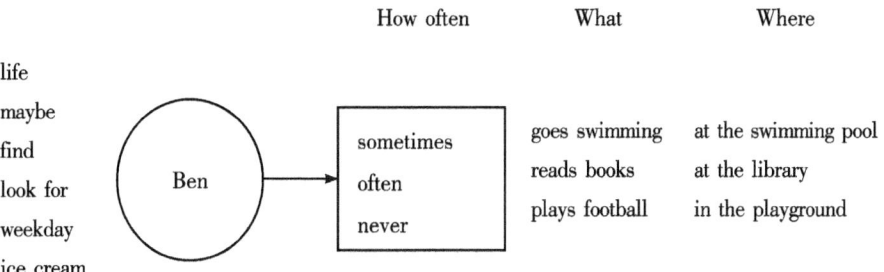

life	How often	What	Where
maybe	sometimes	goes swimming	at the swimming pool
find	often	reads books	at the library
look for	never	plays football	in the playground
weekday			
ice cream			

五年级上册（PEP 版）
Unit 4 What can you do 教学设计

广州市天河区高塘石小学 邓晓颖

一、教学内容分析

本单元学习的主题是文娱活动，是义务教育教科书小学英语学科（人民教育出版社）五年级上册（PEP 版）Unit 4 What can you do 基于单元整体模块的话题复习。本课时为第四课时，复习的主要内容是 Part A Let's learn 部分的词汇 dance、sing English songs、do Kungfu、play the pipa、draw cartoons 和 Part B Let's learn 部分的词汇 swim、speak English、cook、play basketball、play ping-pong，要求学生能简单说出几个描述自己能否做某事的句子。

本课时以学校开展的社团活动为切入点，通过设置贴近生活实际的语用任务，通过社团招新，如何面试和写申请卡等学习任务，并融入了 "I like…/I am friendly…" 等描述人物爱好的句型，滚动复习了部分有关人物的外貌、品格特征的话题，以此帮助学生丰富有关人物描述的语言，让学生对人物描述有更全面的认识，并从听说、读写各个方面来发展学生的语言综合运用能力。

二、学生情况分析

本课例是异地教学，云浮市郁南县的孩子们相比广州市区的孩子们来说比较腼腆和淳朴，但经过两年多的英语学习，有了一定的学习英语的基础和良好的学习习惯，他们乐于参与课堂活动，乐于演、乐于说，可通过小组合作学习提高课堂的有效性。孩子们通过多年的英语学习，已经掌握有关人物年龄、职业、外貌、品格和爱好等多方面话题的语言表述，对人物他们也有话可说。希望通过这样的复习综合课，帮助孩子们归纳收集相关的语言知识，并在交流、游戏和活动中学会运用语言。

三、教学目标

（一）语言知识目标

1. 复习相关词汇：归纳业余爱好、体育运动、娱乐活动等活动词组，学生能熟练掌握听、说、读、写有关课余文化活动的单词或词组：dance、sing English songs、do Kungfu、play the pipa、draw cartoons、swim、speak

English、cook、play basketball、play ping-pong。

2. 复习相关句型：

（1）学生能在实际情景交流中理解运用句型："What can you do?""I can…""What can you do for the sports/art/music/English/cooking club…"。

（2）询问某人能否做某事并作答。

A：Can you dance/cook/swim/play…?

B：Yes, I can./No, I can't.

（3）能简单介绍自己会做的事情以及不会做什么："I can…/I can't …"。

（4）正确使用句型表达参加学校社团的原因："I want to join in the…club.""Because I can…""I like…""They are good for my health."。

（5）语法（grammar）：能在教师的帮助下总结动词 play 与文体活动名称的搭配规律，并按照规律记忆相关词组。

（二）语言技能目标

1. 能借助图片理解10个有关课余文化活动的单词或词组。

2. 能在具体情景中运用句型"What can you do?""I can…""Can you…?""Yes, I can./No, I can't…"询问某人能否做某事并作答。

3. 能口头汇报说出几个描述自己能否做某事的句子，并表达自己的爱好和喜欢参加学校某个社团的原因。

（三）学习策略目标

1. 学会借助图片理解词意，能在情景中理解语言，并学习新知。

2. 通过解决问题，完成任务，锻炼与发展学生的思维能力。

3. 能在小组合作中完成学习任务，积极运用所学英语进行表达和交流。

（四）情感态度目标

能积极参与文娱活动，丰富课余生活。

（五）文化意识目标

能了解琵琶、古筝、二胡等有中国特色的文娱活动形式，了解 pipa、Kungfu 都是由中文发音演变而成的。

四、教学重点

1. 能听、说、读文娱活动类的单词或词组，并在语境中正确使用。

2. 能在情景中运用句型"What can you do?""I can…"询问某人能否做某事并作答。

五、教学难点

1. 能说出两个以上描述自己能否做某事的句子。

2. 理解动词 play 与文体活动名称的搭配规律，并按照规律记忆相关词组。

3. 懂得表达自己的爱好和喜欢参加某个学校社团的原因。

六、教学策略

本课例是基于 RLPR（Raise concern—Link—Practice—Report）英语教学模式来开展教学的。它围绕"文娱活动"这一单元学习主题，以学校开展丰富多样的社团活动（school clubs）为切入点，设置贴近生活实际的语用任务，从而达成多层次的学习目标，如社团招新面试和写申请卡或录制自我展示才艺的微视频等。通过微课、微视频等增强学生的视觉感知体验，提升学生语言表达的流畅度和发展学生的语言综合运用能力。

七、教学准备

导学案、网络资源（微课和微视频）、自制课件等。

八、教学特色

1. 通过多媒态的教学方式来培养学生的阅读素养和思维品质，将阅读文本转化成音视频结合的资源，直观形象地让学生感知—理解—体验—获取信息—习得语言。

2. 基于 viewing 能力来开展观察、分析、匹配、归纳信息等意义探究活动，如通过歌曲热身导入、微课视频的学校俱乐部的介绍以及将阅读材料文本信息变成可视化视频，增强学生的视觉感知体验，多方位、多角度调动学习积极性，提升语言表达的流畅度。

3. 通过录制、合成视频，展示学生的才艺，让学生在了解他人的同时，也对自己有更全面的认识，明白每个人都有自己与众不同的爱好与能力，从听、说、读、写各个方面来发展学生的语言综合运用能力和思维能力。

九、教学过程

Step 1 Raise concern

1. 自由交谈、导入课题（Free-talk & Lead into the topic）。

【设计意图】从教师自身实际出发，引起学生的注意力和好奇心，激发学习兴趣。

【设计原则】趣味性原则、复现性原则。

2. 歌曲导入（Let's sing）：歌曲复现课余文化活动的单词或词组，并学习新单词。

【设计意图】歌曲导入，创设情境，为下面的环节做铺垫。

【设计原则】趣味性原则、复现性原则。

3. 观看视频导入（Let's watch）：通过视频介绍了解学校的社团活动。

T：What clubs do you have in your school?

P1：We have sports club....

P2：We have….

【设计意图】从教师介绍自己的学生 Camilla 出发，通过视频介绍了解学校的社团活动，导入 school clubs 的话题。

【设计原则】趣味性原则、复现性原则、整体性原则。

4. 头脑风暴（Brain storming）：用思维导图的方式呈现不同的学校社团能做的相关活动词汇。

【设计意图】利用头脑风暴，激活检测学生的旧知识，引导学生进行发散思维，引出与体育俱乐部（sports club）、艺术俱乐部（art club）、音乐俱乐部（music club）、英语俱乐部（English club）、厨艺俱乐部（cooking club）有关的活动短语，检测学生前置性自主学习单词的完成情况。

【设计原则】趣味性原则、复现性原则、整体性原则。

Step 2　Learn & Link

1. 自由交谈、导入课题（Free-talk & Lead into the topic）。

【设计意图】从教师自身实际出发，引起学生的注意力和好奇心，激发学习兴趣。

【设计原则】趣味性原则、复现性原则、目的性原则、针对性原则。

2. 了解 Camilla 的学校社团生活（Let's listen and answer：know more about Camilla）。

Q1：How many clubs does she join?

Q2：What can she do for the school club?

【设计意图】通过听力练习了解更多有关 Camilla 的学校社团生活，贴近学生的生活实际。

【设计原则】趣味性原则、目的性原则、针对性原则、情境性原则。

3. 阅读短文并复述（Read and retell）。

Eg：On Mondays, she goes to the _____ club, because she loves _____. They are good for health.

【设计意图】通过阅读短文，完成表格，学会表达参加某个社团的原因。

【设计原则】趣味性原则、目的性原则、针对性原则、情境性原则。

Step 3　Practice

1. 模拟面试（Mock Interview）。

T：Our school clubs are recruiting new members. What can you do for the clubs? If you want to join in, you need to have an interview first.

P1：What can you do for the school clubs?

P2：I can…

P1：Can you…?

P2: Yes, I can. I want to join the...club, because I can... I like... They are good for my health.

P1: How wonderful! Please come here.

2. 与同桌对话（Pair-work）：通过社团招新，与同伴模拟一场面试，展示自我能力并说明你参加社团的理由。

【设计意图】构建语用目的：通过社团招新，模拟面试。设想自己喜欢参加的社团，与同伴模拟一场面试，展示自我能力并说明你参加社团的理由。增强学生的任务意识，在情景中运用句型"What can you do for the clubs?""I can..."询问某人能否做某事并作答。通过对话交谈，熟悉课余文化活动的词汇，在情景中运用句型询问某人能否做某事并作答，为下面的环节做铺垫。

【设计原则】趣味性原则、目的性原则、情境性原则、整体性原则。

Step 4　Report

1. 写作练习（Let's write an application for club）：写参加社团的申请卡。

2. 观看实例并汇报展示（Let's watch and report）：上台展示自己的社团申请卡。

【设计意图】模仿范文框架，写申请卡参加自己喜欢的社团并说明原因。通过观看视频，通过他人才艺展示的例子，学会上台展示自己的社团申请卡。学生根据框架进行口头输出：先在小组内交谈，然后再汇报。学生根据框架进行笔头输出；增强任务的真实性。通过有目的的动手实践，对学生的掌握情况进行反馈。对本课时学习的知识进行总结、回顾。

【设计原则】趣味性原则、目的性原则、情境性原则、整体性原则。

Step 5　Sum-up & Homework

1. 必做：听、读、记 Let's learn 的词组，并和同桌练习编写对话。

2. 选做：仿照例子做一张社团申请卡（Application Card），并口头汇报介绍自己的才艺。

【设计意图】听、读、记今天所学的内容，会书写社团申请卡，并培养口头汇报能力。

【设计原则】运用性原则、目的性原则、情境性原则、整体性原则。

十、板书设计

Unit 4　Our school clubs

sports club

music club

art club

cooking club

English club

—What can you do for the...club?
—I can...
—Can you...?
—Yes, I can. ／ No, I can't.
—I want to join the _____ club.
Because I can _____.
I like _____.
They are good for my health.

五年级上册（PEP 版）Unit 4　What can you do?（Let's review）教学设计

广州市海珠区红棉小学　王育辉

一、教学内容分析

本单元学习的主题是文娱活动，是义务教育教科书小学英语学科（人民教育出版社）五年级上册 Unit 4　What can you do 基于单元整体模块的话题复习；复习的主要内容是 Part A Let's learn 部分的词汇 dance、sing English songs、do kungfu 等和 Part B Let's learn 部分的词汇 swim、play basketball、speak English 等。以体育运动、音乐、美术和家务活等为话题，通过图片和同桌对话，复习和巩固描述自己能否做某事的句子。通过教师的示范，融入了"I like…""I am good at…"等描述人物爱好和特长的句型，同时还滚动复习了对外貌和品格的描述。这样丰富了学生描述人物的语言，并且从听、说、读、写四个方面来发展学生的综合语言运用能力。

二、学生情况分析

本课例是异地教学，云浮市郁南县的孩子相比广州市区的孩子来说会比较腼腆和淳朴，但经过两年多的英语学习，有了一定的学习英语的基础和良好的学习习惯，他们乐于参与课堂活动，乐于演、乐于说，可通过小组合作学习提高课堂的有效性。学生们已经掌握描写人物的年龄、外貌等词汇和句型，希望通过本节运用 RLPR 教学模式的综合复习课，让学生在交流、游戏和活动中复习 Unit 4 的教学内容并掌握运用相关语言的能力。

三、教学目标

（一）语言知识目标

1. 词汇：归纳体育运动、音乐、美术活动和家务活等活动词组，如 swim、play the pipa 等。

2. 句型：学生能在实际的情景交流中理解运用句型"What can you do?""I can…""What sport/housework can you do?""I can…""What can he/she/they do?""He/She/They can…"。

3. 询问某人能否做某事并作答。

Can you...?

Yes, I can./No, I can't.

4. 语法：能在教师的帮助下总结动词 play 与文体活动名称的搭配规律。

（二）语言技能目标

1. 能借助图片理解 10 个有关课余文化活动的单词或词组。

2. 能在具体情景中运用句型询问某人能否做某事并作答。

3. 能口头汇报说出几个描述自己能否做某事的句子。

（三）学习策略目标

1. 学会借助图片理解词意，能在情景中理解语言，并学习新知识。

2. 通过解决问题，完成任务，锻炼与发展学生的思维能力。

（四）情感态度目标

能积极参与文娱活动，丰富课余生活。

（五）文化意识目标

能用英语介绍琵琶、古筝、二胡等有中国特色的乐器。

四、教学重点

1. 能听、说、读文娱活动类的单词或词组，并在语境中正确使用。

2. 能在情景中运用句型"What can you do?""I can..."询问某人能否做某事并作答。

五、教学难点

1. 能说出两个以上描述自己能否做某事的句子。

2. 理解动词 play 与文体活动名称的搭配规律，并按照规律记忆相关词组。

六、教学策略

1. 在小组合作学习中促进每一个孩子的发展。

2. 通过生动的情景、丰富的活动与展示提高学习积极性和激发自信心。

七、教学准备

网络资源、自制课件、学生工作表。

八、教学特色

创设贴近学生学习生活的场景，教学由易到难，在和谐愉快的气氛中完成学习内容。

九、教学过程

Step 1 Raise concern

1. Free talk：自由对话猜猜教师会做什么文体活动，用"What can I do?"提问。

【设计意图】以自由交谈的方式，利用学生对新教师的好奇心，使用 TPR 教学法和图片辅助等手段激发学生的学习兴趣，引起学生关注本节课的内容，同时介绍本节课的大派对（party）。

2. Warm up and enjoy the song. 先观看歌曲动画，再配合动作一起唱。

【设计意图】由歌曲导入，让学生在轻松愉快的活动中热身，同时复习句型和词汇，为下面的环节做准备。

【设计原则】趣味性原则、目的性原则、针对性原则和复现性原则。

Step 2 Link

1. Brain storming：用头脑风暴的形式操练"What can you do?"句型，分别呈现 sports、art 和 housework 主题的有关词汇。

【设计意图】利用头脑风暴激活学生的旧知识，引导学生进行发散思维并提高对语言知识总结归纳的能力。

2. Picture reading and review：观察图片和回答，复习句型"What can he/she/they do?"。

【设计意图】激活、检测学生的旧知识。通过图片和词组再现来复习相关语言知识，为运用目标语言做准备。

3. Pair-work：教师先示范，再与同桌对话练习以下句型。

A：Can you dance/cook…?

B．Yes，I can./No，I can't.

A．Wonderful!/No problem. I can help you.

【设计意图】同桌两人对话交谈，在情景中运用句型询问某人能否做某事并作答，人人都有机会使用语言。

【设计原则】趣味性原则 、目的性原则、针对性原则和交际性原则。

Step 3 Practice

1. 看自己班四个同学展示特长的照片，谈谈他们能做的事情。复习巩固"Who is he/she?""What can he/she do for the party?"句型。

【设计意图】用身边同学的例子来激发学生的表达欲望并培养学生运用语言的能力。

2. Think：思考和介绍自己，以任课教师的特长照片为例，拓展导入两个新句型的学习。

What can you do for the party?

I can _____. I can _____, too.

I can't…

I like…

I am good at…

【设计意图】教师示范新句型，降低学习难度，同时拓展复习内容，提升语言能力。

3. Finish the talent card：完成才艺卡。借助任课教师给个人才艺卡做的PPT内容，让学生写出自己的才艺并完成 My Talent Card 内容。巩固练习表达自己会做几件事情的句型，同时部分优秀的孩子可以尝试运用新学的句型。

I can _____. I can _____, too.

I can't…

I like… I am good at…

【设计意图】学生根据框架进行笔头输出，增强今天派对活动的任务真实性。

【设计原则】趣味性原则、针对性原则、交际性原则、情境性原则和整体性原则。

Step 4 Report

1. Talent Show in groups（小组内达人秀）。

【设计意图】在小组内展示才艺可以让更多孩子有机会进行语言输出训练，同时为班级展示做好准备。

2. Talent Show in class：每组推选出一到两名代表参选班级 Super Student Show，上台展示自己的才艺。

【设计意图】让学生再次进行目标语言的输出，在班集体的大范围内可以更好地培养学生的自信心。

3. Who is the Super Student? Conclude what we have learnt.（颁奖活动和学习内容小结）

【设计意图】通过颁奖激励学生，同时通过"Everyone has his own gift."来告诉学生，每个人都有自己的天赋才能，要自信面对生活中的一切困难。

【设计原则】趣味性原则、交际性原则、情境性原则和运用性原则。

Step 5　Homework

必做：听、读、记 Let's learn A、B 的词组并和同桌练习编写对话。

选做：仿照 Jacky 的例子完善自己的才艺展示卡（My Talent Card）并口头向同学或家长汇报介绍自己的才艺。

【设计原则】针对性原则和运用性原则。

十、板书设计

Unit 4　Let's review

```
   Super Student

      Sports              What can you do?

       Art                I can_____.

                          I can_____, too.
    Housework
                          But I can't_____.

  Other abilities         I like_____.

                          I am good at_____.
```

五年级下册（教育科学出版社·广州）
Unit 8　Ben's friend's travel plan 教学设计

广州市天河区高塘石小学　邓晓颖

一、教学内容分析

本节课的内容选自义务教育教科书小学英语学科（教育科学出版社）五年级下册（广州版）Module 4　Travel Unit 8　Ben's friend's travel plan。Unit 8 的主题是"travel plan"（旅行计划），这一主题对学生来说非常熟悉，在五年级下册 Module 2、Module 4 中学习了运用一般将来时态谈论旅游计划的相关句型，Unit 7 学习了重点句型"Where/How/What are you going/will…"，Unit 8 介绍了 Ben 在北京三日游的旅行计划。本节阅读拓展课以 Ben 的朋友 Luella 想五一假期来广州旅行为背景，引导学生通过阅读与第二课时文本难度相当的语篇，通过讨论、分析，根据喜好来帮助她合理地制订一个三天的旅行计划并表述出来。在阅读的过程中丰富学生的语言知识和文化知识，在说和写的过程中训练学生的语言技能。

二、学生情况分析

五年级学生对旅行的话题并不陌生，他们已经学过有关 Hainan、Beijing 等国内城市的著名旅游景点和旅行活动，所以关于旅行计划的话题有了一定的语言知识铺垫，但是对旅游城市文化的知识储备也仅来源于教材，语言综合能力还是较为欠缺，因此，本节课时增加了国外朋友来广州旅行计划的语篇文本，以期拓宽学生本土文化的知识面，也借助思维导图工具帮助学生整理知识，归纳文本信息，发散思维，搭建合理的支架让学生感知如何帮助他人制订合理的旅行计划，进而激发学生想去旅行的愿望，让他们有更多的机会输出语言，从而提高他们的语言技能。

三、教学目标

（一）语言知识目标

1. 旅行话题中相关城市的著名建筑和景点：Ocean Park、Disneyland、Hong Kong Museum of history、Big Ben、Tower Bridge、London Eye、Buckingham Palace、Westfield London shopping mall、British Museum。

2. 听力文本和阅读材料中的课外拓展词汇：see the lovely dolphin dance, take photos with the Mickey Mouse and Donald Duck, eat roast goose in a

restaurant, learn much about history, hear the Big Ben striking on the hour, taste the fish and chips, meet the Queen and her family, many amazing things to see。

3. 谈论旅行计划的句型："Where is/are…going?" 以及回答 "…will/are going to…"，"How will/can…go there?" 以及回答 "…will/can go there by…"，"What is/are…going to do?" "What will…do?" 以及回答 "…is/are going…" "…will…"。

4. 用一般将来时来表达个人的旅行计划的句型："…holiday is coming, I plan to go to…" "I'm going there by…with…" "I will stay there for…" "On the first day, I will… On the second day, I will… On the third day, I will…" "I'm sure I will have a good time/an amazing trip"。

（二）语言技能目标

1. 词汇：能根据图片提示认识不同城市的著名建筑和旅游景点，理解听力文本和阅读材料中的课外拓展词汇。

2. 句型：能在情境中熟练运用谈论旅行计划的句子，熟练运用一般将来时来表达个人的旅行计划。

3. 篇章：能听懂和读懂与教材难度相当的语篇，提取相关信息，完成听力练习和阅读任务。

4. 语用：能整体感知如何制订 travel plan 的 what、where、when、who、how 五要素的思维导图框架；能用正确的时态谈论他人和介绍自己的假期旅行计划，并借助语言支架有条理地写出介绍自己的旅行计划的小短文。

（三）学习策略目标

1. 能通过概念图表激活旧知识，归纳旧知识，解码文本，发散思维；熟悉旅行计划话题的框架。

2. 能通过猜测图片感知新知识，熟悉广州的著名景点以及旅行的特色活动，培养学生按意群阅读的习惯。

（四）情感态度目标

1. 学会欣赏国内外不同城市的人文景观，热爱生活，热爱旅游。

2. 享受阅读的乐趣，主动参与小组合作学习，协作完成相关的阅读任务；积极运用所学的话题框架来表达自己的旅行意愿。

3. 学会合理计划安排自己的旅游出行。

（五）文化意识目标

1. 通过对阅读材料的学习，了解不同城市的人文景观等，热爱生活，热爱旅游。

2. 了解不同国家旅行文化的差异性。

四、教学重点

能理解听力文本和阅读材料，并能提取文本信息复述他人的旅行计划。

五、教学难点

1. 能运用准备的语言谈论阅读材料中的城市。

2. 能合理地帮助 Ben 的朋友 Luella 制订一个三天的旅行计划，并借助语言支架有条理地表述出来。

六、教学策略

本课时能通过感知语篇、与同伴合作，主动获取与阅读文章相关的信息，完成具体的阅读学习任务，与同伴合作，操练、复述、运用语言，发展语言的听说读写能力。

七、教学准备

自制课件、图片、录制的音频文件、创编的阅读材料和导学案等。

八、教学特色

本节课是基于单元整体教学设计的教学理念设计的，通过目标统整、话题连贯、任务驱动、语境带动、教学过程推进来促进、发展学生的思维，从而培养学生的思维品质和阅读素养，并且能很好地结合信息技术手段，借助思维导图等可视化思维工具来辅助教学，整合适切的教学资源，注重学习情境的创设和单元话题知识的延续性，明晰任务，注重示范。教学目标明确，知识目标与情感目标有机结合；教学活动设计意图明确，层次清晰，设计较巧妙；教学活动环节过渡自然，示范铺垫充分，合作探究学习效果好。

九、教学过程

Step 1　Pre-task

1. 小诗导入（Greeting & Chant）：与教师打招呼，并朗读有节奏的小诗，感知旅行话题。

【设计意图】热身导入、活跃气氛，引出旅游话题。

【设计原则】趣味性原则、复现性原则。

2. 自由交谈（Free-talk）：五一假期的旅行计划。

T：Do you like to travel? May Day is coming. Do you have any plans for the holiday?

P1：I plan to go to… I will go there by…with…

【设计意图】自由交谈，由教师自身喜欢旅游的亲身经历引入谈论 May Day 的旅行计划。从 Free-talk 引出谈论假期旅行计划的话题。

【设计原则】趣味性原则、复现性原则。

3. 复述课文（Let's Review and Retell）：回顾课文，在思维导图的辅助下复述 Ben 第一次在北京旅行的行程，例如：

My friend Ben likes traveling, too. He plans to travel to Beijing by plane.

【设计意图】通过图片、时间轴和图表，在小组内根据表格内容复述 Ben 的行程。初步感知 travel plan（旅行计划）的思维导图五要素：what、when、where、who、how。

【设计原则】趣味性原则、复现性原则、整体性原则。

4. 设计情景，听读对话回答问题（Let's Listen and answer）：Ben 邀请他的朋友 Luella 五一假期过来广州游玩。学生认真听 Ben 和朋友 Luella 的 WeChat 对话语音，并思考问题，找出问题答案。引导学生表述谈论旅行计划中的 who、where、when、how 要点部分。

【设计意图】用微信语音的方式引入学习任务，吸引学生的注意力；通过听录音，复习巩固重点句型，培养学生听力理解和提取信息的能力。

【设计原则】趣味性原则、目的性原则、针对性原则、情境性原则。

5. 协助 Ben 帮他的朋友 Luella 设订一个五一假期三天的旅行计划（Make a May Day travel plan for Luella）。

【设计意图】明确学习任务：学会帮助 Luella 制订一个合理的五一假期旅行计划。

【设计原则】趣味性原则、目的性原则、针对性原则、情境性原则。

Step 2　While-task

1. 头脑风暴（Brain Storming）：学生通过头脑风暴说说熟知的广州景点。看图交流，熟悉地点名词，利用自然拼读法学会认读 Guangzhou Museum、Guangzhou Tower、the Pearl River、Beijing Road、Guangzhou Restaurant、Xiangjiang Safari Park。

2. 观看视频讨论不同景点的活动（Watch & Discuss）。例如："For sightseeing, I think she can go to…/If she wants to learn about the history of Guangzhou/go shopping…, she can go to…" "For fun, I think she can… Because she can…there. She can go there by…"。

【设计意图】激活旧知识，对广州景点有个初步感知和印象。学习地点名称，解决新词发音问题；图文结合，培养学生的思维能力。从欣赏自然风光，了解广州历史文化、购物、娱乐、饮食等方面的情况，通过讨论分析来合理地为他人安排假期出行计划，鼓励学生有创意的想法。

【设计原则】趣味性原则、目的性原则、针对性原则、情境性原则。

3. 阅读短文，匹配信息并复述（Read，Match & Retell）

（1）阅读 Ben 根据 Luella 的喜好帮她制订的旅行计划的语篇，完成信息匹配,在教师的引导下,进一步完成思维导图,在思维导图的辅助下复述文段。学生通过略读短文和画重点词句的阅读技巧,获取阅读文本的主要内容(Where/What/How)并进行匹配。

(2) 寻读查找要素,小组合作完成思维导图,根据所提供的时间轴、图片和关键词信息,尝试复述文本。

(3) 朗读、理解、内化文本。小组内分句复述,教师辅以必要的语言表达框架。

(4) 全班整体复述回顾文本。

【设计意图】通过快速寻读,培养学生查找关键信息的阅读能力,通过连线地点、活动和交通工具等关键信息,培养学生归类信息的能力。随文拓展词汇。

培养复述文本内容的能力,检查学生对文本的理解。小组共同完成板书,呈现思维导图的 what will do 要素部分。朗读、理解、内化文本。

【设计原则】趣味性原则、目的性原则、针对性原则、情境性原则。

Step 3　Post-task

1. 思考（Critical Think & Discuss）：讨论 Ben 为 Luella 设订的旅游计划合不合理。

2. 小组交流分享与评价（Let's Share）：学生一起交流分享想法。

【设计意图】通过交流分享与评价,发展学生语言的听说和阅读能力,培养学生的批判性思维和逻辑判断能力。

【设计原则】交际性原则、运用性原则、情境性原则、整体性原则。

3. 小组四人合作（Group Work）,根据 Luella 的喜好,小组竞赛,为 Luella 设计一个广州三日经典旅游路线,思考从哪些方面书写旅游计划,给出主要参考句型作为参考。

4. 小组合作,共同完成一份广州经典游的 travel plan。

5. 全班交流分享。

【设计意图】学会对他人制订的旅行计划做一定的判断与评价。检测学生综合运用所学进行笔头输出的能力,同时让学生从 grammar、reading、writing 三方面进行评价,培养学生的评价能力。

【设计原则】交际性原则、运用性原则、情境性原则、整体性原则。

Step 4　Summary & Homework

1. 请根据 Luella 的喜好和时间,帮她继续完善五一假期的旅游计划,课后在小组内进行交流分享。

2. 请用思维导图的方式制订一个自己的五一假期的旅行计划。

【设计意图】对本课进行小结，学会帮助他人制订旅行计划，归纳总结旅行计划五要素。

【设计原则】情境性原则、运用性原则、交际性原则、整体性原则。

十、板书设计

板书设计如图 1 所示。

Unit 8　Ben's friend's travel plan

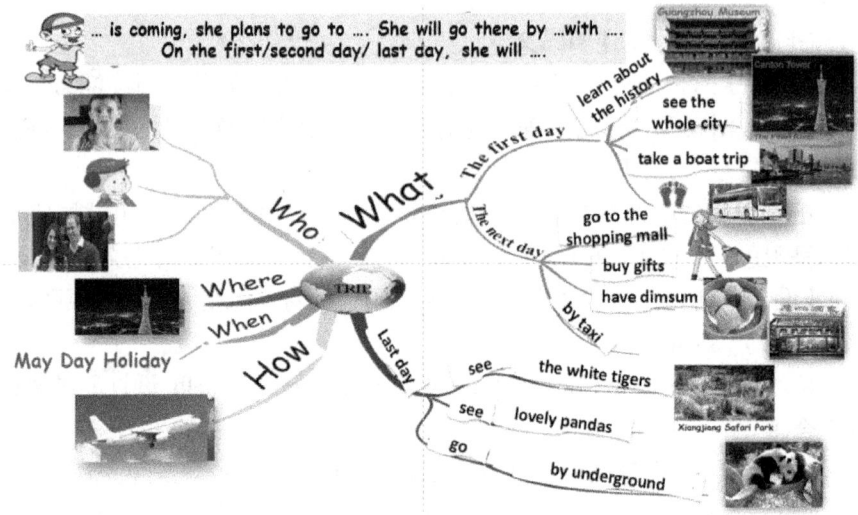

图 1　板书设计

五年级下册（教育科学出版社·广州）
Unit 12　I know a short cut（Directions）教学设计

广州市海珠区宝玉直实验小学　郭苑怡

一、教学内容分析

本课的教学内容选自义务教育教科书小学英语学科（教育科学出版社）五年级下册（广州版）Unit 12　I know a short cut Period 3（Directions），主要是复习本模块的核心句型"Can you tell me the way to…？""How to get to the…？"，并运用指路用语为他人指路。

二、学生情况分析

本课的教学对象是五年级第二学期的学生，学生在前面的课时已经学习了有关问路的用语。学生懂得运用指路用语为他人指路。

三、教学目标

（一）语言知识目标

1. 复习、巩固地点及功能。
2. 运用指路用语为他人指路。

（二）语言技能目标

1. 能熟练运用已学地点名称及其功能。
2. 能为他人指路。
3. 能运用已学句型进行交际和完成任务。
4. 能通过小组合作，仿照例子，描述自己设计的小城镇。

（三）学习策略目标

1. 通过游戏、竞赛等方法进行复习，提高学习注意力。
2. 通过设置情景和完成任务，提高学习效果。
3. 大量的交流沟通，锻炼口语表达能力。
4. 联合生活实际，运用所学知识进行交际。

（四）情感态度目标

培养学生热爱生活的意义，懂得与人交往。通过让学生多次在小组中实践和体验，让学生积极参与课堂活动，培养他们的互助合作精神。

（五）文化意识目标

了解中西地名范围的表达。

四、教学重点

1. 能运用指路用语为他人进行指路。

2. 能通过小组合作，仿照例子，描述自己设计的小城镇。

五、教学难点

能通过小组合作，仿照例子，描述自己设计的小城镇。

六、教学策略

1. 利用课件、图片、实物等资源辅助教学，让学生掌握单词及句型的运用。

2. 联系实际生活，利用听读的方式对学生进行语言输入，使所学内容生活化、情境化。

七、教学准备

课件、图片。

八、教学特色

本课自编多个文本供学生阅读，拓展知识面。

九、教学过程

Step 1　Raise concern

Watch the video about giving directions, then say out the sentences about giving directions.

【设计意图】说一说，调动学生的情绪，让学生快速进入英语学习氛围中。

【设计原则】趣味性原则、目的性原则、针对性原则、复现性原则。

Step 2　Learn

Learn the new words: restaurant, post office, hospital, hotel, police station, library.

【设计意图】通过描述词语的大意猜出地点名称。

Step 3　Practice

1. Look at the map of Funny Town, discuss how to get to Funny Town.

2. Listen to the introduction of Funny Town. (Listen and fill in the form)

3. Read the introduction of four places in Funny Town. Guess the names of the places.

4. Oral practice. (Choose a place in Funny Town to introduce.)

5. Reading comprehension. (Treasure Hunt) (The way to gold)

【设计意图】设计学生到 Funny Town 参观的情境，完成一系列听说读写的任务，掌握语言表达。

Step 4　Report

1. Design a new town in groups of four.
2. Write down the introduction of the new town.
3. Share with classmates.

【设计意图】以小组为单位设计自己的小城镇并进行介绍，提高学生的小组合作能力和连贯表达能力。

Step 5　Homework

1. Introduce your new town.
2. Finish the exercise.

十、板书设计

板书设计如图 1 所示。

Unit 12　I know a short cut

Give directions

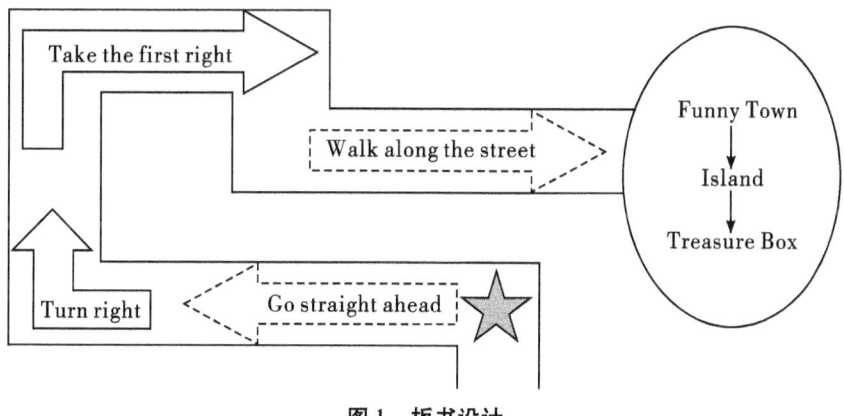

图 1　板书设计

五年级下册（教育科学出版社·广州）
Module 4 Travel（Revision）教学设计

广东外语外贸大学从化实验小学 李未

一、教学内容分析

本节课话题出自义务教育教科书小学英语学科（教育科学出版社）五年级下册（广州版）Module 4 Travel。本课是 Module 4 的第六课时。主要在之前学习的基础上，强化写 Travel Plan 的能力，拓展与本话题相关的知识，同时引导学生对所学关于 travel 的知识进行回顾。

二、学生情况分析

小学五年级的孩子们，已经具备了基础的听说读写能力，也已基本养成了良好的英语听、说、读、写习惯。儿童的特性使他们活泼好动，对新事物有着强烈的好奇心，探索知识的欲望很强烈，并且有着很强的表现欲。他们喜欢认识陌生的地方、陌生的事物，也喜欢游玩。

三、教学目标

（一）语言知识目标

1. 熟练运用 Module 4 的核心词汇和句子。
2. 熟练运用一般将来时谈论自己的打算。

（二）语言技能目标

能熟练运用已学知识谈论 travel plan，并制作一份图文作品。

（三）情感态度目标

1. 积极参与英语学习活动，关注自己在英语学习中取得的进步。
2. 对世界有初步了解。

（四）学习策略目标

1. 积极与他人合作，共同完成学习任务的策略。
2. 自主归纳语言知识的规则并运用到交际中的策略。

（五）文化意识目标

了解世界一些著名的景点和特色物品。

四、教学重点

1. 综合运用本模块的语言知识。
2. 正确运用一般将来时表达打算。

五、教学难点

1. 理解与本模块水平相似的文本,并能仿写。
2. 综合运用所学的语言知识。

六、教学策略

利用 PPT、图片、思维导图等资源辅助教学,让学生掌握单词及句型的运用。

七、教学准备

自制多媒体教学课件、实物教具。

八、教学特色

本教学设计以任务推动复习,以任务贯穿课堂。让学生在完成本课各环节的活动中,进行自我探究和合作学习,提高学生用英语获取信息、表达自我的能力。

九、教学过程

Step 1 Raise concern

1. Greetings and singing the song:*The Wheels on the Bus*.

Free talk and lead in the title:Travel Plan.

【设计意图】营造英语学习气氛,激发学生学习热情。

2. Tell the pupils the learning target:to review and consolidate the language knowledge in Module 4.

【设计意图】明确学习目标,激励学生专注课堂。

3. Consolidation Practices.

【设计意图】加强学生对本单元词组、句子的记忆。

【设计原则】趣味性原则、目的性原则、针对性原则、复现性原则。

Step 2 Learn

1. Story Time.

Watch the video and answer questions.

Read the story aloud and think about:Why is Aki going by bag? What should he do before travelling?

【设计意图】引导学生理解 Story Time 的对话。促使学生正确朗读 Story Time 的对话,并思考 Aki 应该如何做,明白做旅游计划可以让事情更顺利。

2. Reading Time:Read about Aki's travel plan and finish the task.

【设计意图】训练学生读懂与本模块相关话题的图片与文字,通过与同伴的听说互动,促使学生写出正确的语句。

3. Summing up:Read the passage again and sum up how to write a travel plan.

【设计意图】为仿写旅游计划打好基础。

【设计原则】趣味性原则、目的性原则、针对性原则、情境性原则、整体性原则。

Step 3　Practice

1．Write a plan of travelling to Guilin together.

【设计意图】控制型写作，以便突显写句中的常错点，提高学生的写句水平。

2．Lead in the writing task.

【设计意图】自主型写作，选择自己喜欢的地点进行制作。

【设计原则】目的性原则、针对性原则、整体性原则、运用性原则。

Step 4　Report

1．Share the writing.

【设计意图】促使学生综合运用所学知识进行交流。

2．Assessment.

【设计意图】评价学生在整节课里的表现。

【设计原则】趣味性原则、目的性原则、针对性原则、交际性原则。

Step 5　Homework

1．完善自己的作品，制作精美些，贴到板报上。

2．读同学们贴在板报上的作品，选出自己最喜欢的三份。

【设计意图】巩固本课知识。在互评互改中提高学生写话的兴趣和水平。

【设计原则】整体性原则、目的性原则、针对性原则、运用性原则。

十、板书设计

板书设计如图 1 所示。

Module 4　Period 6　My travel plan

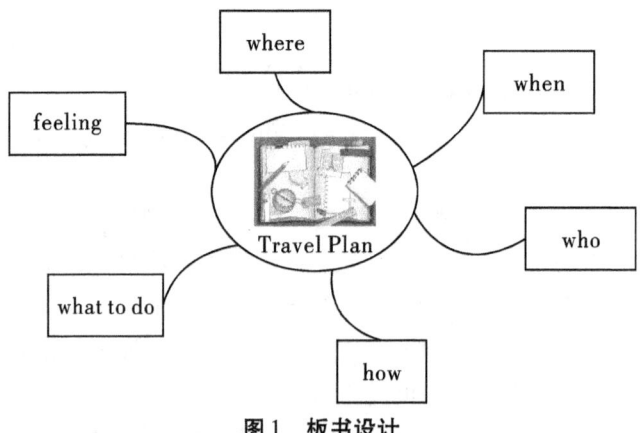

图 1　板书设计

五年级下册（PEP版）Unit 3 My school calendar！（Let's try & Let's talk）教学设计

英德市第七小学 邱掌娣

一、教学内容分析

本教材来源于义务教育教科书小学英语学科（人民教育出版社）五年级下册（PEP版）Unit 3 My school calendar！。本单元学习关于日历、节假日的话题。本课时内容是 Let's try & Let's talk。通过 Oliver 生日的场景让学生感知句型"When is...?"的语义功能及语用情境。

二、学生情况分析

学生已学月份单词 March、June、October、June 等，以及"I like..." "We usually have..."等句型。大部分学生都了解月份及月份所对应的节日，能运用句型"When is...?"谈论中西方节日和节日活动。知道结合音、形、义学习词汇，能结合语境体会句型的运用并形成预习的习惯。

三、教学目标

（一）语言知识目标

1. 会唱歌曲 The Months，能听、说、读短语 the Great Wall。
2. 会运用句子"What's...favorite season?" "Why do you like this?"。

（二）语言技能目标

1. 能听会说本课对话，并进行角色扮演。
2. 会使用功能句型"When is...?" "It's in..."进行对话。

（三）情感态度目标

了解母亲节的由来及"mother"这个词的含义，渗透"母爱"的伟大，表达爱母亲、爱祖国的思想感情。

（四）学习策略目标

积极参与学习，充满自信，乐于开口用英语进行交流，在小组活动中积极配合其他同学，增强合作意识。

（五）文化意识目标

了解中国节日与西方节日的文化差异。

四、教学重点

能听会说句子"When is...?"，能询问他人节日或活动的日期并使用句型"It's in…"作答。

五、教学难点

读准"we'll"的发音。

六、教学策略

1. 利用 PPT 课件、图片、思维导图等资源辅助教学，让学生掌握单词及句型的运用。

2. 联系实际生活，利用听读的方式对学生进行语言输入，使所学内容生活化、情境化。

七、教学准备

多媒体课件，学生利用"一起小学学生"App 提前做好预习任务。

八、教学特色

本课时采用 RLPR 的教学模式，在钉钉直播上网课。本课安排了 Oliver 生日的场景。Oliver 和 Chen Jie 对中西方节日和节日活动的谈论清晰明了，过渡自然，由浅入深，循序渐进。课前准备相当充分，而且充分利用了"一起小学学生"App 软件进行了预习，为学生创造了良好的语言学习情境，为新课学习做了很好的铺垫。"刮刮乐"抽奖环节激发了学生的学习热情，调动了学生的学习积极性。教师不断鼓励学生，充分发挥学生的主体作用，使学生在和谐融洽的课堂氛围中学习，推进了知识的掌握并深刻渗透了德育教育，达到了育人的目标。

九、教学过程

Step 1　Raise concern

Let's sing the song：*The Months*.

【设计意图】通过唱歌复习月份单词，为新课做铺垫。

【设计原则】趣味性原则、目的性原则、针对性原则、复现性原则。

Step 2　Learn

1. 创设情境导入：Oliver 生日，他和 Chen Jie 谈论 Oliver 最喜欢的季节和秋天的活动话题。

2. 提出设问："What will Oliver have？""What's his favorite season？""Why do you like this？"。

3. 看视频，回答问题。

4. 跟读课文并画出重点单词和句子。

【设计意图】

1. 通过观看视频了解对话大意。

2. 朗读纠正发音，注意"we'll"的读音。

3. 学生能积极参与，乐在其中。

【设计原则】趣味性原则、目的性原则、针对性原则、情境性原则、整体性原则。

Step 3　Practice

4～6人为小组单位进行小组合作探究，运用句型"When is...?""It's in..."等完成练习。

【设计意图】通过小组合作探究，组员能运用本课重点句型"When is...?""It's in..."进行交际。准确把握设疑的方向，调动了学生学习的兴趣，使学生进入积极的思维状态。

【设计原则】目的性原则、针对性原则、整体性原则、运用性原则。

Step 4　Report

1. 以小组为单位，借助图片创编对话。

A：When is Mother's Day?

B：It's in...

A：What will you do for your mum on Mother's Day?

B：I'll...for her.

2. 了解"mother"这个词每个字母的含义，如下所示。

"M" is for the million things she gave me.（M代表着母亲给予我们的一切）

"O" means only that she is growing old.（O意味着与此同时她正在衰老）

"T" is for the tears she shed to save me.（T象征着她为了拯救我们流的泪）

"E" is for her eyes, with love-light shining.（E是她充满着爱的万分温柔的眼神）

"R" means right, and right she will always be.（R说明正确，并且代表着她永恒的真理）

Put them all together, they spell "MOTHER".（把它们拼在一起，便是母亲）

A word that means the world to me.（一个最无私、最伟大的，给予了我所有全部的词）

【设计意图】

1. 联系生活实际，用英语进行交际，达到学以致用的目的。

2. 通过Mother这首小诗渗透母爱教育，从爱母亲到爱祖国的主题教育。

【设计原则】趣味性原则、目的性原则、针对性原则、交际性原则。

Step 5　Homework

1．朗读提高：模仿语音语调朗读对话。

2．口语交际：同学之间互相用本课句型进行交流。

3．写作练笔：运用句型"I'll...on Mother's Day."创编作文。

【设计意图】复习巩固课堂知识，并拓展课堂内容，提高口语和写作能力。

【设计原则】整体性原则、目的性原则、针对性原则、运用性原则。

十、板书设计

Unit 3　My school calendar！

Let's try & Let's talk

school trip

this year

We'll = We will

the Great Wall

—When is…?　　—It's in…

—What will you do for your mother on Mother's Day?

—I'll…

六年级

六年级上册（教育科学出版社·广州）
Unit 1　What are those farmers doing? 教学设计

广州市海珠区宝玉直实验小学　郭苑怡

一、教学内容分析

Country life 这个模块主要是讨论乡村农场生活。本课是义务教育教科书小学英语学科（教育科学出版社）六年级上册（广州版）Module 1　Country life Unit 1　What are those farmers doing? 第一课时的教学内容，主要学习乡村农场生活和农场日常活动，而这些对城市学生来说较为陌生。因此，教师需要利用大量的图片及其他场景输入，创设真实情境，以利于学生运用语言进行交际。本课的线索是 Ben 在农场里的生活经历，以 Ben 的口吻介绍了乡村生活的各种日常。全程围绕主题，采用情景法、交际法、游戏法等展开教学，鼓励学生多开口，用英语进行情景对话，促进学生小组合作学习，让学生在参与各项活动的过程中学会运用语言。

二、学生情况分析

本课的教学对象是六年级第一学期的学生，该阶段的学生英语学习兴趣比较浓厚，并且已经有比较好的语言知识基础，也基本养成了积极交流、全身心参与活动和游戏的习惯。本节课内容虽然对城市学生来说较为陌生，但正因为是不熟悉的话题，其新颖性依然让学生有兴趣去参与。本课主要让学生在情景中感受知识，实现语言的灵活运用，最后结合学习与现实生活体验进行信息交流。

三、教学目标

（一）语言知识目标

1. 能掌握"三会"单词和短语：country、field、pick、grass、five、cow、sheep、other、few、a few、river。

2. 能掌握"二会"单词：goat、goose。

3. 能掌握本课重点句型并学会运用：
What do you grow on your farm?
You can…if…

Do you have any…?

We have…We also have…

（二）语言技能目标

1. 能听懂或读懂与课文难度相当的有关本课话题的文段。

2. 能就农场生活景象、细节等进行提问。

3. 能口头简单介绍农村生活和景象。

（三）学习策略目标

从实际生活经验出发，在体验中学习，在教师的点拨下进一步加深对所学知识的理解，掌握学习内容并能用新旧知识的关联进行交流。

（四）情感态度目标

1. 通过各种活动和情景对话，将本课知识运用到实际情境中，培养学生乐于模仿，敢于开口的学习习惯。

2. 通过让学生多次在小组中实践和体验，让学生积极参与课堂活动，培养他们的互助合作精神。同时培养学生热爱生活的意识，学会与人交往。

（五）文化意识目标

让学生了解乡村生活的景象，与城市生活的不同之处，培养学生对生活的热爱。

四、教学重点

1. 能掌握语言目标"三会""二会"的词汇和句型。

2. 能读懂、理解课文大意并能分角色朗读课文。

五、教学难点

能理解本课句型，并运用句型简单描述农场生活。

六、教学策略

1. 生动的情景、实效的游戏，提高学生的学习积极性。

2. 组织学生互动、小组讨论等，让学生团结合作，归纳梳理知识结构。

3. 通过听、说、读激发学生，学习、巩固已学知识。

4. 重构文本，加入自编的内容以丰富教学内容。

七、教学准备

课件、图片。

八、教学特色

本课引入真实情境让学生更容易掌握本课内容。

九、教学过程

Step 1　Raise concern

1. 展示家长不与孩子交流的图片。

（点出现在城市生活中父母与孩子之间缺乏交流的事实）

2. 展示亲子活动的视频（图片＋文字＋音乐）。

3. 学生表达自己最喜欢的亲子活动。（用图片展示学生跟父母参加的亲子活动，并让学生描述自己最喜欢的亲子活动）

S：I like going to the farm with my parents. We can grow flowers and vegetables on the farm. We are very happy.

【设计意图】通过看亲子活动视频了解亲子活动内容并带出本课主题。

【设计原则】趣味性原则、目的性原则、针对性原则、复现性原则。

Step 2　Learn

1. 展示课本农场图片（Ben 的父母带 Ben 去农场）。

Ben likes going to the farm with his parents, too.

2. 播放课文视频，学生圈出农场里的动植物。

运用句型"There is/are…on/in.""We have…"（汇报答案）。

学习 grass、geese、sheep、river、field 等单词。

问学生在这么美的地方可以做什么，贴单词，教动词词组。

Ss：There are two apple trees here. We can…（学生说）

T：Yes, you can pick apples if you want. You can feed the animals if you want.

让学生看着板书 pair work：you can…if you want。

【设计意图】通过看图学习新词和句型，直接清晰。

Step 3　Practice

1. 跟读课文。

2. 与同桌分角色朗读课文。

【设计意图】通过不同的方式朗读课文，掌握课文内容。

Step 4　Report

1. 表演课文。

2. 根据提示的图片和句子，复述课文。

3. 仿照课文复述，介绍自己的亲子游。

【设计意图】通过表演课文、复述课文达到语言输出的目的。

Step 5　Homework

1. 听、读、背课文。

2. 完善自己的亲子游介绍。

十、板书设计

板书设计如图 1 所示。

Unit 1　What are those farmers doing?

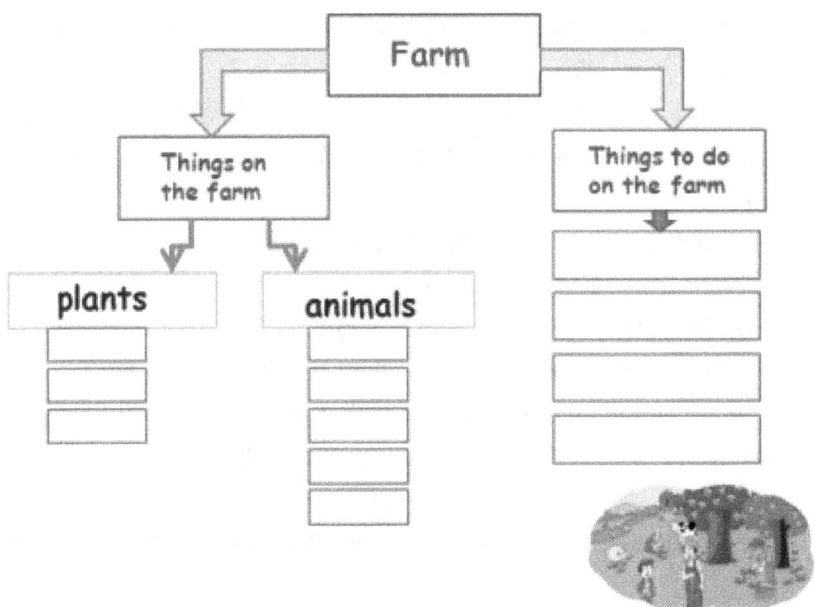

图 1　板书设计

六年级上册（教育科学出版社·广州）
Module 2　City life（Welcome to Conghua）教学设计

广东外语外贸大学从化实验小学　李未

一、教学内容分析

本课是义务教育教科书小学英语学科（教育科学出版社）六年级上册（广州版）Module 2 的第六课时，课型属综合练习课。教学内容如下：

1. 复习巩固 Module 2 中的核心词汇和句子。
2. "Unit 4　Story Time"。
3. 拓展阅读：*They Like to Come to Our City*！。
4. 拓展写话：*Activity Book* "Unit 3　Exercise 6" 美在从化。

拓展写话："Unit 4　Do the project"（写一份邀请函）。

主要在之前五个课时学习"城市生活"话题的基础上，拓展更多与本话题相关的知识，同时引导学生对本单元的学习做一个回顾、归纳和评价，结合家乡特色加强听说读写综合训练。

二、学生情况分析

六年级的学生已经基本养成学习英语的好习惯，对英语学习有自己的一套方法。但因为这年段的学生都有不好动、不爱表现的特点，因而对语言综合性比较强的方面仍存在难度，听、说、读、写的语言综合运用能力需要持续训练与加强。

三、教学目标

（一）语言知识目标

1. 能理解和正确朗读 Story Time 的对话。
2. 能熟练灵活地运用 Module 2 的核心词汇和句子完成各项听、说、读、写练习。

（二）语言技能目标

能熟练运用本模块核心词汇和句子对从化进行描述，并向自己的朋友写一份邀请函。

（三）学习策略目标

1. 积极与他人合作，共同完成学习任务的策略。
2. 自主归纳语言知识的规则并运用到交际中的策略。

（四）情感态度目标

1. 积极参与英语学习活动，关注自己在英语学习中取得的进步。

2. 了解自己的家乡，热爱家乡。

（五）文化意识目标

了解英语国家的城市生活。

四、教学重点

1. 理解和表达与"城市、乡村"及"城市、乡村生活"话题相关的内容。

2. 综合运用所学的语言知识。

五、教学难点

在生活交际中综合运用已学的英语知识。

六、教学策略

通过 PPT、教学视频、导学案的运用，引导学生在课堂中闯关、玩游戏，从而内化知识，形成运用知识的能力。

七、教学准备

自制多媒体教学课件、实物教具、导学案。

八、教学特色

通过完成向体育明星推介从化的美和乐这一任务，在听、说、读、写中综合运用已学知识，描述从化生活并撰写邀请函。

九、教学过程

Step 1　Raise concern

1. Greetings and singing the song: *Take Me to the Ball Game.*

Free talk and lead in the title: Welcome to Conghua.

【设计意图】营造英语学习气氛，激发学生学习热情。

2. Tell the pupils the learning target: to review and consolidate the language knowledge in Module 2.

介绍评价机制及任务（挑战关卡，挑战成功则能捡到关主掉落的一片拼图——从化景点相片的一角，拼图成功的组就可以拿到神器）。

【设计意图】明确学习目标，激励学生专注于课堂。

3. Consolidation Practices.

Gold Shooter Game：（球员踢球，前方有两个有编号和词组的球门，学生听教师读词组并说出编号）谁最先正确说出编号谁得分。最后，所有球门排成一排，学生齐读词组。

【设计意图】通过听力训练和朗读，加强学生对本单元词组的记忆。

【设计原则】趣味性原则、目的性原则、针对性原则、复现性原则。

Step 2　Learn

Story Time

1. Introduce the background of the story：由神射手游戏引起学生谈论喜欢的足球队，出示曼联足球队的图片，与学生交流这个球队的信息。最后，告诉学生："Mancester United is playing in Jiamin's city. They are going to watch the football game. Let's see what happens."。

2. Best Referee Game：Watch the video of the story, then put T or F in the blanks.

(　　) The traffic is fine now.

(　　) The stadium is crowded.

(　　) Ben and Jiamin miss the match.

3. Read the story together and think about the question：What do we know about the big city from the story?

四人小组讨论对故事中的城市的想法。选择学生汇报自己小组讨论的结果。引导学生思考大城市带来的好处（如大型的体育馆可让更多的人观看比赛等）及不便之处（如人太多，做什么事都要排队等）。

【设计意图】在故事中加深对城市的认识，引导学生多角度看待事物。

【设计原则】趣味性原则、目的性原则、针对性原则、情境性原则、整体性原则。

Step 3　Practice

1. Read a passage and complete the sentences according the pictures.

学生阅读 Story Time 的后续报道：*They Like to Come to Our City*！。先独立完成填空，然后在小组里讨论各个答案，最后在班上交流，教师给出参考答案。

【设计意图】训练学生读懂与本模块相关话题的图片与文字，通过与同伴的听说互动，促使学生写出正确的语句。

2. Read the passage again and sum up how to write a place and the life there.

Change the first paragraph into："I live in Flower City. It's big, modern and warm. I enjoy my life here very much."

Read and think what the sentences are about – introducing the writer and the feeling, the surrounding of the place, the activities in the place.

【设计意图】将阅读材料变为一篇范文，方便学生学习如何介绍某地的生活。

3. Lead in the final task: to write a passage to show the beauty and fun in Conghua.

学生把收集到的拼图拼出来,并辨认出是从化的哪个景点的图片。写一篇短文推介从化的美与乐,吸引自己喜欢的体育明星来从化,让更多的人了解并喜爱从化的生活。

【设计意图】介绍写作的意义,提高学生写话的积极性。

4. Brainstorm and mind map.

让学生说一说写这篇短文可以介绍从化哪些美的环境?介绍从化的活动有哪些?从化的生活会让人有什么感觉?

教师边听边板书,画出思维导图。

【设计意图】为自主写作打好基础。

【设计原则】目的性原则、针对性原则、整体性原则、运用性原则。

Step 4　Report

1. Introduce the beauty and fun of Conghua life.

学生独自写作,有问题时询问老师。结束后张贴到对应的海报上。(在教室四周竖起六个从化著名景点的海报,让学生将自己的作品贴在有关联的海报上)

2. Write an invitation to sports stars.

(1) 奖励在课堂活动中得分的学生:获得明信片形式的邀请函。没有获得奖励的学生则用写作本自己写。

(2) 给学生看邀请函的范本,让他们独自完成自己的邀请函。

(3) 选一两份在班上展示。

【设计意图】促使学生综合运用所学知识进行交际。

3. Assessment.

引导学生提出疑难并解答。评价学生在整节课里的表现。表扬表现最好的小组,鼓励其他小组争取更好的表现。

【设计意图】检查学生对知识点的掌握情况,及时反馈和解答并对学习表现进行评价。

【设计原则】趣味性原则、目的性原则、针对性原则、交际性原则。

Step 5　Homework

1. 读同学们贴在海报上的作品,选出自己最喜欢的三份。

2. 完成《活动手册》第 17 页,Exercise 4。

3. 预习 Unit 5,收集健康的生活习惯。

十、板书设计

板书设计如图 1 所示。

Module 2　City life

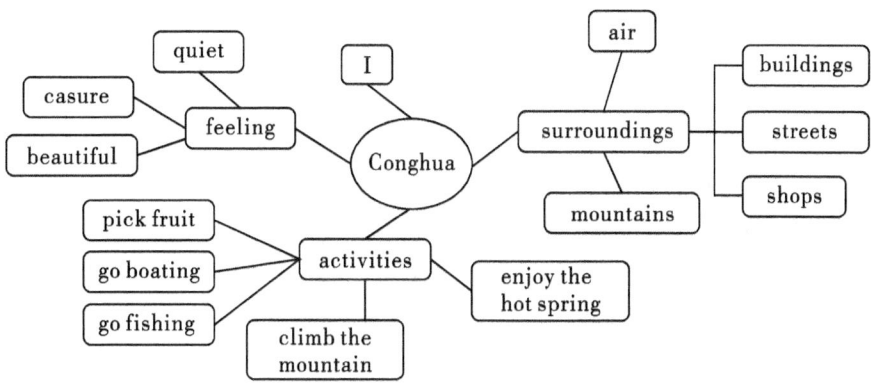

图 1　板书设计

六年级上册（上海教育出版社·深圳）
Unit 5　Animals in danger 教学设计

深圳市龙华区龙华中心小学　郑妙霞

一、教学内容分析

本单元属于义务教育教科书小学英语学科（上海教育出版社）六年级上册（深圳版）Module 5　Relationships Unit 5　Animals in danger 的第二模块，本模块主题为"relationships"，是基于 1A、2A、3A、4A、5A 的 Module 2 主题"relationships"的进一步升级。本课 Animals in Danger 是这一模块的第二个单元，教授的内容是用 there be 句型描述动物过去的数量和现在的数量，并进行对比。重点教授生词 hundred 和 thousand，这两个生词之前学生没有接触过，但是这一模块第二单元 Animals in Danger 的主要句型"There is/are…"在以往的学习中已经出现并且深入学习过，学生在四年级上册第三模块的第 7 单元学习了用"There is/are"句型介绍学校不同的设施及其功能，在第四模块的第 10 单元 Around My Home 中已经学习了用 there be 句型的一般疑问句询问家所在的街区及附近公共场所的信息，紧跟着第 11 单元 Shapes 中也学习了 there be 句型描述形状的数量，且掌握了 there be 句型的就近原则，因此学生对 there be 句型并不陌生，所以本课的句型"there is/are…"对孩子们来说掌握难度不大。新引入的过去式短语"In the past, there was/were…"是本课的重难点。在语法方面，be 动词的过去式在本课也是一个需要复习巩固的内容。

二、学生情况分析

本课的授课对象是六年级的学生。从英语知识能力方面来说，六年级的学生经过扎实的英语学习，在基本语言知识与技能方面已经实现了一定的学习目标：听、说、读、写四方面的能力已经足以与教学设计各环节完美契合，并在课堂教学实施时较好地展现出自己已有的习得。从儿童心理发展方面来说，六年级的学生能在基于对学科的兴趣上，较好地控制自己的情绪，克制自己的行为，将兴趣、情感、行为和思维统一于一体，能对某个主题进行熟练的会话交谈，也已经具备了一定的阅读基础和表演能力。另外，对于六年级学生，阅读和写作的要求也在加大，所以本课设计也加入了绘本创作、自创文本和创作的环节，让学生体验写作的乐趣。

三、教学目标

（一）语言知识目标

1. 学生能正确使用核心词汇 hundred（百）、thousand（千）以及核心句型"In the past, there were…""But now there are…"。

2. 学生能了解濒危动物的状况，并找出原因，给出保护濒危动物的建议以及意见。

（二）语言技能目标

1. 学生能通过完成学习任务，用一般过去时描述某一种濒危动物过去的数量和目前生存的情况。

2. 学生能结合现实情境，给出保护濒危动物的建议以及意见。

3. 学生能结合情境，进行简单的交流或表演。

（三）学习策略目标

1. 学生通过听音，观看图片、视频、绘本等方式，感知并学习语音、短语以及句型。

2. 学生通过新旧知识结合，提高学习效率。

3. 学生积极与同伴合作，共同完成学习任务。

4. 学生在不同情景下运用相似的语言知识进行巩固学习。

（四）情感态度目标

1. 我们人类可以帮助动物，特别是那些濒危的野生动物。

2. 动物可以帮助我们人类，人类与动物之间可以建立良好的关系。

3. 人类与动物之间可以互相帮助，建立良好的关系，从而唤起我们保护动物的意识。

（五）文化意识目标

学生深刻了解动物是人类的朋友，人类应该和动物建立良好的关系，要保护动物。

四、教学重点

1. 学生对核心词汇能说会用，能在情境中熟练运用。

2. 学生能运用重点句型"In the past, there were…""But now there are…"说出野生动物现存的数量。

五、教学难点

1. 学生能运用重点句型"In the past, there were…""But now there are…"说出野生动物现存的数量，并在这个基础上，找出数量减少的原因，给出保护濒危动物的建议以及意见。

2. 学生能根据所学内容进行语言输出，完成表演汇报。

六、教学策略

根据"小学英语 RLPR 话题教学模式",寻找贴近学生生活的话题 Animals in Danger,通过设置情境,环环相扣,层层递进,营造一个适合学生自由探讨、合作学习、小组交流和汇报展示的有效课堂。

七、教学准备

电脑、投影机、图片、课件、音频、视频等。

八、教学特色

本课围绕广东省教育科学"十二五"规划课题——"小学英语 RLPR 话题教学模式研究"进行设计,意图体现"RLPR 话题教学模式"的四个环节:引起关注(Raise concern)—学习新知(新授课)/链接(复习课)(Learn/Link)—准备发表(Prepare to report)—发表汇报(Report),从而促进学生综合语言运用能力的提高。

九、教学过程

Step 1　Raise concern

1. Let's chant.

2. Sing a song.（带动作）

T：All of you are good singers. Boys and girl, what can you see from this song?

P1：I can see…

P2：I can see…

T：You are good observers. You can see many wild animals. They were happy. They are animals in the wild.（引起关注,引出课题,指明目标）

【设计意图】通过打节拍消除师生间的紧张感,复习过去式,活跃课堂气氛。另外,通过唱跳歌曲,迅速引起学生的关注,吸引学生的注意力,提高学习兴趣。在复习动物的同时自然过渡到学习短语 in the wild,为后面的学习做铺垫。

【设计原则】复现性原则、目的性原则、趣味性原则、针对性原则。

Step 2　Learn

1. 创设情境,引出 Tippi。

T：First, please look at the picture. Who is she? She is a French girl and her name is Tippi. She was born in Africa and made friends with wild animals. Now, let's watch a video about her.

2. 继续创设情境,介绍三种濒临动物,教授 hundred 和 thousand,以及重点句型"In the past, there were…""But, now there are only about…"。

T: Very good, boys and girls. In the past, Tippi was happy with wild animals. But now, She is 24 years old and she comes back to Africa. Let's see some pictures. Tippi is very sad about the wild animals in danger all over the world. She wants to do a survey about them. Now, Let's see with Tippi.

T: First. Let's guess what animals are they? Tippi likes these animals best.

T: Yes. They are South China Tigers. (教授)

T: Boys and girls, look at the picture. In the past, there were many South China Tigers. (板书) But now? How many tigers are there? Let's listen.

P1: ...

T: Yes. You are so smart. Now, there are only about thirty in the wild. (板书) They are in danger.

T: Boys and girls, South China Tigers are in danger. How about pandas? Tippi also likes pandas, too. They are cute. They live in the forests. What do they like?

P2: ...

T: Look at the picture. In the past, there were many pandas. But now? How many pandas are left in the wild? Let's guess.

P3: ...

T: Good. There are only about 1,600 in the wild.

T: Please look at the word. (实物教学) What is it? How much is it?

S: It's one hundred.

T: How much is it?

P4: It's ...

T: How about this one? Five hundred plus five hundred is equal to ten hundred.

T: We can also say one thousand. Now, how to say the word?

T: Good. Children, can you say it? Let's try.

P5: ...

T: Boys and girls, just now we talked about South China Tigers and pandas. Next, I want you to watch a short video with Tippi and tell me what they are.

P6: ...

T: Yes. These are blue whales. They are large. They live in the sea. They eat fish.

T: How many blue whales are left in the wild? Let's watch and fill in the blanks.

（利用板书复述）In the past, there were many...But now there are only about...

The pandas, South China Tigers and blue whales are in danger.

【设计意图】

1. 基于英语核心素养的教学观，创设情境，引出学习主题。环环相扣、层层递进地引导学生学会观察和归纳，培养学生的思维品质。

2. 在语境中以三种不同方式教授三种濒危动物的数量和现状，基于教材，又高于教材。在教材的基础上补充文本，让学生对这三种濒危的动物有更立体的认识。同时在教授重点单词的过程中，遵循学生的认知规律，重点突破语音难关，利用实物教学，通过音、形、义相联系教授核心词汇。

【设计原则】学习策略指导性原则、针对性原则、复现性原则、目的性原则。

Step 3　Prepare to report

通过其他濒临动物的数量复习巩固数词，找出动物数量减少的原因并给出保护动物的建议和做法。为做 report 打好基础，做好铺垫。

1. T：How about the other wild animals. How many of them are left? Let's play a game and learn more.

T：Wow, most of the animals are in danger. They are in tears. Can we help Tippi to find out the reasons?

T：Look at the pictures. Let's do some brain storming.

P1：...

T：What should we do?

P2：...

T：Let's help them and do it.

2. Make an animal's book.

【设计意图】通过做游戏和头脑风暴，一方面，让学生认识并了解濒危动物的现存数量以及数量减少的原因，引发共鸣；另一方面，丰富学生的语言知识，为学生的输出做好准备。以小组合作的方式，在组内分工以及口头分享，把课堂的主动权交给学生。教师作为一个指导者，促进学生的语言发展以及动手写作能力的提高。

【设计原则】目的性原则、情境性原则、针对性原则、多样性原则、学习策略指导性原则、运用性原则、交际性原则。

Step 4　Report

1. Introduce the book.

2. Report.

3. 渗透情感教育。

【设计意图】鼓励学生综合运用所学知识，自创文本号召大家保护濒危动物。同时，有趣又有效的创作环节体现"以学生为中心"课堂教学理念。最后展现作品的同时升华主题，号召大家行动起来，保护动物，就是保护人类自己。

【设计原则】情境性原则、运用性原则。

Step 5　Homework

1．画一画、写一写你喜欢的野生动物。

2．上网了解更多濒危动物，思考它们濒危的原因以及如何帮助它们。

【设计意图】让学生把课堂的内容延伸到课后。

【设计原则】复现性原则、运用性原则、交际性原则。

十、板书设计

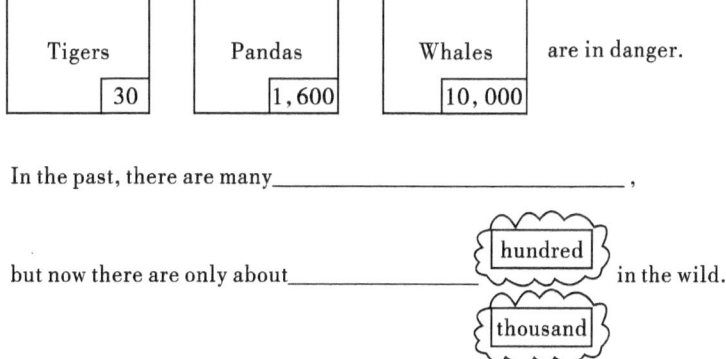

六年级下册（教育科学出版社·广州）
Unit 12　Halloween 教学设计

广州市天河区高塘石小学　邓晓颖

一、教学内容分析

本课内容选自义务教育教科书小学英语学科（教育科学出版社）六年级下册（广州版）Module 6　Festival Unit 12　Halloween，研讨方向是基于文本再构下高塘石小学 KWL 阅读教学模式研究。

课文关于西方节日的介绍资源很有限，而学生只是对热闹的圣诞节有一些表层的认识，对万圣节充满了好奇。教师要善于把握这个契机，大胆地尝试自编文本教材，重组语言输出形式，引导学生通过阅读获取新知，了解其他节日特点。

二、学生情况分析

六年级的学生对节日的话题并不陌生，他们已经学过春节、圣诞节等中西方节日的介绍内容，所以对理解万圣节的阅读材料有了一定的语言知识铺垫。鼓励创编校本课程资源帮助他们开阔视野，更好地树立中外节日跨文化的意识。

三、教学目标

（一）语言知识目标

1. 相关万圣节的节日标志性特征词语：Pumpkin lantern/Jack-O'-Lantern、trick or treat、sweets and cakes/candies。

2. 描述 Halloween 节日的活动短语，如 make/carry the Jack-O'-Lanterns、go from door to door、say trick or treat、ask for sweets and cakes。

3. 课外阅读拓展词汇，如 scary clothes/costumes、strange masks、dress up in special costumes、wear scary clothes or masks、buy lots of candies、tell scary stories about ghosts、watch scary movies、bobbing for apples。

4. 描述节日特征和节日庆祝活动的句子。

（1）…is a popular holiday in…/It's on…/…is an important part of….

（2）On…, people usually…./Children usually…at….

（二）语言技能目标

1. 学生能整体感知万圣节的节日名称、日期、节日标志性特征词语。

2. 学生能熟练掌握万圣节的节日活动短语，学生能感知理解万圣节课外阅读拓展的活动短语。

3. 学生能借助图片读懂简单的小短文，并养成按意群阅读的习惯；熟练掌握在阅读语篇中寻找关键信息，匹配获取重要信息，整体感知阅读篇章的能力。

4. 培养学生一定的英语写作能力：写简单的句子来介绍万圣节。

（三）学习策略目标

1. 学生通过概念图表格激活旧知识，熟悉万圣节的话题框架。

2. 学生通过猜测图片感知新知识，熟悉万圣节的节日特色活动，培养学生按意群阅读的习惯。

3. 学生通过阅读进一步熟悉万圣节的节日庆祝活动和制作南瓜灯的过程，感知语篇，主动获取与阅读文章相关的信息。

4. 通过完成具体的阅读学习任务，如获取文段的关键信息，在听力理解的基础上给文段排序，完成具体的生活情境任务，等等；多种形式全面理解阅读材料，发展语言的听说、阅读和写话能力。

（四）情感态度目标

1. 树立阅读的兴趣，享受阅读的乐趣。学会欣赏国外节日文化，并喜爱自己设计和安排相关的节日庆祝活动。

2. 积极运用所学的英语进行相关节日话题表达、小组合作学习交流并协作完成相关的阅读任务。

（五）文化意识目标

通过阅读材料的学习，了解国外节日的不同庆祝文化的差异性。

四、教学重点

1. 用基本词汇和句型谈论西方节日万圣节。

2. 基本了解中西方的节日文化差异，熟悉节日文化特征。

五、教学难点

1. 帮助学生理解运用万圣节的节日文化的课外阅读词汇，描述节日特征和人们的庆祝活动。

2. 帮助学生进一步构建描述节日的语义框架，能正确理解和抓住短文篇章大意。

3. 帮助学生进一步掌握描述节日的方法，能正确顺畅地描写万圣节。

六、教学策略

1. 本节课主要是围绕西方节日万圣节话题的学习，通过概念图表格激活旧知识，建立万圣节的话题框架。

2. 引导学生通过猜测图片感知新知识，注重语言知识的整体性。在阅读前的活动中通过各种活动，突破阅读材料中的难点，解决重点的单词、词组，并了解西方节日文化的差异，激发学生兴趣，层层铺垫后导入教学内容。

3. 阅读活动形式的多样化。在阅读前，采用了猜图片、自由谈话等形式进行话题的导入。在阅读中，设计选择、寻找关键信息、获取短文大意、小组讨论交流信息等形式，引导学生明白阅读的目的，提高阅读的兴趣，训练阅读的技巧，培养学生阅读的能力。阅读后的活动，通过学生自己设计举办万圣节派对的准备活动，把话题引导到学生熟悉的日常生活中。

4. 合作阅读。在课堂上采用合作阅读培养学生的合作能力，通过阅读，学习获取不同的阅读材料信息，通过相互研讨阅读的方式和方法，极大地提高学生分析能力及参与意识。

七、教学准备

1. 前置作业 KWL 图表，通过 KWL 图表获得一些关于万圣节的信息。
2. 自制课件、图片、万圣节主题歌曲，创编阅读材料和学习卷。

八、教学特色

1. 本课例是基于文本再构理念下的 KWL 阅读教学模式的教学研究。它通过概念图结构，搭建脚手架，检测语言的习得，培养学生运用语言的能力和写作输出能力。通过交流分享与评价，发展学生语言的听说和阅读能力。Stage 1 Input（输入）——激活旧知、感知新知；Stage 2 Decoding（解码）——学习新知、检测已知；Stage 3 Output（输出）——拓展运用、学习评价。首先为话题主题做好铺垫，激活旧知、感知新知；导入阅读材料，仔细寻读；初步了解，理解阅读材料，获取信息。运用概念图厘清文段的结构并概括大意，加深对阅读材料的深层次的理解；培养抓取关键信息的能力，检验阅读获取信息的有效性。

2. 阅读活动形式的多样化。在阅读前，采用了猜图片、自由谈话等形式进行话题的导入。在阅读中，设计了选择、寻找关键信息、获取短文大意、小组讨论交流信息等形式，引导学生明白阅读的目的，提高阅读的兴趣，训练阅读的技巧，培养学生阅读的能力。阅读后的活动，通过学生自己设计举办万圣节派对的准备活动，把话题引导到学生熟悉的日常生活中。

九、教学过程

Step 1　Warm up

1. 自由交谈、复习导入（Revision & Free-talk）。

T: What festival do you know?

P1：I know…

T：What is your favorite festival?

P2：My favorite festival is…

【设计意图】学生通过概念图回忆所学过的节日，小组汇报展示自己最喜欢的节日活动。

【设计原则】趣味性原则、复现性原则。

2. 头脑风暴（Brain storming）：根据头脑风暴中的图片提示，初步感知万圣节话题的相关词汇。

【设计意图】KWL Stage 1 Input（输入）—Step 1 激活旧知 what I already know。活跃课堂气氛，为节日话题主题做好铺垫。

【设计原则】趣味性原则、复现性原则。

3. 游戏：Picture guessing（图片猜测）。

T：What's the important part of this festival?

P1：Pumpkin lantern is an important part of Halloween.

T：What do people do at those festivals?

P2：People usually… Before Halloween children make pumpkin lantern.

【设计意图】学生根据图片猜测节日活动。通过组词成句的形式，熟悉节日的特点和节日的特色活动，为阅读活动做好铺垫。

【设计原则】复现性原则、趣味性原则、目的性原则。

Step 2　Pre-reading

Let's Read—略读（Skimming），学生通过略读短文及简单回答问题，初步感知大概内容。

【设计意图】KWL Stage 1 Input（输入）—Step 2 感知新知 what do you know。

导入阅读材料，了解是什么节日，把握节日的总体特征。

【设计原则】目的性原则、整体性原则、交际性原则、针对性原则。

Step 3　While-reading

1. Let's Read—细读（Scanning），阅读短文并找出相应的节日活动，学生运用画出重点句的阅读技巧，获取阅读内容的重点。

【设计意图】KWL Stage 2 Decoding（解码）—Step 3 学习新知 what I want to learn。

仔细寻读，提高查找关键词的阅读策略。初步了解，理解阅读材料，获取信息。

【设计原则】运用性原则、交际性原则、情境性原则。

2. 核对检查（Let's check）。

通过全班的检测，学生检验自己获得的信息是否正确，描述概括所读部分的内容。

【设计意图】KWL Stage 2 Decoding（解码）—Step 4 检测已知 what I have learned。

通过阅读活动，检验阅读获取信息的有效性。

【设计原则】交际性原则、运用性原则、整体性原则。

3. 读后排序（Let's order）。

学生通过听力理解句子，看图描述，小组合作排序，找出制作南瓜灯的步骤。

【设计意图】KWL Stage 2 Decoding（解码）—Step 3 学习新知 what I want to learn。

通过听力理解，获取信息，小组相互交流排序，找出南瓜灯的制作步骤，加强学生合作阅读的能力。

【设计原则】交际性原则、情境性原则、运用性原则、整体性原则。

4. 小结（Let's conclude）：通过概念图，再次对文章的整体结构及内容把握到位。

【设计意图】KWL Stage 2 Decoding（解码）—Step 4 检测已知 what I have learned。

加深对阅读材料的深层次理解。通过概念图锻炼孩子的结构和概括能力，检测和培养孩子抓住重点信息的能力，渗透元认知学习策略，并给学生提供检测自己的学习成果，学会自己评价自己、管理自己的学习活动的机会。

【设计原则】交际性原则、运用性原则、整体性原则。

Step 4　Post-reading

1. 根据概念图的提示，用一些简单的句子介绍万圣节的节日信息（Let's write）。

【设计意图】KWL Stage 3 Output（输出）—Step 5 拓展运用 what action will I take。

通过概念图结构，搭建脚手架，检测语言的习得，培养学生运用语言的能力和写作能力。

【设计原则】交际性原则、运用性原则、整体性原则。

2. 学生一起交流分享（Let's share）。

【设计意图】KWL Stage 3 Output（输出）—Step 6 学习评价 Assessment

（评价）—What action will I take。

通过交流分享与评价，发展学生语言的听说和阅读能力。

【设计原则】交际性原则、运用性原则、情境性原则、整体性原则。

Step 5　Summary & Homework

1. 复习今天所学的关于节日活动的词组，完成介绍自己喜欢的节日的习作。

2. 通过阅读，进一步了解中西方节日文化的不同。

3. 选择自己喜欢的节日，做一张有关西方节日的手抄报。

【设计意图】引导学生写完整的文章，培养学生运用语言的能力和写作能力。

【设计原则】情境性原则、运用性原则。

十、板书设计

Halloween

…is a popular holiday in… It's on…	pumpkin lantern	Jack-O'-Lantern
…is an important part of…	wear mask	dress up in special costumes
Before this festival, children usually…	say trick or treat	go from door to door
On…, people usually…	ask for sweet and cakes	

六年级下册（教育科学出版社·广州）
Unit 11　The Spring Festival 教学设计

广州市海珠区宝玉直实验小学　郭苑怡

一、教学内容分析

本模块的学习内容是关于节日的风俗习惯，也是学生在本学期第一次接触节日的话题。本模块六个课时是围绕 Aki 和 Xiaoling 等人参加节日博览会这一主题情境开展的。通过他们在中国节日展馆和西方节日展馆里面的所见所闻来开展学习。本课时是义务教育教科书小学英语学科（教育科学出版社）六年级下册（广州版）Module 6　Festivals Unit 11　The Spring Festival 的第一课时，"春节"是我国最隆重、最热闹的传统节日。本课时主要学习课文对话的内容，为了契合 Aki 参加节日博览会这一主题情境，在 Unit 11 的对话中加入了 Aki 的角色，并对其他人物的对话内容进行了重新分配。结合学生的生活实际，加入了对广州春节习俗的介绍。主要让学生在情景中感受知识，实现语言的灵活运用，最后结合学习与生活体验进行信息交流。

二、学生情况分析

本课的教学对象是六年级的学生，经过五年的英语学习，学生形成了良好的学习习惯，积累了一定的英语知识，掌握了一定的语言技能。同时，学生对"春节"这一话题也有实际的体验，对本话题能产生较为浓厚的兴趣。学生乐于开口表达，积极参与各项活动。教师在备课时，从生活中找素材，利于学生自然地融入创设的情境中，学会运用语言进行交流。

三、教学目标

（一）语言知识目标

1. 能掌握"三会"单词和短语：wish 和 make everything new and fresh。
2. 能掌握"二会"单词：jiaozi 和 Chinese lunar calendar。
3. 能掌握本课重点句型并运用。

—What do people do during the Spring Festival?

—People…

—It sounds great.

—People usually clean their houses and buy new clothes to make everything new and fresh.

4. 了解 will 可以表示习惯。

（二）语言技能目标

1. 能正确朗读，并复述课文。

2. 能以"春节"为话题，从时间、风俗等方面进行交流。

3. 能运用学到的语言知识，结合生活体验简单介绍春节。

（三）学习策略目标

1. 通过多种活动和创设情境进行学习，提高学习兴趣。

2. 通过角色扮演，交流信息，熟悉课文内容，提高说的能力。

3. 联合生活实际，运用所学知识进行交流。

（四）情感态度目标

1. 通过各种活动和情景对话，将本课知识运用到实际情境中，培养学生乐于模仿、敢于开口表达的习惯。

2. 通过小组活动，培养合作意识，学会与人交往。

3. 鼓励学生表达自己对节日的情感，培养学生的思维品质。

（五）文化意识目标

了解中国传统节日风俗习惯，培养学生热爱生活、热爱中国传统文化。

四、教学策略

1. 创设真实的情景，开展实效的活动，提高学生学习积极性。

2. 通过组织学生合作学习，帮助学生梳理知识。

3. 通过听、说、读等环节，让学生轻松掌握本课知识。

4. 联系生活实际，拓展教学内容，丰富学生的生活知识。

五、教学重点

1. 能理解课文内容并流利朗读。

2. 能借助关键词和语言框架来简单介绍春节。

六、教学难点

1. 能正确读出长句 People usually clean their houses and buy new clothes to make everything new and fresh. 。

2. 能理解并运用本课句型，能运用学到的语言知识，结合生活体验简单介绍春节。

七、教学准备

课件、图片。

八、教学特色

1. 本课时主要学习课文对话的内容，为了契合 Aki 参加节日博览会这一主题情境，在课文的对话文本中加入了 Aki 的角色，并对其他人物的对话内容进行了重新分配。

Let's talk

Aki: Children, when is the Spring Festival?
Children: Usually it is in January or February.
Aki: What do people do during the Spring Festival?
Children: So many things.
Janet: The Spring Festival is the Chinese New Year, so people usually clean their houses and buy new clothes to make everything new and fresh.
Aki: And do they give each other gifts?
Xiaoling: Children don't give gifts, but parents will give their children some lucky money. So we all love it.

Aki: Nice. Anything else?
Ben: They will go to visit their family and wish them a happy Spring Festival.
Aki: Wonderful! What do they eat at the Spring Festival?
Ben: They also have a big dinner with jiaozi and lots of other delicious food.
Aki: It sounds great. I like the Spring Festival best. It is so much fun. I can't wait to have the big dinner.
Children: Ha ha!

2. 在拓展部分加入了广州春节的介绍，目的是激发学生兴趣，拓展学生的知识面。同时在对传统习俗和现代流行春节活动的对比中渗透情感教育，传承传统文化，不忘初衷。

The Spring Festival in Guangzhou

The Spring Festival is the Chinese New Year and it is the most important festival in China.

Before the Spring Festival, people in Guangzhou are busy because they need to prepare many things. They clean their houses and stick red couplets. They go shopping for foods and new clothes to make everything new and fresh.

In Guangzhou, people go to the flower fairs to have a good time. People usually buy an orange tree from the flower fairs. Because oranges are symbols of good luck. Besides, people usually make rice cake, turnip cake, oily dumplings and so on. It means the life will be better in the new year.

On New Year's Eve, families get together to have a big dinner with fish, chicken, pork and other delicious food. They also eat Tangyuan. Tangyuan is a symbol of family get-together. They hope family members will always be together.

After dinner, most of people may stay at home and watch the Spring Festival programs on TV until 12:00 PM to welcome the New Year. Children are happy because they can get the lucky money.

The next day, some people may go to the Temple Fair to see the dragon dance and lion dance. Many people visit their family and friends. Some may set off fireworks in the countryside. Some may go travelling. It's so much fun. People all love it.

九、教学过程

Step 1　Raise concern

1. Let's chant.

2. Let's sing.

【设计意图】提高学生的学习关注度，激发学生参与活动的兴趣。小诗中的动词短语与春节活动相关，为后面的教学环节做了铺垫。

Step 2　Learn

1. Set a scene.

Show the picture of Aki and his friends at the Festival Fair. Ask the students what Aki wants to know about the Spring Festival.

【设计意图】创设 Aki 和 Xiaoling 等人参加节日博览会这一主题情境，以 Aki 想了解春节的相关知识为主线，贯穿全课教学。

2. Watch the video and answer the questions then learn the new phrases.

—on January 1st in Chinese lunar calendar

—have a big dinner with jiaozi and other delicious food

【设计意图】观看课文视频让学生初步了解本课课文的内容，并回答教师提出的问题，从而学习新短语。

3. Listen and tick then learn the new phrases.

—make everything new and fresh

—wish somebody a happy Spring Festival

【设计意图】听对话，选出春节活动的短语，并学习新短语。

Step 3　Practice

1. Read after the tape.

2. Read the dialogue together.

3. Read the dialogue in roles.

4. Practise the dialogue in groups.

5. Act out the dialogue.

【设计意图】通过多种形式理解课文，进行朗读训练，让学生对知识掌握得更加牢固。

6. Retell the dialogue with pictures.

7. Retell the dialogue with key words.

【设计意图】通过图文并茂和借助板书关键词的形式来复述课文，进一步对巩固课文的内容与知识点，语言在篇章中操练更具运用意义。

板书设计成"橘子树"的寓意："橘"在广东话里和"吉"是谐音字，所以，春节时家家户户都摆橘子树希望来年吉祥如意。橘子颜色也是金灿灿的，就像一个个元宝，寓意财运亨通。其中也包括春节的相关内容，有时间、食物、活动和感受。进一步检测学生对课文对话的理解和对知识的掌握。发红包的评价形式既增强了学生的竞争意识，又契合了本节课的学习内容。鼓励更多的学生参与活动，为下面的语言输出活动做铺垫。

Step 4 Report

1. Watch a video to know some traditional custom about the Spring Festival in Guangzhou.

2. Free talk：

How do people celebrate the Spring Festival nowadays?

【设计意图】通过展示在春节期间具有广州特色的传统习俗激发学生的兴趣，拓展学生的知识面。

Step 5 Homework

1. Read and recite the dialogue.

2. Copy the new words.

3. Make a poster.

【设计意图】通过布置作业巩固本课知识，并通过完成春节海报的制作，帮助学生提高语言的实际运用能力。

十、板书设计

板书设计如图 1 所示。

Module 6　Festivals（Period 1）

图 1　板书设计

六年级下册(教育科学出版社·广州)
Module 1 Stories (Story writing) 教学设计

广州市海珠区宝玉直实验小学 郭苑怡

一、教学内容分析

本节课的内容选自义务教育教科书小学英语学科(教育科学出版社)六年级下册(广州版) Module 1。本模块的话题是 stories(故事),本课的内容包括了 Story Time 的故事。通过学习,让学生掌握英语故事的结构,以及一些英语故事表达的常用语。懂得如何用英语讲故事,看图利用提示词写简单的英语故事。

二、学生情况分析

本课的教学对象是六年级第二学期的学生,学生在前面的课时已经学习了故事结构。

三、教学目标

(一)语言知识目标

1. "三会"掌握 Story Time 中的词汇:quarrel、unity、strength。

2. 理解 Story Time 中 *The Lion and the Four Bulls* 的故事内容。

3. 通过阅读不同的故事,掌握用英语讲故事的框架并能创编故事。

(二)语言技能目标

1. 通过阅读,能理解、复述寓言或故事的主要内容。

2. 能用英语讲故事、写故事。

(三)学习策略目标

1. 通过语言交际性训练,提高语言表达能力、思维能力和想象力。

2. 学会借助插图或提示词理解故事和创编故事。

3. 在小组活动的过程中培养合作能力。

(四)情感态度目标

通过学习继续增强学习英语的兴趣,树立正确的学习目的,养成良好的学习习惯。

(五)文化意识目标

通过本课学习寓言,懂得道理。

四、教学重点

1. 理解本课所学的故事和寓言。

2. 能通过阅读故事或寓言掌握故事的架构和故事常用语。

3. 合作自编故事。

五、教学难点

运用正确的语言、时态写故事。

六、教学策略

1. 借助讲故事、游戏、竞赛、图片、多媒体等呈现新知识。

2. 创设情景等让学生理解和操练语言点。

七、教学准备

课件、图片。

八、教学特色

本课自编多个文本供学生阅读，拓展知识面。

九、教学过程

Step 1 Raise concern

1. 歌曲 *The Mice Love the Rice*。

2. 读小诗 *The Wolf and the Lamb*。

【设计意图】通过唱歌和读小诗，调动学生的情绪，让学生快速进入英语学习氛围中。

【设计原则】趣味性原则、目的性原则、针对性原则、复现性原则。

Step 2 Learn

学习故事：*The Lion and the Four Bulls*。

1. 运用 big book 讲述故事。

2. 提出阅读任务，同时出示阅读四要素：when、who、where、what happened。

3. 快速阅读文章，找出新单词，并且记住故事大意。

4. 学习新单词：quarrel、ate、caught、stood。

5. 用全班和个人相结合的形式，完成理解故事的练习。

6. 选择本故事正确的寓意及学习单词 unity、strength 和句子 Unity is strength.。

【设计意图】通过不同的方式进行故事学习，层层递进的任务让学生掌握故事大意。

Step 3 Practice

1. 观看故事视频 *The Lazy Farmer*，完成判断正误的练习。

2. 阅读故事 The Cat and the Mouse，完成片段填空。

3. 四人小组完成故事排序。（提示学生排序时请注意故事的发展顺序和故事中的4W）

（　　）One day the mouse had an i_____, he said to the cat, "Dear Miss Cat, I'll give you some sweets every day, please don't c_____ me. OK?"

（　　）At last, The cat couldn't e_____ any food and she d_____.

（　　）Once there l_____ a m_____ in a hole. The cat always wanted to catch and eat the mouse.

（　　）She agreed（同意）. Every day, the cat ate lots of sweets. Soon she h_____ a toothache and then lost all her t_____.

4. 检查答案并与学生共同归纳出英语故事常用语，为下面写故事作铺垫。

Once there lived…in the…

One day…

At last…

【设计意图】通过不同形式学习故事帮助学生归纳故事常用语，为写故事做准备。

Step 4　Report

根据提示词写故事：The Tiger and the Fox。

【设计意图】以小组为单位写故事，提高学生的小组合作能力和连贯表达能力。

Step 5　Homework

继续完善、修正故事，小组合作设计，画出故事的封面，把故事介绍给您的同学或长辈，共同分享阅读故事的乐趣。

十、板书设计

Story writing

When	Once there lived…in the….
Who	One day….
Where	At last….
What happened?	

六年级下册（教育科学出版社·广州）
Unit 9 Where will you go? 教学设计

广州市天河区体育东路小学 林少芳

一、教学内容分析

本节课的内容选自义务教育教科书小学英语学科（教育科学出版社）六年级下册（广州版）Module 5 Travel abroad Unit 9 Where will you go?。主要文本是一篇基于六年级下学期"Module 5 Travel Abroad"的主题短文，文中谈到了旅游目的地伦敦的地理位置、著名景点、人口密度、美食、人文风俗等，文本最后提到如果要实现自己的旅游梦想，需要准备的事项。

二、学生情况分析

学生对旅游的话题比较熟悉，曾在五年级上册 Foods and drinks、Weather 和 Activities，五年级下册 Plans 和 Travel，六年级上册 Country life and City life 学习过相关知识。

三、教学目标

（一）语言知识目标

1. 学生通过前置性任务单复习运用学过的知识包括：Foods and Drinks、Weather、Activities、Plans、Travel、Country Life、City Life 等。

2. 认知文中新的词汇及短语：locate、the River Thames、the British Museum、Big Ben、London Eye、earn money、in detail、save money、upgrade my oral English。

3. 能听说读写句型：

（1） If you can travel abroad where will you go？   I think I will go to…

（2） Why do you choose there？   Because it's famous for… I can…there.

（3） What will you do there？   I will…

（4） How to prepare your travel？ I will…

（二）语言技能目标

1. 学生能用思维导图阐述短文内容之间的关系。

2. 学生能根据主文本的思维导图，制订自己的国外旅游计划，并把所学知识外化为制作 travel 主题的个性化 iMovie，通过观察和实际操作，提高个人信息技术运用能力。

（三）学习策略目标

1. 通过课前微课，图书馆借阅书刊，网络资料的学习，联系生活实际，了解制订个人旅游计划所需知识。

2. 通过设计旅游路线、查电子词典和构建、运用思维导图，提升了自学能力，理解短文的线索和主要内容。

3. 通过检测和数据分析，及时了解自己对知识的掌握情况。

（四）情感态度目标

激发学生热爱大自然的感情，呼吁"读万卷书，行万里路"。

（五）文化意识目标

了解世界旅游文化，并通过 Good Manners 微视频倡导学生在国外旅游应注意的文明礼仪。

四、教学重点

1. 在微视频中理解、巩固和运用单词和句型。

2. 能利用把自己的旅游计划制作成 iMovie，并在班级分享圈里共享、评价。

五、教学难点

能融合运用三到六年级与本主题相关的知识点，并通过知识迁移谈论 my graduation trip。

六、教学策略

1. 利用微课、旅游书籍、PPT、图片等资源辅助教学，让学生联系生活实际，了解制订个人旅游计划所需知识。

2. 引导学生联系实际生活，通过设计旅游路线、查电子词典和构建、运用思维导图，提升自学能力，理解短文的线索和主要内容，使所学内容生活化、情境化。

3. 通过课堂的即时检测和数据分析，了解学生对本课知识的掌握情况。

七、教学准备

学生的学习终端移动设备，全景课堂学习平台，微视频，希沃工具箱，学生练习纸。

八、教学特色

1. 本节课按照"整体理解—知识突破—思维导图—任务驱动"的环节设计。学生通过阅读拓展学习有关设计自己的毕业旅游的相关知识，并进行综合运用所学知识，书写旅游计划以及制作成 iMovie 微视频。

2. 课前让学生根据自身的情况，到图书馆借阅关于世界旅游的相关书刊，世界地图；选择一个自己最向往的旅游目的地，了解该国家的首都、国旗、地理位置，选择一个旅游目的地，并下载相关的图片到自己的学习终端平台上。

3. 利用"一对一"全景互动平台、任务驱动、微视频、统计与数据反馈等现代化教学手段，科学评估学习情况，调整教学活动，体现个性化学习、以学生为中心的课堂理念。

4. 利用丰富的网络视频资源，结合生活实际，激发学习兴趣，启发学生通过实际行动，理解并遵守国外旅游的文明礼仪。

5. 学生能在班级分享平台看到全班43位同学的iMovie作品，并根据老师的评价标准参考给予评价，相当于从不同角度听读审阅了43篇相关的专题文本。

九、教学过程

Step 1　Warm up

1. 歌曲导入：*Countries of the World* 和 *Let's Travel*。

【设计意图】师生通过唱演歌曲进行热身活动，了解世界各国的名称，感知本节课学习主题。

【设计原则】趣味性原则、复现性原则。

2. 游戏：Let's guess—Which country is it?

学生通过观察国旗，快速起立说出国家名称；大声朗读小文本，猜测所描述的国家或城市名称。

【设计意图】通过游戏激发学生进入话题学习的兴趣，引起关注使原有知识重复再现。

【设计原则】复现性原则、趣味性原则、目的性原则。

Step 2　Pre-task

Let's talk：If you can travel abroad, where will you go? Why?

学生通过前置性学习资源包、个性化资源包复习本模块词条知识点并和同伴谈论，引发对本话题关联知识的思考。

A：If you can travel abroad, where will you go?

B：I will go to…because…

【设计意图】学生通过分层选择旅游目的地，根据"It's famous for…""I can…"等内容搭建travel plan所需要的知识框架。

【设计原则】目的性原则、整体性原则、交际性原则、针对性原则。

Step 3　Task

1. Let's read.

（1）播放文本的微视频，引导学生带着问题听看文本视频，整体感知文本内容，思考文本中不同角度的 4 个问题：where、why、what、how。

（2）布置学习任务：朗读文本内容，完成相关练习。根据个人需要，再看微视频，利用电子词典等工具化解个人学习障碍。

（3）小组用完整句子及正确时态谈论练习题内容，分析反馈学习数据。

（4）引导学生形成文本思维导图。

【设计意图】从整体理解入手，学生带着问题去阅读，理解短文，培养学生提取文本关键信息的能力；关注学生的学，利用线上重复学习，电子词典等功能，帮助学生化解学习难点；根据答题数据，分析学生对短文的理解以及下面学习环节中语言框架的搭建情况；借助直观图形，帮助学生构建语言输出思路。

【设计原则】运用性原则、交际性原则、情境性原则。

2. Let's write and create.

（1）教师示范如何谈论 my graduation trip 学生注意观察和模仿。

（2）学生根据个人思维导图快速整理文字输出 My Graduation Trip，教师辅导关注后进生学生。

（3）学生把文字旅游计划录制成微视频，教师在学习班级平台展示优秀视频作品，指导学生制作主题视频。

【设计意图】

1. 通过教师的示范引领，帮助学生更好地融合所学并进行语言整体输出。

2. 学生口语交流后，用书面形式进一步巩固所学内容。

3. 通过展示生动有趣的优秀作品，激发学生的创作兴趣。

【设计原则】交际性原则、运用性原则、整体性原则。

Step 4　Post-task

1. 学生把自己的作品分享到班级圈，教师选择展示两份学生作品。

2. 呈现学生 3 个维度的作品评价标准，学生在班级平台学习其他同学的作品并按照标准给予评价。

3. 布置课后作业：①观看其他同学的作品，并给予评价；②完成 My Graduation Trip 专题写话；③推荐阅读《国家地理》杂志。

【设计意图】学生能在班级分享平台看到全班 42 位同学的 iMovie 作品，

并根据老师的评价标准参考给予评价，相当于从不同角度听读审阅了 42 篇相关的专题阅读文本，丰富学生的课外英语学习资源。

【设计原则】运用性原则、整体性原则、交际性原则。

Step 5　Summary

通过微视频，引导学生"文明旅游"，观看 *Good Manners When Travelling*。

【设计意图】通过微视频 *Good Manners* 倡导学生在国外旅游应注意的文明礼仪。

【设计原则】情境性原则、运用性原则。

十、板书设计

板书设计如图 1 所示。

图 1　板书设计